*Aos meus pais Joel e Angelina,
pela paciência, amor e dedicação.*

# AGRADECIMENTOS

O presente estudo, fruto de minha tese de doutorado, deve em grande medida sua realização à Fundação de Amparo à Pesquisa do Estado de São Paulo (Fapesp), que não só o financiou, como o anuiu para um doutorado direto, já que se iniciara como pesquisa de mestrado. Devo ainda a essa Fundação minhas pesquisas no exterior e os pródigos contatos que lá obtive.

Premente, justo e agradável é lembrar também os professores que compuseram minha banca de defesa: Leila Rodrigues da Silva, Hilário Franco Júnior, Mario Jorge da Motta Bastos, Ivan Esperança Rocha e Ruy de Oliveira Andrade Filho.

A Hilário Franco Júnior agradeço em especial, pois ele não apenas contribuiu de maneira enriquecedora com as reflexões deste trabalho, como aceitou, de modo generoso e edificante para mim, abrilhantar este livro com seu prefácio, tanto na edição galega como nesta, em português, que aqui se apresenta.

Agradeço também a Ruy de Oliveira Andrade Filho, mestre, orientador e amigo que me apresentou a medievalidade. À sua esposa, Maria Lucia, cuja amabilidade e competência sempre me iluminaram. A Leila Rodrigues da Silva, que de modo gentil, carinhoso e solícito sempre veio a colaborar comigo. À Editora Unesp e aos seus cuja competência e atenção trouxeram este livro à luz.

A Diogo, que tanto me acrescentou com sua amizade e atenção.

*Oh, deserto adornado com as flores de Cristo! Oh, solidão na qual se encontram aquelas pedras com as quais no Apocalipse se constrói a cidade do grande rei! Oh, ermo que goza da familiaridade divina! Que fazes, irmão, no século, tu que és maior que o mundo? Até quando os tetos te oprimirão com tuas sombras? Até quando te reterá o cárcere fumegante destas cidades? Crê-me, aqui pode ver um não sei o que de mais luminoso. É possível deixar a carga do corpo e voar ao puro fulgor do céu. Temes a pobreza? Cristo chama bem-aventurados os pobres. Assusta-te o trabalho? Nenhum atleta é coroado sem suores. Preocupa-te a comida? A fé não sente fome! Tens medo de deixar cair sobre a dura terra teus membros extenuados pelo jejum? Há teu lado jaz o Senhor. Horroriza-te a descuidada cabeleira de uma cabeça suja? Tua cabeça é Cristo. Aterra-te a imensidão infinita do deserto? Passeará em espírito pelo paraíso. Sempre que subas ali com o pensamento, deixarás de estar no deserto. Que a pele se põe áspera por falta de banhos? O que se há lavado uma vez em Cristo não necessita voltar a se banhar! Escuta, em suma, o que a tudo isto responde o apóstolo: "Não são comparáveis o sofrimento deste mundo com a glória que se a de manifestar em nós" (Rom 8,18). Muito cômodo seria, querido meu, se pretendes gozar aqui com o século, e depois reinar com Cristo.*

(São Jerônimo, *Epístola a Heliodoro, monge*)

# SUMÁRIO

Prefácio à edição espanhola, por Hilário Franco Júnior   13
Prefácio à edição brasileira, por Ruy de Oliveira
    Andrade Filho   19
Introdução   23

1  O contexto sociorreligioso da *Vita Sancti Fructuosi*:
    Igreja, monarquia e vida monástica na Hispânia
    tardo-antiga   43
2  O ideal eremítico: apropriações hagiográficas
    e implicação histórica   112
3  O papel social e religioso do eremita   147
4  O lugar do imaginário: o deserto, a montanha
    e a ermida   187
5  Monaquismo e clericato no âmbito
    hagiográfico-monástico   235

Considerações finais   291
Fontes e bibliografia   295

# Prefácio à edição espanhola

*Hilário Franco Júnior*

Sem dúvida, os estudos relativos à Europa medieval multiplicaram-se nos últimos anos no Brasil, seja sobre história e literatura, seja sobre filosofia ou arte. Em especial, compreensivelmente, eles estão centrados, do ponto de vista geográfico, na Península Ibérica; do ponto de vista temático, na religião. Menos compreensivelmente, apenas uma pequena parte deles está dedicada à Alta Idade Média. A justificativa frequentemente alegada é uma suposta escassez de fontes primárias relativas ao período. Ora, há décadas o fundador do medievalismo moderno, o francês Marc Bloch, mostrou que não há textos ou objetos que sejam fontes *per se*. É o olhar do estudioso sobre eles que lhes confere tal estatuto. Não se pode negar, é verdade, que em comparação aos séculos posteriores, temos quantitativamente menos documentos antes do XI. O que não impede, em absoluto, que estudos relevantes possam ser realizados a respeito. E nisso reside a primeira virtude deste livro de Ronaldo Amaral.

Com efeito, sua análise sobre o fenômeno eremítico no noroeste ibérico do século VII está fundada em fonte bem conhecida há muito tempo e de pequena extensão (apenas 38 páginas na edição latina estabelecida e traduzida por Manuel Cecílio Diaz y Diaz) – a *Vita Sancti Fructuosi*. Ou seja, nosso autor comprova que não é a abundância e a amplitude da documentação que gera um resultado necessariamente significativo, e sim a maneira de trabalhá-la. No presente caso recorreu-se, com razão, como sempre deve ser feito em relação aos textos hagiográficos, não à letra do discurso, e sim ao seu espírito. As *vitae* medievais, de forma geral, transmitem menos fatos concretos do biografado do que idealizações projetadas sobre ele por um biógrafo, isto é, um sujeito individual que se faz nesse ponto o porta-voz de um sujeito coletivo, seja determinada comunidade religiosa, profissional ou geográfica, seja sua sociedade como um todo. Ter consciência desse fato e ter aplicado a ele as opções metodológicas correspondentes é outra qualidade do livro que o leitor tem em mãos.

Assim, para tentar apreender o Frutuoso ideal transmitido pelo texto, este precisou ser dissecado, mesmo porque se sabe que a *Vita Fructuosi* não resultou somente da cabeça de um autor – cuja identificação é, aliás, problemática – e sim da confluência de vários outros relatos, escritos e orais. Poucos estudiosos negariam atualmente o caráter híbrido de qualquer texto, sobretudo nas condições culturais medievais, porém não são todos que se dispõem efetivamente a incorporar essa constatação à sua análise. Podemos discordar da maneira ou do alcance com que isso foi realizado no presente livro, porém jamais negar o reconhecimento que se deve ao Ronaldo por esse exercício difícil e imprescindível.

O objetivo do nosso historiador é, portanto, reconstituir não a vida do anacoreta Frutuoso, mas a imagem que se tinha dele no século VII. Ora, a imagem de um indivíduo quase sempre está indissociada de uma visão de mundo da qual ele é ao mesmo tempo produto e produtor. No caso em questão, tratava-se de dois estilos monásticos distintos. O de Frutuoso de Braga, inspirado pelos precedentes orientais dos primeiros tempos do cristianismo, propunha uma vida isolada (anacoreta, lembra Ronaldo, é etimologicamente "aquele que vive à parte"), afastada dos outros homens e submetida assim à cotidiana tentação diabólica. O de Isidoro de Sevilha, centrado no desejo de regrar e padronizar a vida monástica, que deveria se dar em comunidade, sob as ordens de um abade por sua vez submetido ao bispo local, representante da Igreja que cada vez mais se aproximava da monarquia visigoda. Esse pano de fundo do mundo clerical não é, então, mera contextualização decorativa. Ele revela, embora esse ponto crucial não esteja explicitado no livro, uma tensão que acompanhará toda a história ocidental pelos séculos seguintes, em certa medida até hoje, entre indivíduo e sociedade.

É expressivo que no modelo monástico ocidental, cujo maior representante é são Bento de Nursia, seja a vida em comunidade que prepara alguns indivíduos para a solidão do deserto, enquanto no modelo oriental ocorre o inverso. Não escapou ao nosso jovem historiador a aparente contradição de ter Frutuoso, logo após alcançar nas ermas terras do Bierzo a solidão que tanto desejara e buscara, fundado ali mesmo um mosteiro. Nas palavras do autor da *Vita Frutuosi*, o santo dotou o novo cenóbio "ricamente e o povoou com um exército de monges, tanto gente que estivera a seu serviço quanto conversos que se juntaram a ele vindos de todas as partes da Hispânia". Mais uma vez, a explicação está na articulação entre fatos objetivos e sua idealização por parte dos contemporâneos. Se algum dia houve um solitário total, pondera Ronaldo Amaral com justeza, não temos informações a respeito exatamente em razão daquela suposta condição. Solidão absoluta é modelo ideal, não realidade histórica. Na prática, a vida inicialmente isolada dos anacoretas despertava admiração e atraia discípulos, gerava fundação de cenóbios.

Outro ponto importante do quadro histórico esclarecido por este livro é o ambiente em que viviam Frutuoso e demais anacoretas – o "deserto" (*eremum*). Desde o clássico artigo de Jacques Le Goff, de 1980, considera-se que no Ocidente medieval a zona desabitada, selvagem, na fronteira da cultura e da natureza, refúgio de eremitas e bandidos, era aquilo que o grande medievalista chama de deserto-floresta. Mas se isso é exato em relação à Gália, na Hispânia do século VII "deserto" é antes um bosque, uma região de vegetação menos densa e que às vezes se torna árida por causa dos longos períodos de seca acompanhados por inevitável carestia alimentar. Ou seja, o modelo eremítico oriental, dos padres do deserto ressequido, foi adotado no extremo Ocidente do noroeste ibérico não apenas por afinidades espirituais, como também por eventuais analogias geográficas. Os mundos mental e físico de Frutuoso são, com razão, considerados por Ronaldo como um todo interagente, o que permite melhor compreender seus aspectos essenciais.

Dentre eles, uma expectativa escatológica aguçada, que se é própria a toda a Idade Média, tende a ser valorizada pelos estudiosos especialmente em relação às fases posteriores. No entanto, o surgimento do famoso *Comentário ao Apocalipse* do Beato de Liébana, no século seguinte, revelaria preocupação de raízes mais profundas. A *fuga mundi* dos anacoretas expressava justamente esse sentimento do fim imediato, senão do mundo como um todo, ao menos de cada um daqueles indivíduos, que deveriam estar preparados para tanto. É significativo do imaginário social da época que se pensasse na vida cenobítica, comunitária, como uma fase necessária e preparatória para o ideal da solidão. Ou seja, a santidade no deserto, parece sugerir o hagiógrafo, é superior, ao menos naquele contexto histórico, a outras formas de santidade. Em suma, o trabalho hagiográfico realiza em última análise a exaltação do estilo de vida anacorético, mais do que de um anacoreta específico. Frutuoso é um homem santo, louvável, porém frutuoso mesmo é o exemplo de sua vida.

E nesse sentido, o subtítulo do trabalho de Ronaldo expressa todo um programa metodológico promissor: "a hagiografia à luz do imaginário social". Com efeito, aquele gênero literário não é apenas uma descrição mais ou menos fantasiosa, uma coleção de estereótipos, mas relatos que trazem à tona um conjunto de críticas e propostas sociais. Se adotarmos a definição de Bronislaw Baczko – "imaginário social é uma peça efetiva e eficaz do dispositivo de controle da vida coletiva e, em especial, do exercício da autoridade e do poder" –, podemos mesmo pensar na hagiografia como testemunho de uma prática utópica. Todo aquele "exército" de pessoas que abandonou sua vida anterior para se estabelecer no ermo em torno de Frutuoso (ou de qualquer outro líder espiritual do mesmo tipo) negava a sociedade global da época e buscava nova forma de convivência consigo mesmo e com os demais. O sistema de valores alterou-se tanto no que diz respeito à alimentação, à sexualidade, à vestimenta, às relações de produção, quanto à reflexão, à disciplina pessoal e aos laços sociais.

Enfim, mesmo quem não concorde com toda a argumentação do presente livro – fato normal nas ciências humanas, construídas sobre hipóteses e interpretações, não sobre fatos demonstráveis –, não negará que ele merece ser lido. Deve-se reconhecer que ele é sério, bem fundamentado, e revela ao público um jovem medievalista promissor.

# PREFÁCIO À EDIÇÃO BRASILEIRA

*Ruy de Oliveira Andrade Filho*

O presente trabalho de Ronaldo Amaral aborda, com consistência e rigor, uma das mais complexas e difíceis realidades da Antiguidade Tardia, especialmente para a época da Hispânia visigótica: o tema do monasticismo e do anacoretismo na Península, intermediado por uma hagiografia, a *Vida de são Frutuoso de Braga*. Complexa, por um lado, por abordar uma temática sempre candente, pois o tema do monasticismo é, para esse momento e local, especialmente no que concerne à área Setentrional da Península, vítima de um receio agudo e sensível animosidade por parte do clero secular. Trata-se da época em que surgem vários mosteiros espontâneos ou familiares, que às vezes possuíam uma curta existência, mas que escapavam à vigilância episcopal. Por outro lado, e vítima dos mesmos receios, vemos a questão do anacoretismo que, nessa época, invadiria o contexto do Reino visigodo de Toledo, com destaque também para a área Setentrional. Disso resulta a *Vida de são Frutuoso de Braga* ser um modelo e exemplo de monasticismo e anacoretismo atuante, especialmente naquela área.

Tais dificuldades se avolumam quando a fonte é uma hagiografia, muitas vezes vista como apenas a apresentação de um ideal de vida santa. Mas Ronaldo Amaral nos informa que a intermediação com a escrita hagiográfica será feita preocupada com as estruturas do mental, com o elemento simbólico e as apropriações realizadas, o que, como diz o autor, o auxilia a precisar em que medida "se estaria diante de um fato histórico ou, simplesmente representativo de uma história que se quisera fazer". Também, tomando-se em conta não o homem, mas o santo e, mais que isso, sua santidade, poderia tornar-se apenas mais um *topos* hagiográfico, com exemplos e histórias contidas noutras *Vitae*, o que resultaria apenas em mais um relato educativo e propagador do cristianismo. Todavia, o autor prima por apresentar as especificidades de sua fonte, com Frutuoso sendo um exemplo típico de anacoreta, comparado aos antigos padres da Tebaida, sem que isso o tornasse apenas um estereótipo ou modelo dos Padres orientais, pois não caberia para o espaço e região por onde o hagiógrafo localiza Frutuoso, o que não deixa de torná-lo um exemplo por suas virtudes e práticas ascéticas.

Modelo de monge, Frutuoso não deixa de fundar mosteiros e promover a vida monástica, apesar de sua tendência ao eremitismo. Assim, essas duas primeiras facetas do santo servem para o autor apenas como fio condutor para guiá-lo a questões mais amplas e complexas, razão de ser deste livro. À elaboração de um Frutuoso ideal, analisado por melhores metodologias, implica uma condução para fora do texto em se mesmo, buscando as intenções do hagiógrafo, as razões de sua escritura e o conhecimento maior de seu protagonista e o ambiente monástico que o cercava, partindo-se da exegese de seus lugares imaginários e utópicos. Dessa forma, tenta-se escapar às armadilhas exemplificadas pelos escamoteamentos e distorções do autor da *Vida de são Frutuoso* para se chegar a uma realidade mais concreta, uma realidade que justificaria a busca de seu ideal. Assim, apesar do contexto "maravilhoso" contido no texto da fonte, tem expressão uma sociedade concreta, "por meio do exagero ou inversão de suas características, da negação de seus medos ou da projeção de seus desejos".

Em razão da grande falta de análises sobre as hagiografias visigodas em geral, que agora têm sido mais vistas pelos historiadores do reino, tal como Santiago Castellanos, para citarmos um exemplo, esta realizada por Ronaldo Amaral, que tivemos a oportunidade e o privilégio de acompanhar, é extremamente inovadora e, para além de seus méritos, seu livro é a ponta de uma linha extensa que ele procura abrir caminhos para os historiadores da época visigótica e de analistas das hagiografias em geral. Cabe ainda destacar sua preocupação com a questão do eremitismo, presente no Reino de Toledo como uma realidade histórica e contemporânea, apesar das muitas influências apresentadas pela *Vita*, das especificidades de Frutuoso como monge anacoreta.

# Introdução
# A hagiografia: o autor, o protagonista e o historiador. Contribuições para sua análise

O trabalho que ora apresentamos constitui parte integrante de nossa tese de doutorado *Hagiografia e vida monástica*: o eremitismo como ideal monástico na *Vita Sancti Fructuosi* (Amaral, 2006a), e tem por objetivo apresentá-la, visando prementemente contribuir para a análise desse gênero de fontes – a hagiografia – tão difundida nos últimos anos no Brasil, mas que a poucos estudos efetivos assistiu, especialmente, e o que consideramos essencial, a partir da recorrência a teorias e métodos ligados à mentalidade[1] e ao imaginário.[2] E nela exploramos um caso em particular, uma hagiografia escrita na Hispânia do século VII, cuja leitura nos remeteria a outras fontes do mesmo gênero, também aqui apresentadas, que, apesar de mais recuadas no tempo, esteve nessa presente em razão da longa duração do mental tão patente nesse tipo de fontes. Do mesmo modo, tal trabalho quer

---

1 A história das mentalidades, tão controvertida, mas igualmente insubstituível para as abordagens que se presta, conforme mesmo consideramos, assistiu já a muitos trabalhos de definição e possibilidades de aplicação. Citamos dois deles, o primeiro, já clássico, de Jacques Le Goff (1976, p.68-81), e o segundo, de Hilário Franco Júnior (2003), poderíamos dizer reabilitador de sua função e pertinência, com grande clareza e erudição.

2 Para nosso entendimento de imaginário, com algumas recalcitrâncias, remetemos ao prefácio de Le Goff (1994b).

24 RONALDO AMARAL

colaborar, mais do que para o estudo da *Vida de são Frutuoso de Braga*, para o estudo da hagiografia tardo-antiga e alto-medieval, da qual a primeira participa, e como suas demais congêneres assiste características próprias do contexto sociomental dessa época.

Das hagiografias tardo-antigas em terras hispânicas, a *Vida de são Frutuoso de Braga* não teve, até o momento, um trabalho de análise histórica que pudesse lançar luz sobre sua feitura e razão de ser, particularmente no que respeitou a intenção para sua escrita. Seu tratamento filológico e algumas abordagens propriamente históricas hão sido realizados, mas quanto a estas últimas, de forma marginal, e as discussões ficaram por conta da autoria da *Vita* ou contemplaram seu protagonista, Frutuoso de Braga, sem maiores correlações com sua razão de ser edificada por seu hagiógrafo. E aqui reside o essencial a ser precisado em uma análise hagiográfica na busca do seu protagonista.

A *Vita Sancti Fructuosi* nos apresentara assim um personagem histórico, Frutuoso de Braga, de forma igualmente histórica, mas que devera ser vista e analisada por uma outra óptica, não mais contemplando eminentemente uma leitura positiva e factual. Sabemos da impossibilidade de "resgatar" uma personalidade histórica factível e dá-la a conhecer à posteridade, por mais providos de fontes e testemunho que estejamos. Se mesmo a realidade mais concreta e exequível é, antes de tudo, uma construção, uma percepção individual, ou de forma mais ou menos unívoca, social, e isso em um grupo com cosmovisões análogas, o que dizer quando se trata de pessoas humanas, constituídas mais do que de carne, de osso, de pensamentos, desejos, medos, e de formas de ver e vivenciar, que afloradas do inconsciente, nem elas próprias poderiam nos apresentar com clareza e ordenamento? Disso decorre que, se a *Vita Sancti Fructuosi* nos descreve a "vida" de Frutuoso de Braga, ela se refere àquela, antes de tudo, vista e requerida por seu hagiógrafo, partícipe da visão de mundo do meio sociomental em que se inserira, sendo assim engendrada, mais do que por sua vontade de "imparcialidade", por seu desejo "partidário", e necessário, ainda que algumas vezes mesmo não de todo consciente, de apresentar uma personalidade construída para o

A SANTIDADE HABITA O DESERTO 25

atendimento de suas aspirações e de seus congêneres, adequada a seu modelo e estereótipo do homem santo, sobretudo aquele revestido por uma santidade que pesou lícita e salutar dar a conhecer. Ou seja, por se tratar de uma hagiografia, interessaria menos o homem que o santo, e menos o santo que a santidade, obedecendo esta última, não obstante, às aspirações e aos imperativos de seu autor, ou seus autores, e às necessárias adequações desse modelo de santidade, sempre tomadas de exemplos anteriores, com o meio mais imediato que o justificaria e o requereria.

E seguramente na *Vita Sancti Fructuosi* depararemos com Frutuoso histórico, tão histórico que, para além de nos apresentar muito de sua personalidade e realizações mais concretas, nos dera a conhecer a vida mental de seus contemporâneos, religiosos professos sobretudo, seus medos, seus desejos, suas categorias de perfeição, suas leituras e maneiras de ler, sua religiosidade, que muito mais sensível ao humano sempre extrapolará os cânones da religião. Oferecer-nos-á, assim, a visão de mundo e de sagrado constitutiva desses homens, pois construídas por eles para seus usos e sua edificação, e mesmo para a justificação de suas existências diante dessas duas categorias tão caras e interpenetradas para o homem medieval.

Passemos a seguir, auferidas essas primeiras considerações, a apresentar nossa fonte, a *Vita Sancti Fructuosi*, e por seu meio, a hagiografia cristã primeva mesma, da qual a primeira participa e se edifica, no seu tratamento como fonte de investigação histórica, o mesmo que nos conduzira e dera razão de ser a este trabalho.

Nas últimas décadas do século VII, mais precisamente entre os anos 670-680, na Hispânia sob os visigodos, região da Galiza, talvez Braga, produzir-se-ia a *Vita Sancti Fructuosi* em memória do referido santo, monge anacoreta, e posteriormente abade-bispo do mosteiro de Dumio e metropolitano de Braga.[3] Entretanto, seu capítulo primeiro já nos advertiria de seu intento preeminente: demonstrar Frutuoso como um fiel representante do monacato, particularmente

---

3 *La Vita de San Fructuoso de Braga* (1974). A partir daqui referido pela abreviação *VF*.

do oriental; pois, tanto por suas virtudes quanto por suas práticas de ascese, seria comparado aos antigos padres da Tebaida, ou seja, com aqueles célebres anacoretas egípcios que personificavam o ideal do monge, mesmo e particularmente em época mais tardia às suas estritas existências, por meio de suas *Vitas* e seus ditos. Frutuoso seria, portanto, um monge ideal, já que comparável aos padres da Tebaida, figuras essencialmente hagiográficas, mais acerca de modelos e estereótipos do que de personagens e personalidades estritamente históricas. Destacaria ainda o hagiógrafo do santo visigodo, seu labor de fundador e promotor da vida monástica em diversas regiões da Hispânia.

Estamos, pois, diante de uma hagiografia e de toda a complexidade que tal texto implica e encerra, tanto por seu ideário como por sua construção literária.[4] E será a partir dessa primeira constatação que deveremos iniciar nossa análise da *VF*, ou seja, respeitando e nos assegurando de meios próprios para nos confrontarmos com sua natureza e gênero literário, especialmente neste momento em que a requisitamos para a História. Acreditamos que esse ajuizamento deverá ser essencialmente considerado e tornar-se norteador de nosso estudo, para nos acercarmos de uma leitura mais proveitosa e arrazoada desse texto.

Devemos a Manuel C. Díaz y Díaz (1953, p.157) as premissas da hipótese central que orientará todo este trabalho (*VF*, p.13). O latinista espanhol, certamente um dos mais competentes investigadores da *VF*, já nos havia advertido de que o único objetivo do autor dessa hagiografia pareceria ser o de mostrar Frutuoso unicamente como um monge e asceta, descuidando-se de realizar uma autêntica biografia. Assim, o autor da *VF* em um intento de ênfase, somente,

---

4 A discussão acerca da natureza do gênero hagiográfico foi realizada já há muitas décadas pela sociedade dos bolandistas, e apesar da antiguidade desses textos, suas reflexões parecem não superadas. Pode-se ver assim, entre outros, Delehaye (1973). Possuímos ainda uma coletânea de textos sobre a hagiografia nesses primeiros tempos cristãos, cujos autores e abordagens múltiplos e bastantes eruditos são de grande relevância para o estudioso desse gênero de literatura cristã (cf. Gajano, 1976).

ou, mormente, exploraria o estado monástico de Frutuoso, suas virtudes, lugares e feitos relacionados com esse gênero de vida cristã.

Essa constatação, no entanto, deveria nos conduzir muito além de si mesma e de sua simples confirmação pelo acréscimo de dados outros oriundos de uma análise mais apurada da *VF*. Seria tão somente o fio condutor que nos guiaria a questões muito mais amplas e complexas, e que dariam razão de ser a este trabalho.

A *Vita Sancti Fructuosi*, pudemos assim nós mesmos concluir, não trairia sua natureza hagiográfica, uma vez que não intentaria efetivamente constituir-se em um relato biográfico de Frutuoso. Narrando e descrevendo sua vida e suas realizações, tanto pessoais como coletivas, não se preocuparia com minúcias e precisões históricas. Os lugares, fatos e pessoas que envolveriam o hagiografado e seu ambiente, e sobretudo ele mesmo, não nos seriam dados a conhecer de forma objetiva, desinteressada e imparcial. A preocupação premente do hagiógrafo seria outra, a vida eremítica.

Pudemos, dessa forma, concluir que a *VF*, mais do que um testemunho biográfico, uma fonte delatora da "vida e dos "feitos" de Frutuoso, constituir-se-ia em um texto cujo objetivo, senão único, preeminente, estaria em exaltar e propagandear, por meio do santo visigodo, um estilo de vida religiosa tido por ideal – a vida eremítica. Isso denotaria, portanto, que a preocupação primeira do hagiógrafo estaria menos em seu protagonista do que na profissão e no ambiente que esse representaria e, de certa forma, estaria efetivamente inserido. Frutuoso interessaria sobretudo enquanto representasse, de forma ideal e irreprochável, a vida eremítica, cujo louvor e propagandeamento, por sua vez, seria o objetivo principal e o fim último deste texto. O santo hagiografado importaria menos em si do que como portador e disseminador de uma profissão religiosa ideal – o monacato anacorético.

Assim, por representar, encarnar um monge ideal, um anacoreta ideal mais precisamente, poderíamos, sem grandes dificuldades, considerar que temos nessa hagiografia o testemunho de um personagem, em grande medida, em igual estado. Isso não quer dizer, e o comprovamos em grande medida no decorrer deste trabalho, que

28 RONALDO AMARAL

essa *Vita* se mostrara faltosa de toda a fidelidade histórica factível à pessoa e às circunstâncias de seu protagonista. Contudo, interessou-nos exatamente apreender esse Frutuoso ideal, pois seria exatamente por meio dele que poderíamos nos conduzir muito além do texto em si, concebendo assim um pouco melhor as intenções dessa hagiografia, as razões que a levariam a ser escrita, e o conhecimento mesmo de seu protagonista e do ambiente monástico que promoveria, e isso tanto por meio da "exegese" dos seus lugares imaginários e utópicos, tentando demonstrar seus significados mais recônditos e concretos, como por meio da denúncia das distorções e do escamoteamento, por parte do hagiógrafo, de uma realidade mais efetiva[5] em razão da elevação de seu ideal.[6] No entanto, essa constatação da existência de um personagem ideal, mais ou menos comum a toda escrita hagiográfica, que se ocupa, e precisamente por seu meio, mais da santidade do que do santo propriamente, fora, por nossa parte, muito além dela mesma. Nosso objetivo residiu em demonstrar, pela primeira vez, que o hagiógrafo de Frutuoso, mais do que lhe atribuir

---

5 Acreditamos que a hagiografia é um documento literário, portanto, "em si próprio uma realidade histórica", segundo a expressão de Jacques Le Goff (1994b, p.13-14), e apesar disso, pode nos informar sobre os dados históricos mais factíveis da vida material e mental das sociedades que a produziu. Assim, discordamos nesse ponto do grande historiador francês que afirma, a respeito das fontes privilegiadas para o imaginário, as obras literárias não poderem "fornecer informações sobre aquilo para o que não foram feitas", pois "não obedecem a motivações, regras ou finalidades iguais às dos documentos de arquivo que o historiador está habituado a utilizar". Claro que as obras literárias, em relação a esses documentos tradicionais, devem ser inquiridas e tratadas com métodos e instrumentos específicos para fazer verter delas aqueles dados de uma realidade mais concreta, mas, de qualquer forma, pelo exposto, possível e factível. Como queremos aqui demonstrar, e nos parece o essencial, a obra literária e suas circunstâncias se fazem especialmente servíveis e pertinentes ao historiador quando, de algum modo, nos informam sobre as sociedades para além do texto em si, ainda que dele partindo e por ele perpassando.

6 Colocando essas preocupações no âmbito das mentalidades, remontamos a Michel Vovelle (1987, p.25, 271), uma vez que, como ele, acabamos por ver nas estruturas mentais e seus desdobramentos uma possibilidade de apreender a realidade social mais concreta "a ponta fina da história do social", talvez mesmo em um natural e necessário desembocar.

a santidade, lhe atribuíra uma santidade específica, cuja razão de ser, para esse momento e personagem, só se explicaria pelos condicionamentos sociorreligiosos locais que a possibilitaram e, de certa forma, obrigaram-na a surgir. Coube-nos, assim, aclarar as necessidades, aspirações e desejos que esse ideal de santidade viera a atender e responder, uma vez que, e só por essa óptica, teríamos explicado sua razão de ser nessa hagiografia, pois, embora esse modelo de santidade fosse recorrente em outros relatos hagiográficos, especialmente os monásticos, como bem o mostramos, cobrara e se revestira aqui de um caráter específico e único. A elucidação e o aclaramento dessa especificidade constituem-se em nossa particular contribuição. Isso nos explicou também a escolha que realizara o hagiógrafo de suas fontes, de seu gênero e conteúdo, de seu tratamento, seus modos de lê-la, explorá-la e aplicá-las, e em relação a esta última prática, os procedimentos e resultados da necessária adequação que tivera que realizar entre a realidade lida das fontes com aquela própria de seu momento, o mesmo do hagiografado, e sobre a qual a primeira recairia; pois, apesar de terem um mesmo pano de fundo mental, possuíam circunstâncias espaço-temporais próprias.

Desse modo e, como muito bem explica Hilário Franco Júnior (1998, p.15), em quase toda sociedade imaginária – e aqui poderíamos nos reportar à realidade hagiográfica porque imbuída do maravilhoso quase sempre também –, ter-se-á uma forte presença de uma sociedade concreta, por meio do exagero ou da inversão de suas características, da negação de seus medos ou da projeção de seus desejos. E como se verá, por meio de outras fontes, Frutuoso fora efetivamente um eremita, contudo não tão modelar e perfeito como quisera sua hagiografia. Quando se entregara à escola episcopal de Conâncio, em Palência, para a vida do presbiterato secular, o autor de sua *Vita* só quisera ver nessa localidade e instituição um ambiente de natureza unicamente monástica e voltada para esse fim. Negara-se, assim, a relatar um Frutuoso que não fosse um monge solitário e não estivesse preocupado com essa profissão e sua promoção; pois, ao vislumbrar a extinção ou o cerceamento da vida eremítica de seu tempo pela Igreja, desejoso ainda de que essa perdurasse e fosse bem vista, a explorou e a exagerou em um personagem nobre, afamado e influente, portanto um perfeito assegurador e afiançador dessa prática, além do próprio Frutuoso ser, como se verá por meio de sua obra monástica, um simpatizante dessa.

Como um anacoreta ideal, Frutuoso seria para o Ocidente desse momento, e particularmente para a Hispânia, antes de tudo um modelo, um exemplo perfeito para a propagação da vida eremítica e para a conquista de seguidores que procurariam se acercar o mais estreitamente possível de seu exemplo de perfeição, tal como o próprio santo visigodo real ou hagiograficamente fizera, tendo por exemplos os anacoretas orientais, os padres da Tebaida, como anotaria seu próprio hagiógrafo e seu admirador, o anacoreta Valério do Bierzo, como veremos. Seria precisamente o Frutuoso protagonista da *VF* que mais sobreviveria e se revelaria às vistas dos seus seguidores posteriores, porque um exemplo digno e perfeito de ser imitado, além de realizável por sua proximidade espaço-temporal, uma vez que não mais um longínquo anacoreta oriental, mas um contemporâneo ocidental.

Diante ainda de uma época em que a Igreja reprimia as manifestações religiosas surgidas e praticadas à sua margem, extinguindo-as ou submetendo-as, e aqui encontraríamos claramente a vida eremítica, a *VF* poderia vir a se constituir em uma justificação lícita para essa, na medida em que apresentaria uma experiência "atualizada" da vida ascética e solitária, enraizada sobretudo no reconhecido e louvável modelo oriental, e não mais, por exemplo, no malfadado movimento ascético priscilianista, ainda vigente e rechaçado em tempos de Frutuoso.

A realidade não precisamente concreta da *VF* encontramos também na subjetividade dos lugares e do tempo em que deparariamos com Frutuoso. Encontramos o santo visigodo, mais do que em lugares e tempos precisos, em lugares e tempos ideais. Importaria, desse modo, ao hagiógrafo, descrever a geografia física e topográfica dos lugares onde se encontraria Frutuoso, enquanto esses remetessem e corroborassem com seu ideal perseguido. Assim, por exemplo, o bosque descrito na *VF* somente, ou essencialmente, se prestaria para significar o ambiente e o estado de solidão. A montanha, por sua vez, o lugar de elevação, mais do que física, espiritual, a fuga dos homens e a proximidade com o divino.

Partindo desses princípios para entendermos e nos defrontarmos com a *VF*, haveríamos ainda que anotar aqui seu paralelo, tanto estrutural como ideal, com outras hagiografias, que direta ou indiretamente se constituiriam em suas fontes.

O investigador espanhol Manuel C. Diaz y Diaz, em seu estudo crítico da *VF* (p.25-31), já nos havia indicado que essa tivera como fontes literárias, pelo menos as por ele precisadas, as *Vidas dos Santos Padres de Mérida*, a *Vida de Martinho de Tours*, a *Vida de Paulo, primeiro eremita* e os *Diálogos de Sulpício Severo e Gregório Magno*. Para o nosso intento e abordagem, seria extremamente significativo notarmos que todas essas obras, em menor ou maior grau, tratariam da vida de anacoretas, ou pelo menos deles nos dariam notícias. Contudo, e ainda que em grande medida, apoiados nos estudos e nas competentes observações de Diaz y Diaz, nossa preocupação maior não reside em analisar a influência dessas fontes na *VF* a partir de suas apropriações e reminiscências textuais, literárias, como o fizera aquele, mas em perceber e aclarar quando, e em que medida, o autor da *Vita* de Frutuoso se aproveitaria daquelas, apropriando-se particularmente de seus ideais, modelos e circunstâncias, para especialmente edificar a pessoa e as condutas anacoréticas de seu hagiografado.

E aqui haveremos de chamar à luz a *Vita Antonii*, embora não possuamos, até o momento, nenhuma prova do seu uso textual e direto pelo autor da *VF*. Isso não deverá, contudo, nos reprovar de a acreditarmos presente na *VF*, pois, senão textual e literalmente, presente ao menos na obtenção e apropriação de sua intenção e ideal. A *Vita Antonii*, como veremos no decorrer deste trabalho, seria a primeira e a mais evocada hagiografia de eremita a se constituir em um texto exemplar para a vida ascética e solitária, em um "manual" teórico e prático para toda a vida eremítica posterior.[7] Essa *Vita*

---

7  Os estudo relativos à *Vita Antonii* que temos consultado são unânimes a esse respeito, o que faz que nos surpreendamos que até o momento ninguém a tenha explorado a partir da *Vita* de Frutuoso.

## 32 RONALDO AMARAL

do célebre e considerado primaz do monacato cristão, Antonio ou Antão, já estivera também, e há muito, depurada da simplista classificação literária biográfica. Jacques Lacarrirére (1996), apoiado em outros historiadores, sobretudo alemães, nos informaria que a *Vita Antonii* não pertenceria ao gênero biográfico, mas ao da *aretologia*, ou seja, ao do discurso das virtudes, a que preferira ainda por "discurso edificante" (ibidem, p.53-4). A *Vita* de Antão, assim, não objetivaria realizar um testemunho estritamente histórico sobre a vida de um homem, Antão, mas apresentar um quadro de vida edificante, um relato exaltador da profissão desse, a vida no deserto. Desse modo, e a partir das considerações aqui colocadas para a *Vita Antonii*, não poderíamos somente trocar seu título por *Vita Fructuosi*, sem que perdêssemos por isso o seu sentido e objetivo? E André Vouchez (1990, p.213) não nos diria que a hagiografia apresentar-nos-ia os santos como figuras repetitivas, cujas vidas o único elemento suscetível de mudança seria o quadro espaço-temporal em que se inseriam e mesmo esse esboçado de uma forma esquemática, como uma espécie de cenário adequado à valorização da perfeição? A *VF* repetiria assim a *Vita Antonii* na medida em que ambas, e a primeira certamente alicerçada na segunda, teriam como ponto capital a vida no deserto, ou seja, o estado de perfeição.

O autor da *VF*, porém, não inovaria em nada em "plagiar" santo Atanásio, o autor da *Vita Antonii*, para a construção de seu anacoreta, suas virtudes e condutas no deserto. Sulpício Severo, quase contemporaneamente ao próprio Atanásio, já o teria feito quando da confecção da *Vita* de Martinho de Tours, na Gália. E aqui poderíamos ver uma apreensão do ideal da *Vita Antonii* pelo autor da *VF*, via *Vita Martini*, uma vez que sabemos que esta última contaria entre as fontes de conhecimento e utilização direta pelo hagiógrafo do santo visigodo, embora acreditemos que esse viria a conhecer e a se utilizar da primeira de modo igualmente pessoal e direto. Desse modo, como temos colocado, e o perceberia Carmem Codoñer Merino (in Sulpício Severo, 1987a, p.30), a *Vita Antonii* estivera, ainda que não estruturalmente, presente na construção da *Vita Martini*. Entretanto, no que respeitaria a ênfase e ao lugar de primeira importância dis-

A SANTIDADE HABITA O DESERTO **33**

pensada à vida ascética e solitária de Martinho, seu hagiógrafo galo iria tão longe quanto o autor da *VF*, e se não precisamente em sua *Vita*, em seus *Diálogos*, cujo objetivo principal nos deixaria claro ser o de comparar e alçar Martinho de Tours sobre os anacoretas egípcios (ibidem, p.191-261).

Assim, Sulpício Severo, tanto por meio da *Vita Martini* como, e especialmente, por meio de seus *Diálogos*, se esforçaria em demonstrar Martinho de Tours como um exemplo de solitário e asceta, tão e por vezes superior a seus congêneres orientais. No entanto, devemos sublinhar que, em relação à *Vita Martini*, a *VF* far-se-ia muito mais enfática e pródiga no tratamento e exaltação da vida anacorética, como ainda teremos oportunidade de tratar nos capítulos que seguem. Dessa forma, se com o surgimento da *Vita Martini*, nos antecedidos anos cristãos do século IV, residiria o anacoreta ideal do Ocidente na Gália, nos posteriores anos do século VII ele se mudaria para a Hispânia, como o surgimento da *VF*.

Tendo colocado essas considerações a respeito da natureza hagiográfica e imaginária da *VF* e de sua relação com outros textos de mesma índole e intento, devemos, dentro de uma abordagem mais factual, apresentar algumas considerações em relação à sua autoria. Comecemos por observar que toda e qualquer consideração já realizada a respeito da autoria da *VF* perpassara necessariamente por questões de natureza textual, estilística. E, aqui, não poderemos ir além das observações de um especialista como Manuel C. Diaz y Diaz.

A discussão acerca da autoria da *VF* tem-se centrado, eminentemente, na negação ou afirmação de sua atribuição a Valério do Bierzo. Diaz y Diaz (1953, p.175; *VF*, p.15-20), no mais recente trabalho em que se daria ocasião para essa contenda, negaria a *VF* como obra autoral de Valério, já que diferenças de expressões da língua escrita, do uso distinto de vocábulos e construções de frases a afastariam das obras daquele. Acrescentaria ainda, junto a outros investigadores que retomaria, que a ausência de maiores precisões geográficas e de pessoas, especialmente de seus nomes, assim como o tratamento distinto do uso e registro de fenômenos sobrenaturais e citações bíblicas, abundante em Valério e quase ausente na *VF*, ajudariam a não concordar com a autoria do anacoreta do Bierzo. A atribuição da *VF* a Valério do Bierzo como seu autor seria ainda negada por Diaz y Diaz, a partir do pressuposto de que essa surgiria nas regiões de Braga, senão propriamente nesse mesmo lugar, e não no Bierzo, o que justificaria a propaganda desse texto àquela localidade, pois seu último capítulo enfatizaria, mais do que o culto ao santo, os milagres que emanariam de seu sepulcro e que seriam obtidos por todos aqueles que o visitassem em Montélios – Braga. Observaria, não obstante, o investigador crítico da *VF*, que em todos os códices em que essa se encontraria, sobretudo entre aqueles que nos legariam a compilação hagiográfica de Valério do Bierzo, a principal obra que a conservou e a transmitiu, essa não possuiria nenhuma menção nominal de seu autor, o que não concordaria com a índole de Valério, que sendo um explícito admirador de Frutuoso, como demonstraria em varias de suas produções hagiográficas ao fazer desse clara referência, não deixaria de grafar seu nome como autor da vida daquele que tanto admirou e de certa forma imitou ao suceder-lhe no segundo de seus mosteiros e em sua mesma cova eremítica.

Acreditamos ser razoável nos irmanarmos às considerações de Díaz y Díaz, uma vez que, ante as dificuldades de precisar o autor, ou os autores da *VF*, nos seria preferível considerá-lo como anônimo. Perguntamo-nos ainda se essas discussões centradas na identificação da pessoa – nominal – do autor seriam assim tão válidas e necessárias. Deveríamos, talvez, mais do que estarmos preocupados com a identidade do autor, dificilmente nomeável, nos voltarmos à sua pessoa enquanto envolvida com a realidade, mais ou menos consistente, da produção de seu escrito, a *VF*. A condição social desse hagiógrafo, seu lugar e posição ante a sua realidade sociorreligiosa e, especialmente, suas relações com o hagiografado e seu ambiente deverão nos interessar particularmente.

Primeiramente, havemos mais bem que falar de autores, na medida em que temos na hagiografia mais do que as idiossincrasias de um único autor a respeito do seu personagem e do ambiente em que esse se moveria, e por vezes construiria, as impressões e as expressões, ainda que legadas por aquele próprio, de toda uma coletividade, especialmente os de seu mesmo meio e daqueles que de algum modo colaborariam na recolha/escolha de dados para a constituição do texto.

Assim, se a *VF*, como vimos indicando, teria por objetivo preeminente a propaganda e a exaltação da vida eremítica, sua defesa e justificação, entre outros, seu autor muito provavelmente se encontraria em um ambiente onde essa seria de alguma maneira cultivada, ou seja, de uma comunidade monástica de estrutura e disciplina solitária, ou pelo menos com veleidades de sê-lo, o que nos lembraria muito o próprio monacato de Frutuoso expressado por sua *Regula monachorum*, como veremos. De todo modo, vemos no ambiente e especialmente na pessoa do hagiógrafo uma predileção particular pela vida eremítica, seja por sua efetiva prática, seja pela carga de leituras e outros contatos com essa realidade monástica que mostraria conhecer e possuir, como o percebemos pela própria escrita da *Vita*. O autor da *VF* teria, assim, um considerável conhecimento da literatura monástica, particularmente das "vidas dos padres", a que se obteria especialmente em uma comunidade de mesmo estilo religioso, o que nos indicaria, mais uma vez, que esse não seria estranho ao ambiente monástico, e talvez mesmo dele um professo, um monge. Sendo ainda, muito provavelmente, de uma comunidade devida a Frutuoso, o autor de sua *Vita* nos denunciaria por sua própria pessoa, enquanto daquele discípulo e partícipe do ambiente monástico por ele fundado, que o santo visigodo fazia viger o eremitismo de alguma forma em suas fundações, o que nos explicaria, e talvez tão somente, o conhecimento e a predileção desse gênero monástico por parte de seus discípulos, ou pelo menos reconhecidamente, por aquele que se constituiria em seu hagiógrafo. Esse não desconheceria ainda a vida social e religiosa de sua época, particularmente a eclesiástica, como nos demonstraria pelas próprias linhas e intenção da *VF*. Deveria, portanto, possuir alguma cultura mais refinada, assim como o meio em que se encontraria inserido, ou parte dele. Significativo disso seria seu conhecimento de Isidoro de Sevilha e seu influxo cultural para toda a Hispânia e o Ocidente; as origens e as ordenanças aristocráticas e nobiliárquicas; o funcionamento e a natureza de uma escola catedralícia, a ponto de saber como ocultar o influxo dessa na formação de Frutuoso; além, é claro, dos costumes, dos lugares e das virtudes mais características da primitiva vida monástica dos padres do deserto. Poderíamos acrescentar, ainda, o conhecimento da organização eclesiástica de sua época, e da geografia da Hispânia em razão de seus locais de culto e de demais relevâncias para a tradição cristã.

Em relação às nossas considerações anteriores, e ainda que não saibamos nomear o autor da *VF*, poderemos ao menos, e ao que nos parece o essencial, conhecer um pouco melhor seu estado social, religioso e espaço-temporal, e consequentemente seus intentos, meios e condições para a realização/condução da *VF*. Haveríamos talvez, e desde que circunscritos à temática vida eremítica, se obrigados a tomar uma posição em favor ou detrimento de Valério do Bierzo, o que não o fazemos, a confirmá-lo como provável autor da *VF*, na medida em que como aquela esse demonstraria, em inúmeros de seus trabalhos, como veremos, um esforço particular em defender e exaltar esta forma de vida monástica cristã.

Partindo de nossa hipótese nuclear, quisemos no decorrer da análise da *VF* e de outras fontes que a permearam, seja por suas circunstâncias e proximidades espaciais, temporais ou temáticas, discernir e distinguir, dentro do possível, e quando possível, o lugar do imaginário, das apropriações hagiográficas e dos fatos mais concretamente históricos, e isso não para opô-los, mas para tentar precisar seu ponto de convergência, aquele que engendraria mesmo o próprio texto hagiográfico,[8] nascido da interpenetração daquelas duas realidades. Assim, estivemos preocupados com o mental, com o simbólico, e com a escrita hagiográfica e suas apropriações, o que

---

8 Percebe-se aqui que esse gênero literário pode ser considerado uma das mais privilegiadas fontes para as mentalidades, pois seus historiadores não estiveram, na grande parte das vezes, preocupados e voltados às mediações complexas entre a vida real dos homens e as representações que eles constroem para si, incluindo as fantásticas, conforme as palavras de Michel Vovelle (1987, p.23). E a hagiografia, como pudemos perceber, não seria precisamente essa "mediação complexa", seu lugar e produto mesmo?.

nos ajudou a precisar em que medida se estaria diante de um fato histórico, ou simplesmente representativo de uma história que quisera se fazer. Mas também e, confrontando com este último aspecto, o que viera, e em que medida, efetiva e historicamente em confirmação com a intenção desta hagiografia – a vida eremítica como ideal de vida monástica e sobretudo para Frutuoso – podendo se descobrir, que mais do que um lugar hagiográfico, e ainda que não de forma ideal, essa seria também e, em alguma medida, uma realidade consistente para Frutuoso, sua época e lugar, pois originada a partir de circunstâncias e estruturas, tanto materiais como mentais, próprias e de alguma forma engendradoras desse gênero monástico, e mesmo no âmbito do imaginário, pois esse somente surgiria sobre as condições e os reveses sociais de um monacato factível. Pudemos averiguar que a vida eremítica praticada por Frutuoso teria muito de ideal, de imaginário e de circunstâncias de *Vitas* outras a ela atribuídos, mas também de efetivamente realizado, pois aclaramos, dentro de nossas disponibilidades, outras fontes que assim o demonstrariam, e uma conjuntura social e religiosa que a tornaria em grande medida possível e viável em sua época e região. Desse modo, tivemos como apreender a vida eremítica como um fato praticado e prático para a história, uma vez que deparamos com ricas informações e reflexões que nos demonstrariam o quando esse gênero de vida religiosa influíra na sociedade e o quanto operara mudanças, tanto as de ordem material quando as de ordem mental e religiosa. Tivera o eremitismo um papel prático e efetivo na História; pois, ainda que se originasse e se justificasse exatamente por sua negação, acabaria por ser abarcado e levado pelas ondas de sua própria dinâmica, já que não surgiria e se desenvolveria obviamente, em um tempo e espaço estranhos a essa.

Mesmo o imaginário e as circunstâncias ideais hagiográficas, estas últimas produtoras e produto do primeiro, nos seriam, porém, particularmente ricos para a apreensão do lugar efetivamente histórico apresentado pela *VF*. Como sabemos, o texto hagiográfico apresenta algumas características – estrutura do texto de construção formal e linguística complexa, linguagem simbólica e apologética, apropriações literárias, narração de milagres e seres fantásticos como algo natural e do cotidiano, entre outros – que nos exigiu um conhecimento e sensibilidade substanciais para fazer deste texto "sagrado" uma fonte efetivamente histórica. Assim, lançando mão da história do imaginário, das sensibilidades religiosas refletidas pelo símbolo, intentamos também e por esse mesmo meio penetrar no contexto mais precisamente histórico da *VF* e buscar nessa, em suas entrelinhas, em sua capacidade imaginativa, o lugar da história, mais do literal e hagiográfica, efetivamente sentida, projetada e vivenciada. Desse modo, por exemplo, quando as fontes dos anacoretas nos apresentavam o deserto, entre outros lugares e circunstâncias envoltos no maravilhoso, pudemos perceber que esse não apenas significaria e remeteria a um lugar geográfico e físico, como já anotamos, mas a um lugar sobretudo mental que, no entanto, de algum modo efetivamente vivenciado, nos denunciaria, não obstante o entendimento e a apreensão da realidade daqueles, e mesmo nesse caso a mais profunda, a da psique, a partir de suas concepções, experiências e condutas mais imediatas e intrínsecas, onde, é claro, cobrariam a espiritualidade e a moral cristã, emergentes e preeminentes nesse ambiente, um papel de primeira e maior importância. Dessa maneira, o deserto será para nós, um lugar e uma realidade bastante diferentes do que foram para os eremitas da medievalidade. E sabemos disso pela carga do fantástico e do maravilhoso que esse lugar encerrava nas fontes. Essa carga – devido a uma leitura "piedosa", nem sempre explícita e inteligível em sua função e razão para o social e seu imaginário – nos obrigou a arrancar dele aquela visão unívoca em que se encontrava.

Trabalharmos e apreendermos o maravilhoso, o simbólico como experiências não somente literárias, fictícias, mas vivenciáveis para o homem histórico será fazer história, aquela do mental, do imaginário, que, denunciada e corporificada pelas representações, atitudes e comportamentos, à primeira vista, e mesmo para aquele, desprovidas de significações mais claras e precisáveis, nos acusaria precisamente suas concepções e visões de mundo mais intrínsecas e arraigadas, portanto, em alguma medida e momento, as que se poderiam considerar mais reais e concretas. Tanto quanto a história do factual e do material, a história do mental não só se realizaria por práticas efetivas, mas, e

A SANTIDADE HABITA O DESERTO  **39**

por esse mesmo meio, quase sempre se constituiria na origem e no fundamento das primeiras, e a elas sobreviveria pela longa duração do mental. E aqui talvez estejamos de acordo com Jacques Le Goff (1976, p.71) que considera a história das mentalidades como o espírito vivificador da história do econômico e do social, uma vez que daria a essa um entendimento mais amplo e abarcador da complexidade do fenômeno histórico, surgido, antes dos fatos e do concreto, das ideias e de suas construções simbólicas e imaginárias.

Nosso primeiro capítulo pretende, assim, apresentar o ambiente histórico em que se gerara a *VF*, particularmente as circunstâncias e as razões mesmas que teriam suscitado a necessidade e os meios para sua escrita. Demos especial atenção à obra monástica de Frutuoso de Braga, uma vez que, sendo originada a partir de sua própria experiência e concepção de vida monástica, mostraria grande convergência com sua pessoa e profissão descrita por sua hagiografia.

Em relação às fontes auxiliares à análise da *VF*, em especial as igualmente relacionadas com a vida monástica, seja com aquela possível, seja com aquela ideal, e a segunda mais acerca da literatura monástica oriental de índole hagiográfica, selecionamos um substancial número de gêneros, entre os quais estariam particularmente a mesma hagiografia e, em relação mais direta com o monacato oriental, as Vidas dos Padres do Deserto, suas Sentenças ou ditos, e os relatos de peregrinos. Para um período mais posterior, e essencialmente relativo à vida monástica na Hispânia, quando essa já se encontraria mais institucionalizada, utilizamos as regras monásticas e os cânones conciliares respeitados.

A partir do segundo capítulo, procuramos contemplar uma análise mais interna e circunscrita ao texto da própria *VF*, sem que isso signifique que não estivéssemos voltados a outras realidades espaçotemporais e documentos. Assim, buscamos conhecer e precisar os modelos e fontes, seus usos e apropriações, realizados pelo autor da *VF* em sua construção do Frutuoso eremita ideal. Para tanto, a visita aos lugares e aos personagens mais insignes do monacato oriental, por meio de suas fontes, far-se-ia necessária, onde haveríamos de sublinhar e conhecer um pouco mais estreitamente o Egito cristão, e nesse a Tebaida e seus anacoretas, aos quais, veremos, seria Frutuoso particularmente comparado. As *Vitas* de Antão, Paulo, o primeiro eremita, e mesmo Martinho de Tours no Ocidente destacar-se-iam nesse momento.

Sendo, porém, a vida eremítica uma realidade efetivamente histórica para a Hispânia, teria essa suas razões e consequências igualmente efetivas, concretas e em alguma medida precisáveis. Assim, buscamos entender e aclarar as inúmeras estruturas e situações que a teriam suscitado e a feito proliferar de forma tão incidente como haveríamos de registrar principalmente na região Noroeste da península. A ingerência desse gênero monástico fora ainda de capital importância para a dinâmica social e religiosa da Hispânia, em época e lugares em que vigeu. Causaria transformações, tanto as de ordem estrutural material quanto as de ordem moral e espiritual, e não só para os professos religiosos cristãos, particularmente monges e clérigos, mas para todo o povo crente que desses se acercariam, especialmente os *rustici* que conviviam e se apoiariam, ante as mais diversas circunstâncias, sobre as benesses materiais, culturais e espirituais dos ascetas e solitários que se encontrariam no deserto dos campos.

Estivemos ainda dedicados a compreender a percepção da realidade desses ascetas solitários a partir de suas mesmas concepções de mundo e do sagrado. Intento difícil e temerário, que nos exigiria uma atitude quase esquizofrênica, pois buscamos nos colocar em um mesmo tempo e espaço que ajuizamos haverem estado aqueles, tentando assim alcançar um horizonte visual e, sobretudo sensorial, que fosse, senão o mesmo, o mais possivelmente próximo deles. E aqui a insistente pretensão em se descobrir de onde vieram, a que, e como se processariam, no mental, as visões de mundo que se prestariam a fazer e a escrever a história.

Ainda no sentido da inserção e promoção de novas realidades e ideias inauguradas por esses movimentos ascéticos, se inscreveria a sua relação com o mundo eclesiástico, ou seja, com os religiosos tidos por mundanos, corrompidos pela cultura, bens e dignidades do século. Vindo ora a rechaçá-los categoricamente, ora a encontrar com eles um meio termo, um lugar intermediário, entre uma vida de mais austera ascese e uma interpretação menos radical do mais estrito seguimento evangélico, o monacato anacorético estabeleceria lugares de conflitos e confrontos, abertos ou acautelados, com a hierarquia e a cultura eclesiásticas. Tal constatação encontramos em nossa hagiografia, preocupada em demonstrar, por meio de Frutuoso e Isidoro de Sevilha, duas tendências distintas de vida, concepção e profissão religiosas, mas que, por outras ópticas e fontes, demonstrariam mais do que divergências, algumas cumplicidades, não contempladas pelos radicalismos inerentes à literatura panegírica desta ou daquela realidade.

Esperamos que os anos de nossas pesquisas frutifiquem nestas páginas o mesmo entusiasmo que sempre nos moveu.

# 1
# O CONTEXTO SOCIORRELIGIOSO DA *VITA SANCTI FRUCTUOSI*: IGREJA, MONARQUIA E VIDA MONÁSTICA NA HISPÂNIA TARDO-ANTIGA

Ao tratarmos aqui da vida monástica hispânica, vamos nos circunscrever, essencialmente, àquela dos séculos VI e VII, de forma particular à deste último, dado ser a época de composição da *Vita Sancti Fructuosi*. Contudo, vamos deparar com a necessidade de retroceder um pouco mais no tempo, ao contemplar sua origem, que se deu em época romana. Sublinhemos, não obstante, que nos deteremos com maior veemência na sua manifestação eremítica, ou ao menos em situações relacionadas a essa.

À expressão "vida monástica" e ao termo "monacato" e suas significações análogas fazemos referência acreditando que se concebem sob suas duas formas básicas: a eremítica e a cenobítica, embora para o século VII remetam quase necessariamente a seu gênero cenobítico, dada a primazia dessa forma monástica em relação à eremítica e ao maior número de fontes e testemunhos que a ela concernem. Os termos eremita e anacoreta, e suas respectivas derivações, serão aqui utilizados como sinônimos, pois assim os entenderam os primeiros pais da tradição monástica que sobre eles discorreram e os definiram.[1]

---

1 Referimo-nos a João Cassiano (Conferência 18, 4), são Jerônimo (Epístola 22,34), e Bento de Nursia (Regra dos Monges, Capítulo 1,3). Isidoro de Sevilha, por sua vez, distingue em duas de suas obras, nas Etimologias (7,13) e no *De Ecclesiasticis Officcis* (2,16), o eremita do anacoreta, afirmando ser o primeiro o

## 44    RONALDO AMARAL

De toda forma, queremos aclarar que nossa exposição tratará do monacato visigodo enquanto esse se refira e remeta sobretudo à vida eremítica. Num primeiro momento, por meio de sua manifestação pura, isto é, a experiência monástica realizada à margem de qualquer vínculo com a disciplina conventual ou eclesiástica. Num segundo momento, por meio de sua relação com a vida cenobítica, precisando suas divergências e adequações.

Quando nos propusemos, neste capítulo, a tratar da vida monástica visigoda de uma forma mais abrangente, nossa principal preocupação foi não incorrermos no erro do lugar-comum, ou seja, retomar simplesmente, e ainda que de forma sistemática, o que se tem colocado sobre o assunto. Assim, embora este capítulo se preste sobretudo a contextualizar nossa fonte principal, a *VF*, ante o ambiente social e religioso que a engendrara e se encontrara inserida, uma vez que sua análise propriamente se constitui na razão primeira deste trabalho, estudo que se realizará mais detidamente a partir do segundo capítulo, nossa exposição procurará trazer questões inusitadas, na medida em que as fontes, os autores e os assuntos por nós retomados deverão ser discutidos e problematizados segundo nossa abordagem específica.

Este capítulo cuidará, portanto, de apresentar o contexto histórico da época e lugar em que vivera Frutuoso e se realizara sua labuta monástica, assim como, e particularmente rico para nossa proposta, o ambiente mesmo em que fora engendrada sua *Vita*. Para tal empreendimento, utilizamos uma pluralidade de fontes cujas quantidade numérica e abrangência temporal bastante amplas nos exigiram uma análise mais factual e estritamente seletiva a nosso recorte temático e temporal, uma vez que se procurara, por essa mesma abrangente e selecionada contextualização, uma possível resposta para uma primeira e fundamental questão. Assim, se a *VF* fora, segundo temos

---

monge que teria abraçado a vida solitária sem antes ter vivido em uma comunidade cenobítica, enquanto o segundo o teria realizado. De toda forma, mesmo para Isidoro, ambos encerrariam um mesmo ideal monástico, a vida solitária. Encontram-se todas essas obras que temos citado devidamente inventariadas em nossa bibliografia

proposto, e em detrimento de sua natureza essencialmente biográfica, um texto dedicado sobretudo à vida eremítica, sua propaganda e exaltação, particularmente aquela de fundamento e molde oriental, caberia perguntar: Por que essa orientação por parte de seu autor? Por que precisamente o anacoretismo de índole oriental, que seria então demonstrado em Frutuoso comparável aos padres da Tebaida? Acreditamos que este capítulo se prestará, mesmo tendo em mente os limites impostos pelas fontes, a indicar respostas para essas questões que apontamos. Vamos nos deter, porém, em precisar a natureza da vida eremítica vigente na Hispânia, de modo particular em sua região Noroeste, assim como sua dívida e relação com a tradição monástica oriental, tão e particularmente presente e cara a essa região, a mesma do ambiente monástico de Frutuoso e, por conseguinte, do autor de sua hagiografia.

## A experiência monástica oriental na Hispânia. O Noroeste Peninsular de são Frutuoso. Prolongamento de uma tradição anterior: peregrinos da Galiza e Martinho de Braga. O influxo das fontes orientais na época visigoda

Pelas páginas dos próximos itens deste capítulo, poderemos vislumbrar que o monacato anacorético viria a se constituir em uma realidade de fato para a Hispânia romana e visigoda. Essa constatação, se mostraria sobretudo, por meio de documentos oficias da Igreja, epístolas e cânones conciliares, além de outros documentos de natureza essencialmente monástica, como as regras dos monges. Teríamos que contar, ainda, como uma outra classe de documentos, a hagiografia, testemunho também, importantíssimo, da vigência da vida monástica em território e época aqui analisados. No entanto, as hagiografias, preocupadas com a narração da "vida" e dos "feitos" prodigiosos de seus personagens monásticos, e isso em razão de sua natureza mesma, nos colocaria acerca de um monacato mais ideal que histórico, o que não significaria, contudo, que estaria desprovida de sua mesma realidade histórica. E seria aqui, nesta última categoria de documentos, especialmente por sua função exemplar e sacralizadora, que iremos encontrar, senão como fonte única, pelo menos a mais privilegiada, a experiência monástica oriental vigente no monacato hispânico; pois, como nos afirmara Garcia Colombás (1974, v.1, p.213), muitos autores latinos, apropriando-se daquela experiência oriental e seus protagonistas, na realidade só faziam retomar a "vida" dos monges orientais nas *Vitas* de seus correspondentes latinos. Afirmariam, assim, que seus santos monges ocidentais seriam dignos êmulos dos padres orientais, sobretudo os egípcios, às vezes mesmo os superando. E não haveríamos de recordar aqui a *VF*?

O primitivo monacato ocidental, todavia, não poderia, nem deveria, ser visto como simples produto de importação da vida monástica oriental, e isso tanto no âmbito de suas práticas quanto no de suas ideias. Nasceria, em grande medida, no próprio solo ocidental (Di Berardino, 1993), cujas raízes remontariam às virgens e aos continentes, que posterior e paulatinamente, viriam a se afastar dos meios urbanos, onde seriam mais característicos, buscando lugares mais ermos ou se agrupando em comunidades de irmãos ou irmãs, tendo à frente um bispo ou um superior de mesma condição ascética. Podemos indicar, desse modo, que esses ascetas, a dinâmica de suas condutas, a "evolução" de seu *modus vivendi* dariam, em grande medida, origem a um monacato essencialmente ocidental, cuja antiguidade e certa independência do Oriente faria que esse surgisse e evoluísse paralelamente àquele.

O monacato oriental, no entanto, cobraria um influxo tão intenso como determinante para a construção da tradição monástica no Ocidente. Como sabemos, tanto a vida anacorética como a cenobítica no Ocidente teriam como fonte inspiradora os escritos e os relatos da "vida" e da ascese monástica oriental, especialmente a do Egito. Lembremo-nos, por exemplo, da importância das regras monásticas orientais para a confecção das ocidentais. Assim, a regra dos monges de são Pacômio, traduzida para o latim por são Jerônimo, e a de são Basílio, também largamente traduzida para o Ocidente, seriam utilizadas, por exemplo, na constituição das regras visigóticas e na própria regra beneditina. Para a vida anacorética, como veremos particularmente por meio da *VF*, as hagiografias de monges orientais viriam a influenciar sobremaneira as condutas monásticas de muitos monges ocidentais, ou pelo menos seus hagiógrafos. Dentre elas estaria a *Vita Antonii* de Atanásio de Alexandria, certamente a mais importante e eminente hagiografia sobre a vida monástica eremítica, tanto no Oriente como no Ocidente, a ponto de ser considerada o evangelho do monacato ocidental (Gribomont, 1964). Outras obras, que veremos mais pormenorizadamente quando nos dedicarmos ao monacato da Hispânia, orientais ou respeitantes a essa realidade monástica, e entre estas últimas as de João Cassiano e Jerônimo, se constituiriam igualmente no alicerce, tanto teórico como prático, para a vida monástica ocidental, particularmente a mais primitiva.

Assim, os solitários e as comunidades cenobíticas do Ocidente viveriam, em grande medida, do espírito de seus correspondentes orientais, os quais tentariam imitar, vivendo, ou buscando viver, segundo suas mesmas práticas e ideais. Contudo, deveriam realizar algumas concessões e adaptações à realidade ocidental, tal como acreditamos ter demonstrado a partir de nossa análise nesse sentido da *VF*, como se poderá averiguar a partir do segundo capítulo.

As palavras de Garcia Colombás (1974, v.1, p.214) a respeito do surgimento do monacato, tanto no Ocidente como no Oriente, e a relação entre ambos, particularmente do influxo do segundo sob o primeiro, nos são tão esclarecedoras que se faz necessário transcrevê-las:

> Enfim, o fato de que o monacato latino seja produto original dos países latinos ou latinizados e apresente algumas particularidades que o distinguem do monacato copto e oriental, não deve ocultar à nossa vista as grandes semelhanças, a identidade de fundo e base, tanto pelo que se refere ao ideal como pelo que toca a vida e costumes, que os une intimamente, como duas partes de um mesmo todo...

Assim, se ambas as realidades monásticas seriam distintas, isso se deveria sobretudo à geografia e a algumas de suas circunstâncias – sociais, políticas, culturais, climáticas, entre outras –, pois quanto ao ideal perseguido e de algum modo praticado, para além de ser o mesmo, pela comprovada influência de um sobre o outro, estaria assentado em um único e primordial objetivo e documento, a imitação de Cristo a partir da Bíblia, particularmente os evangelhos.

A tradição monástica oriental chegaria ao Ocidente tanto por meio de peregrinos ocidentais que se aventuravam à Terra Santa e aos desertos povoados de solitários e mosteiros, particularmente no Egito e Palestina, como por orientais, de forma particular clérigos e monges, que viriam por alguma razão viver no Ocidente. Também o Ocidente conheceria o monacato oriental por meio de fontes escritas, tanto originais gregas que seriam traduzidas para o latim como as produzidas por esses mesmos peregrinos, quando de seu regresso ou acesso ao solo do Ocidente. Entre essas encontraríamos os relatos hagiográficos, as "Vidas dos Padres", as regras monásticas e escritos como as Sentenças ou os Apotegmas dos padres. Esses documentos, na maior parte das vezes, como dissemos, chegariam ao Ocidente em sua versão latina dos originais gregos, ou transportados os originais mesmos, pelo menos quanto à língua, viriam posteriormente a serem traduzidos. Assim, muitos peregrinos, após terem visitado os "santos lugares" do Oriente, particularmente os desertos povoados de mosteiros e eremitas, retornariam ou se dirigiriam ao Ocidente, imbuídos de informações e experiências espirituais, as que deveriam, para saciar a curiosidade de seus conterrâneos e mesmo seus descendentes locais, serem transmitidas e legadas por meio desses escritos. Não obstante, haveria aqueles que desejariam legar esse conhecimento e experiência por um meio mais prático, a organização de comunidades monásticas aos moldes daquelas vistas e muitas vezes vividas no Oriente. Teríamos, assim, personagens e obras, como Paládio e sua *Historia lausíaca*, Rufino com sua tradução latina e "ampliada" da *História dos monges do Egito*, e Jerônimo com seus relatos epistolares, dentre os quais a carta a Eustóquia, e as *Vitas* dos solitários, Paulo, o primeiro eremita, Hilarião e Malco. Para a Gália em particular, temos, entre outros, João Cassiano, Paulino de Nola e Sulpício Severo, peregrinos, ou ouvintes destes, que dariam, por meio de seus escritos, o conhecimento ao Ocidente

A SANTIDADE HABITA O DESERTO    49

do monacato do Oriente. Na Hispânia também teremos piedosos peregrinos e divulgadores da tradição monástica oriental, particularmente na região da Galiza, a mesma que nos interessara mais estreitamente. Essas fontes sobre a vida monástica oriundas dos territórios orientais, ao atingirem o Ocidente, encontrariam ainda uma grande complexidade para suas análises, e isso em relação à língua, pois as traduções, geralmente do grego para o latim, por si só já devedoras de sua originalidade, quase sempre cobrariam do tradutor seu quinhão de ineditismo, havendo que se contar, ainda, com as dificuldades mesmas de especificar sua real utilização, em época e ambientes precisos. Desse modo, e apesar de as fontes não se constituírem abundantes, também não poderiam figurar aqui demasiado estendidas, pois não conseguiríamos, dentro de nossa proposta nuclear, abarcar uma situação mais ou menos consistente e mais bem comprovada quanto às suas efetivas utilizações, particularmente o teor de suas análises e as formas de sua apreensão para a realidade hispânica, em particular da Galiza.

Centrando-nos na Hispânia, e particularmente em sua região Noroeste, poderíamos vislumbrar o influxo do monacato oriental, primeiramente e sobretudo, por meio de peregrinos e viajantes, e num segundo momento, pelo trânsito, tanto externo como interno, de fontes escritas propriamente, sem que tenhamos, contudo, que seguir estritamente essa ordem.

O Noroeste peninsular, e mais estreitamente Braga, fora uma região de singular contato com o ambiente oriental, particularmente o monástico. Muitos personagens dessa região provenientes se constituiriam em peregrinos pelas regiões orientais de tradição bíblica e monástica. O Oriente, terra natal de Cristo, dos insignes anacoretas e de famosos mosteiros, deveria exercer um fascínio irrepreensível em muitos ocidentais, particularmente clérigos e monges. Dentre esses, e dada a imprecisão de suas cronologias mais exatas, localizados entre os finais do século IV e inícios do V, além de Egéria que trataremos a seguir, podemos citar em ordem cronológica Potâmio de Lisboa, dois dos três religiosos de Braga com o nome de Avito,

50   RONALDO AMARAL

Orósio ou Paulo Orósio, Idácio de Chaves e, muito particularmente, Martinho de Braga.

Excetuando Egéria e Martinho de Braga que analisaremos mais detidamente, todos os outros demais nomes que apontando não seriam testemunhos contundentes de peregrinos envolvidos com a tradição monástica oriental e sobretudo promotores de sua transmissão para o Ocidente, e em terras da Galiza. Contudo, seriam testemunhos efetivos do trânsito de pessoas entre essas duas regiões, e apesar de muitos não regressarem a seu lugar de partida, legariam a esse, por meio de suas obras contaminadas do maravilhoso oriental, seus ideais, personalidades e lugares.

Teríamos, no entanto, em Egéria e Martinho de Braga, sobretudo, o necessário para não duvidarmos do influxo consistente e apreensível do ideal monástico oriental na Hispânia, e em particular na Galiza, a ponto de persistirem, como veremos, com grande atualidade até a época visigoda de Frutuoso.

A obra mais comumente conhecida como *Itinerarium Egeriae*, ou ainda os relatos da viagem de Egéria (1994) à Terra Santa,[2] se constituiria em uma das fontes mais relevantes para o conhecimento dos lugares bíblicos e do ambiente monástico oriental para a Galiza romana e posterior, chegando até a época visigoda com maior atualidade por meio de uma carta do anacoreta Valério do Bierzo, como veremos, contida em sua compilação hagiográfica.

A peregrina Egéria, como praticamente todos os peregrinos anteriormente citados, situa-se entre os finais do século IV e princípios do V. Possuímos, não obstante, discussões acirradas, apesar de alguns consensos já estabelecidos, acerca de seu nome, de sua efetiva autoria do *Itinerarium*, de sua procedência geográfica, das datas de sua viagem. Como a maioria dos personagens dos recuados

---

2  Essa edição acrescenta ainda documentos auxiliares para o estudo do texto de Egéria, como as fontes posteriores que o contiveram e de algum modo o transmitiram, entre eles a epístola de Valério do Bierzo com tradução bilíngue. Todas as vezes que citarmos o Itinerário de Egéria a essa edição se deverá respeitar. Possuímos também uma edição do Itinerário de Egéria traduzida diretamente do texto latino para o português (*Peregrinação de Etéria*, 2004).

A SANTIDADE HABITA O DESERTO  **51**

séculos cristãos, as precisões tanto de ordem cronológica quanto de ordem autoral, e em relação a esta última, tanto da obra em si como particularmente da sua integralidade, não poderiam deixar de ser um lugar-comum em Egéria.

Seguindo de perto as últimas conjeturas sobre a personagem Egéria, poderíamos considerar que sua pátria de origem fora a Hispânia, de modo particular a Galiza, pois muitos indícios de seu próprio texto, o *Itinerarium*, assim poderiam nos indicar.[3] Sabemos ainda por esse mesmo que sua viagem ao Oriente duraria três anos, e que se precisaria hoje entre os anos 381-384. Esse texto, que fora anteriormente atribuído a outra autora e circunstâncias, ou mesmo a outras autoras, seria definitivamente atribuído a Egéria, peregrina da Galiza, em virtude sobretudo da descoberta da carta do anacoreta Valério do Bierzo, que copiaria e sintetizaria o *Itinerarium* com o objetivo de edificar e informar os monges que viviam em sua cercanias na mesma região em que a autoria seria proveniente, a Galiza. Por meio dele, assim, se confirmaria esse lugar como pátria da autoria e mesmo se chegaria a um consenso sobre seu nome designado até então sob múltiplas formas.

---

3 Um desses indícios, encontrado tanto no *Itinerarium* (*Itinerarium* 19,5) como em sua versão realizada por Valério do Bierzo, nos levaria a crer ser a Hispânia, e mais particularmente a Galiza, a terra de origem de Egéria. Encontraríamos assim, em ambos os documentos, a ocorrência da designação "extremo da Terra" para indicar a pátria de Egéria, e em Valério mais claramente, já que escrevendo na mesma Galiza se refere ao início da viagem de Egéria a partir "da extremidade desta região ocidental" (*Epístola* 1,4), e mais adiante afirmaria novamente ser proveniente dessa mesma localidade "nascida no extremo litoral do oceano ocidental" (*Epístola* 4). Esse indício poderia ainda assistir uma maior afirmação pela analogia, até então pelo que nos parece não realizada, apesar de Augustin Arce também assim o realizar a partir de outros textos da Galiza tardo-antiga, incluindo a *Vita Fructuosi*, com as palavras de Frutuoso em sua correspondência a Bráulio de Saragoça, que séculos mais tarde também consideraria a região em que se vira inserido, a Galiza, junto com seus discípulos, uma das mais extremas, pois se encontrariam, segundo suas mesmas palavras "afastados e ocultos na tenebrosa região do Ocidente" (Frutuoso, *Epístola* 44, a Bráulio de Saragoça). A Galiza, a região mais ocidental da Hispânia, parece assim corresponder a essa região onde teria partido Egéria, concluiria Arce e outros historiadores que discute (Egéria, 1994, p.23-7).

O que nos importará aqui, entretanto, será mais do que a pessoa de Egéria, o testemunho que propiciaria, por meio de sua peregrinação à Terra Santa, do ambiente monástico oriental para o Ocidente, particularmente para Hispânia e sua região da Galiza. O *Itinerarium* de Egéria divide-se em duas partes bem delimitadas. A primeira trata especificamente de narrar suas viagens; a segunda descreve a liturgia de Jerusalém. Interessar-nos-á a primeira parte, em que relata a vida dos monges orientais e seu convívio e interesse para com eles. Egéria em suas viagens estaria particularmente interessada em visitar os lugares bíblicos, dando atenção especial aos locais que seriam palco dos acontecimentos narrados no Antigo Testamento. Desse modo, visitaria, entre outros, Jerusalém e seus lugares mais estritamente bíblicos, a Palestina, o monte Sinai, o monte Nebo, o Egito e Constantinopla. Sua estada no Egito, que ocorreria na segunda de suas viagens, após ter saído de Jerusalém, e aí na Tebaida, Nitria e Scete, que provavelmente não deixaria de visitar dado se constituírem em colônias famosas de solitários e eremitérios, não a encontramos em seu texto original, pois tanto o início como o final do *Itinerarium* se encontram ausentes, assim como algumas folhas intermediárias. O texto que possuímos, contudo, nos narraria seu conhecimento dos monges sobretudo da Palestina. Sabemos que visitara os mosteiros e eremitérios do Egito somente por Valério do Bierzo que, conhecendo o códice do itinerário ainda completo, pudera nos transmitir essa passagem em particular sua carta síntese no *Itinerarium*. E, como não podemos e de certa forma não devemos contemplar o *Itinerarium* como um todo, vamos nos centrar em sua abordagem monástica.

O interesse de Egéria pelos monges seria bastante evidente, pois lhes daria grande atenção em seu texto, além de muitas de suas viagens serem motivadas pelo conhecimento, mais do que dos lugares bíblicos, dos lugares e dos personagens monásticos. Assim, poderíamos transcrever duas passagens, entre outras, que evidenciariam esse interesse da peregrina pela vida monástica do Oriente, em conhecer aqueles monges solitários que de antemão deveria ter ouvido falar, o que nos explicaria o suscitar de tal desejo:

A SANTIDADE HABITA O DESERTO **53**

Eis que era quase a hora oitava (duas horas), talvez, e ainda nos restavam três milhas para sairmos completamente daqueles montes onde tínhamos entrado na véspera a tarde; mas porque precisávamos percorrer todos os lugares santos e ver todos os eremitérios que houvesse, não deveríamos sair pelo mesmo caminho pelo qual entráramos, segundo contei, mas pela extremidade do vale que acima descrevi; refiro-me ao vale que se estende até a base da montanha de Deus. E devíamos sair pela extremidade do vale porque havia ali numerosas habitações de homens santos e uma igreja no lugar da sarça, que ainda hoje, vive e brota... (Egéria, 1994, *Itinerarium* 4,5)

Egéria, que então deixaria os montes "santos", entre eles o Sinai, traçaria o seu caminho de forma a esse também passar e contemplar os lugares onde habitariam os anacoretas, muitas vezes próximos mesmo aos lugares bíblicos.

A peregrina, mais tarde, e segundo ela própria nos informara, antes de regressar para sua terra de origem, empreenderia uma nova viagem, à Mesopotâmia, com o intuito de visitar aos solitários daquela localidade.

A seguir, em nome de Deus, passando algum tempo, decorridos três anos completos desde que eu chegara a Jerusalém, depois de ver todos os lugares santos a que me dirigira para rezar, senti o desejo de voltar a minha pátria; quis ainda, porém, pela vontade de Deus, chegar até a Mesopotâmia da Síria para ver os monges santos que aí, segundo diziam, eram numerosos e levavam vida tão santa que dificilmente se pode descrever; queria ainda também rezar no *martyrium* do apóstolo são Tomé onde seu corpo inteiro fora colocado, perto de Edessa... (ibidem, 17,1)

Devemos nos lembrar, entretanto, que as notícias certamente mais ricas e abundantes sobre o monacato oriental estariam nas folhas hoje perdidas do *Itinerarium*, as quais descreveriam a passagem da peregrina pelo Egito e suas célebres moradas de solitários e mosteiros.

Outro dado importante para nossa causa seria o destinatário do *Itinerarium*, o mesmo que poderia nos indicar a razão pela qual esse teria se realizado. Egéria, no decorrer do texto, refere-se a senhoras e irmãs, para as quais seria oferecido ou se dirigiria esse texto. A nós importa observar que o fato só de haverem destinatários na terra de origem de Egéria, para o seu relato, implicaria que esse texto seria divulgado entre seus conterrâneos, dando a esses conhecer o ambiente oriental, os lugares bíblicos e a vida monástica dos monges egípcios, palestinos e sírios. A mesma Egéria, quando ainda na Galiza, deveria ter em suas mãos fontes informantes da vida monástica do Oriente, pois assim nos explicaria seu desejo de conhecer aqueles e empreender essa viagem, visitando até mesmo, como temos visto, os lugares monásticos com alguma precisão.

O texto de Egéria seria, pois, e em época de Frutuoso por meio sobretudo da compilação hagiográfica de Valério do Bierzo, um testemunho dos mais relevantes e contundentes do interesse e do conhecimento dos cristãos da Galiza, particularmente religiosos, da vida monástica oriental e de suas diversas tendências, copta, siríaca e aquela vigente na Palestina. Demonstrar-nos-ia, não obstante, o interesse dos ocidentais como um todo, e dos hispânicos em particular, em conhecer e se inteirar, desde os primeiros tempos cristãos, da Terra Santa e de seus santos habitantes, os monges, os padres do deserto.

Haveríamos, no entanto, que esperar até o século VI para assistir a um influxo ainda mais incisivo da prática monástica oriental na Galiza. Estamos nos referindo a Martinho de Braga e à sua labuta monástica. Entretanto, devemos advertir, antes de tudo, que para o monacato de Martinho as fontes não se fazem abundantes, e mesmo as que possuímos, como as *Sentenças dos padres do Egito* e as *Palavras dos anciãos*, não seriam devidas à sua pena; portanto, não poderiam constituir-se em testemunhos estritos sobre as características mais intrínsecas desse monacato. Assim, seu regimento interno – o cotidiano do monge com suas tarefas laborais e espirituais, tanto comunitárias, precisando-se ainda o grau e situação em que essa se daria, como individuais; a condição social e econômica desses professos; o meio pelo qual seriam admitidos, e até mesmo as causas pelas quais se daria essa inserção na vida monástica; os comportamentos repreensíveis ou exemplares mais frequentes; a dieta alimentar; sua estrutura e natureza hierárquica; a construção arquitetônica e a disposição física destes mosteiros –, que muito poderia nos dizer sobre o gênero de vida desses monges, e mesmo seu ideal mais prático, ou seja, a prática da vivência ocidental com suas características e vicissitudes próprias daquela teoria monástica oriental, dificilmente poderia ser suscitado e precisado com a acuidade que se procura.

A terra de origem de Martinho de Braga tem se acreditado a Panonia, e tanto por testemunho próprio,[4] pois assim grafou em seu epitáfio, como por meio de outras fontes, a que citamos Gregório de Tours e Venâncio Fortunato.

Martinho de Braga, como se poderia averiguar por suas inúmeras obras, tivera uma consistente formação intelectual clássica. A influência de Sêneca em suas obras chegaria mesmo, algumas vezes, a uma convergência bastante significativa, e tanto por seus ideais como por sua estrutura literal. Muitos escritos do monge suevo teriam um teor mais filosófico e moral do que teológico e ascético. Assim, a *Formula vitae honestae* e o *De ira* estariam assentados essencialmente em princípios humanísticos, éticos, e especialmente em relação à primeira, políticos (Martinho de Braga, 1990, p.8, 17 e 18). Escritos outros como *Pro repellenda jactantia*, *De superbia* e *Exhortatio Humilitates* também encerrariam um caráter moral e ético, mas já, e diferentemente das duas primeiras obras, fortemente embasados em princípios cristãos.

Martinho de Braga, como concordaria a maioria dos seus historiadores, poderia assim ter nascido na Panonia, e posteriormente peregrinado ao Oriente, Palestina sobretudo, onde tomaria contato com os padres do deserto, seus escritos e a língua grega. De volta dos "santos lugares", iria novamente a Panonia, e antes de aportar na Galiza, seu destino último, passaria pela Gália, onde manteria relações com inúmeras pessoas, muitas de grande influência política e religiosa, e mesmo com seu ambiente monástico. Sua profissão monástica poderia ter-se iniciado quando ainda jovem em sua terra de

---

4 O epitáfio pode-se ver transcrito em Martinho de Braga (1990, p.11).

origem e igualmente se constituído no Oriente, enquanto lá permaneceria (ibidem, p.14). Consideramos, por nossa parte, esse trânsito pensado para Martinho de Braga como bastante possível, pois sua prática mesma e itinerários análogos, como vimos, seriam realizados por essa mesma época por um grande número de peregrinos, entre eles os da Galiza aqui colocados.

Sabemos, assim, do conhecimento e da relevância da cultura clássica de Martinho, além daquela essencialmente cristã, por seus próprios escritos. Igualmente não ignoramos seu influxo na vida política e eclesiástica no reino suevo. Entretanto, teremos que nos restringir à sua labuta e ao seu influxo monástico que, embora pouco explorado e documentado, seria uma realidade consistente, a ponto de provocar e promover todo um movimento, ou mesmo um novo movimento monástico na Galiza, cujos ecos ressoariam até a época visigoda e chegariam aos ouvidos de Frutuoso e seu ambiente monástico.

Qual seria o gênero monástico vigente, ou pelo menos preponderante, no monacato de Martinho? Seria o anacorético ou o cenobítico, o de caráter oriental ou ocidental, uma vez que, em relação a este último, à vida comunitária e regular se estabeleceria com maior vitalidade. Haveria ainda o monge suevo escrito uma efetiva *Regula monachorum*, e se não, como organizaria sua vida monástica, com quais costumes, de que forma seriam aplicados e observados?

Partindo de considerações como essas, vamos deparar com questões difíceis e, temerárias, se pretendermos uma resposta ao menos indicativa de uma estrutura proeminente. Mas, de todo modo, se não nos quisermos arautos da verdade, como se tem pretendido até então alguns exemplos da historiografia, podemos nos acercar de possibilidades bastante viáveis para essas questões.

Ainda que Justo Perez de Urbel (1957b, v.8, p.62-4) tenha se esforçado em dar por certa a existência de uma regra monástica, escrita ou adotada por Martinho de Braga, para a organização de seus mosteiros, apesar de não conseguir resquícios mínimos documentais dessa suposição, a não ser uma possível influência literal da regra beneditina na obra *Exortação a Humildade* do monge suevo, e o contato

A SANTIDADE HABITA O DESERTO **57**

com o ambiente monástico galo onde vigeria a regra de Cesário de Arles, temos que discordar desse historiador, assim como de outros investigadores do monacato martiniano que insistiram na existência de uma legislação monástica escrita ou adaptada por Martinho para seus mosteiros. Por sua vez, Ribeiro Soares (1982) veria uma tão estreita convivência de ideais entre Bento de Nursia e Martinho de Braga que, apesar de não acreditar que esse tenha se utilizado da regra do primeiro para organização de seu monacato, afirmaria que ambos os santos teriam a mesma trajetória religiosa fundada sobretudo na promoção da cultura religiosa romana.

Bem, daqui podemos tirar uma primeira conclusão, sem, é claro, pretendê-la absoluta. Se não haveria uma regra monástica, a vida cenobítica, conventual, muito dificilmente poderia fazer-se, pois ante a inexistência de uma autêntica legislação, aquela estrutura – uniformizadora, hierárquica, normativa, reguladora de todos os âmbitos da vida cotidiana interna do mosteiro –, que tradicionalmente comporia a vida cenobítica, ou seja, uma vida comum e regular, em que todos seriam regidos por uma mesma observância e por normas igualmente comuns, da mesma forma dificilmente estaria presente. Desse modo, não havendo uma regra monástica, a vida cenobítica não facilmente se faria, pois seria aquela que daria a essa as condições e estruturas necessárias para sua vigência e sobrevivência.

Outro dado interessante de se notar, em continuidade desse aspecto pouco, ou nada, institucional do monacato de Martinho, seria a falta de qualquer menção por parte desse, da convivência ou da relação entre vida monástica e Igreja. Mesmo os concílios I e II de Braga assistidos por ele, e o segundo pelo próprio presidido, não legislariam em relação à vida monástica, especialmente submetendo-a à Igreja, como vimos ser um lugar-comuníssimo nos concílios hispânicos, apesar de José Mattoso (1982, p.347) ter vindo a considerar que Martinho de Braga deveria a seu homônimo de Tours a adoção do ideal conciliatório entre Igreja e monacato. Martinho de Braga, como o de Tours, tornara-se monge e bispo, mas parece-nos que o da Gália estaria mais dedicado ao ato conciliador, Igreja-monacato, que o da Hispânia, pois não vemos neste último essa interação, mas, mais bem, o tratamento dessas duas realidades a partir de feitos e obras distintas. Assim, enquanto Martinho de Tours levaria consigo seus monges para a evangelização dos campos, promovendo a destruição de ídolos, lugares e templos pagãos, o de Braga utilizaria um escrito de ordem e destino eminentemente eclesiástico[5] para esse mesmo objetivo, uma vez que, para ele, muito provavelmente, seus monges deveriam se restringir às práticas de ordem ascéticas e intramonasteriais, denotando uma vez mais sua similaridade com o ideal de vida monástica dos padres orientais.

Se o monacato de Martinho de Braga não promoveria, como quisera ver Mattoso, uma interação, uma colaboração recíproca e intensa entre vida monástica e Igreja, muito mais acertadamente promoveria, pelo menos para a Galiza, uma relativa sobreposição da primeira em relação à segunda, a que veríamos impulsionada pela constituição da congregação monástica Dumiense em tempos de Frutuoso. O mosteiro de Dumio, fundado por Martinho, se constituiria, como veremos mais acuradamente no quinto capítulo, igualmente em uma diocese, ou seja, um mosteiro-diocese. Aí, o abade acumularia também a posição de bispo, responsável por todo território abarcador da casa dumiense e, de modo provável, por outros mosteiros dela dependente. Essa organização se faria mais clara e apreensível, anos mais tarde, com o governo abacial-episcopal de Frutuoso e com a confecção da *Regula communis* que submeteria claramente o clero secular da Galiza às autoridades monásticas, quando aqueles se pretendiam promotores desse gênero religioso. Bem, aqui e a partir desse aspecto, temos uma sensível, porém ainda provável influência céltica. Sabemos que os monges celtas possuíam uma Igreja monástica, cuja autoridade abacial, muitas vezes, não só se somaria à episcopal, como no caso dumiense, mas mesmo a sobreporia. O âmbito religioso institucional não seria demarcado

---

5 Estamos nos referindo ao *De Correctione Rusticorum*, cuja origem se daria em meio eclesiástico e para atendê-lo sobretudo, pois fora composto por Martinho a pedido de um sufragâneo seu, para ser utilizado nas predicações episcopais ao povo das igrejas a que a esses competiam (Martinho de Braga, 1990, p.25).

por dioceses, territórios eclesiásticos, mas por monásticos, e não só o clero secular estava envolvido por essa realidade, mas os próprios fiéis laicos, uma vez que a mesma Igreja e todas as suas atribuições seriam engendradas pela vida monástica. A Galiza, contemporaneamente a Martinho de Braga, acolheria uma comunidade céltica ou várias, sendo a mais conhecida a de Britônia, com seu mosteiro Maximo, cujo abade Mailoc assistiria aos dois concílios bracarenses.

O monacato celta, com sua Igreja monástica, encontraria solo fértil na Irlanda e nas Ilhas Britânicas, pois sua organização territorial e social, eminentemente rural e tribal, se adaptaria muito bem a um cristianismo aos moldes monásticos, uma vez que, ante a parquedade de cidades, senão sua inexistência, e a não romanização dessa região, a Igreja diocesana e sua estrutura daria lugar aos mosteiros, mais facilmente adaptáveis e assimiláveis a essa realidade social e geográfica, pois as tribos se converteriam em comunidades monásticas, ou a elas se adaptariam melhor, e seus chefes em abades, ou a essa autoridade poderiam entender com maior facilidade pela assimilação do primeiro (Colombás, 1974, p.295-300).[6] A Galiza, por sua parte, por ser um meio do mesmo modo eminentemente rural, poderia também, por razões semelhantes, fazer inaugurar uma estrutura similar e paralela à céltica. Mas, uma vez que os representantes daquela localidade e estrutura monástica estiveram aí, e dada sua reconhecida antiguidade, não podemos deixar de conjeturar sua provável influência, ainda que, como observara Pablo Diaz Martínez (1987), essa só se daria em razão de sua análoga organização socioeconômica.

Assim, e embora não destituamos de todo o influxo, uns mais outros menos, do monacato norte-africano, itálico, galo e mesmo o celta, na vida monástica sueva impulsionada por Martinho (Souza, 2001, p.125; Urbel, 1957b, p.60-4), parece-nos não difícil concordarmos que a experiência oriental cobrou um papel de primeira e maior importância.

---

6 A exposição de Colombás sobre o monacato celta, senão abundante em páginas, o será em considerações sobre esse, sobretudo a partir de uma rica e de difícil obtenção bibliográfica sobre o tema.

## 60 RONALDO AMARAL

Martinho de Braga, em consonância com o ideal dos padres orientais, deveria legislar menos para a vida monástica do que vivê-la e fazer vivenciá-la a partir de exemplos e experiências práticas e efetivas. E aqui nos encontramos já no âmbito da literatura monástica oriental, das *Sentenças*, dos *Apotegmas* dos anacoretas, tão bem conhecida do apóstolo dos suevos. Assim, quando traduzia do grego para o latim as *Sentenças dos padres do Egito*, e pedia a seu discípulo Pascásio que traduzisse *As palavras dos anciãos*. *Dos oitos principais vícios* pretenderia Martinho, senão dar uma regra de vida a seus monges, apresentar um exemplo; senão impor uma conduta normativa, propor, como já o fizeram os padres egípcios, formas e meios para se atingir o fim da vida monástica. As *Sentenças* apresentariam, assim, os modelos e os exemplos a que esses monges deveriam seguir. Seria, portanto, essa literatura o escrito difusor de seu ideal monástico que se vivenciaria em seus mosteiros. Martinho de Braga, pelo menos nesse aspecto, não seria assim um inovador na vida monástica, mas um transmissor, que apesar das necessárias adaptações ao solo ocidental, se preocuparia essencialmente em apresentar os exemplos daqueles insignes anacoretas, possíveis e passíveis de serem imitados e praticados por seus monges no Ocidente, uma vez que aqueles já o haviam realizado nos ermos do Oriente. Quando, portanto, percebemos uma ausência de Martinho em relação à vida monástica, essa se deveria ao seu caráter documental, literário, pois o monge suevo não teria, assim como nos parece, o intuito de tornar-se um teórico da vida monástica, mas tão somente o disseminador de uma prática já constituída, que, muito provavelmente considerada por ele como uma experiência digna de louvor e de ser imitada, deveria ser tão somente transplantada para sua realidade monástica, fazendo urgir esse ideal dos padres orientais por seus escritos mesmos, os quais o próprio tornaria mais claro e apreensível a seus monges, pelo trabalho de traduzi-los, selecioná-los e mandar traduzi-los para o latim.

A natureza das *Sentenças* legaria e denotaria, assim, a própria natureza do estilo de vida monástica daqueles que a adotariam. Seria essa própria das colônias de solitários do Oriente, cujos monges, e apesar de viverem no deserto, teriam que conviver mais ou menos

A SANTIDADE HABITA O DESERTO    61

diretamente com outros irmãos de profissão, seja por questões de trabalho, segurança, ou outras formas de solidariedade, como a assistência comum aos sacramentos, o socorro na enfermidade e as discussões instrutivas acerca das Sagradas Escrituras. Mas a relação necessária, ainda que restrita e bastante arbitraria por parte de cada um dos solitários, deveria se dar particularmente em razão da "escola do ancião", da que falaremos um pouco mais em capítulos seguintes. Um candidato à vida monástica no deserto, ou seja, um pretenso asceta solitário, antes de efetivar esse seu empreendimento de viver a seu alvedrio, em sua cela solitária, e se autoconduzir na vida ascética e espiritual, deveria possuir antes um instrutor, um mestre que lhe legaria o conhecimento e as experiências necessárias para a vida no deserto. Assim, primeiramente o jovem solitário passaria a coabitar na cela de um ancião, ou seja, um solitário mais experiente, aprendendo com esse, por meio de seus exemplos e conselhos, e não por regras e normas institucionalizadas, como conquistar, espiritual e fisicamente, a vida no deserto. Muitas vezes o mestre deveria ser austero para com o discípulo, pois esse, quando individualizado no deserto, deveria ser consigo próprio – "Um monge perguntou ao abade Pemenio, dizendo: pai, ensina-me o que fazer? O ancião respondeu: esta escrito 'que eu proclamarei minha iniqüidade e pensarei em meus pecados (Sal 37,19; 50,5)'".[7] Importara-nos notar aqui, sobretudo, que os laços de dependência entre esses monges, e especialmente entre o ancião e o seu discípulo, seria de natureza mais "pedagógica" do que institucional,[8] e a liberdade e a individualização desses monges, tanto física quanto de direito, seriam respeitadas e tidas como forma normal e corrente.

A leitura das *Sentenças* traduzidas por Martinho nos aclararia esse tipo de relação que expusemos, a interdependência mais soli-

---

7  *Sententiae Patrum aegyptorum* 46, em Martinho de Braga (1990).

8  Uma das maiores autoridades na atualidade sobre os escritos dos padres do deserto, ou sobre os padres, o francês Jean-Claude Guy, nomeia como "pedagogia espiritual" essa relação de aprendizado entre monges jovens e os anciãos, entre mestres e discípulos, cuja tradição escrita daria origem às Sentenças ou aos Apotegmas que temos aqui tratado (cf. *Palavras dos Antigos*, 1985, p.6).

62  RONALDO AMARAL

dária e arbitrária entre os monges e, mesmo entre os mestres e seus discípulos, do que uma vivência comunitária normatizada e regularizada. Assim, os mais velhos ensinariam aos mais jovens, os irmãos habitariam solitariamente ou coabitavam, conforme o quisessem, em dupla ou pouco mais. Encontrar-se-iam e se visitariam para discutir os vários aspectos da vida cristã, sobretudo os modos de se controlar as tentações e os pensamentos tidos por ilícitos, o que denotaria uma vez mais sua liberdade, pois somente pela individualização e pelo recolhimento, entregues à meditação e à oração contínua, poderiam suscitar essas questões de ordem ascética e moral. Dessa forma, tomamos por bem transcrever algumas sentenças que nos demonstrariam a dinâmica própria dessas colônias monásticas, as mesmas que engendrariam esses ditos sentenciosos.

Um monge perguntou a um ancião dizendo: outros irmãos coabitam comigo, e eles mesmos querem que eu lhes mande: que me mandas que faça? Respondeu o ancião: faz tu o mesmo que ensinas, de modo que não somente lhes apresente os preceitos, mas também o modelo. (Martinho de Braga, 1990, 107)

Disse um certo monge ao abade Pedro: quando estou na cela, minha alma está em paz, mas quando saio fora, se ouço algumas conversas, ao falar o irmão me conturbo. O monge lhe disse: tua chave abre a porta alheia. O monge lhe disse: O que é que queres dizer? Respondeu o ancião: que tua pergunta abre a porta para as conversas daquele, para que ouça o que não queres.
Disse-lhe o monge: Que faremos, por conseguinte, quando venha o irmão, e que lhe diremos? Respondeu o ancião: o recolhimento é a doutrina para todos. E onde não há recolhimento, não pode haver observância. (ibidem, 25)

Perguntou um monge ao abade Pemenio dizendo: que farei, posto que me perturbam os pensamentos quando me encontro recolhido na cela? Respondeu o abade: não desprezes a ninguém, a ninguém julgues, não fales mal de ninguém, e Deus te dará a tranqüilidade,

A SANTIDADE HABITA O DESERTO   63

e te dará uma morada sem perturbação de nenhuma classe. A atenção do que se disse, o examinar-se a si mesmo e a discrição são as diretrizes da alma.

Se alguém se prostra na presença de Deus, e sem exaltar-se a si mesmo medindo-se com os grandes, não faz sua vontade, senão que se recolhe em sua cela cumprindo sua obrigação, não se perturbará por que estes são os instrumentos da alma. De todas estas coisas guarda com todas as suas forças o não fazer sua própria vontade, e deste modo terás tranqüilidade. (ibidem, 39)

A independência pessoal entre os monges, mesmo entre os mais velhos e os mais jovens que se orientavam a partir dos primeiros; a interlocução espontânea, nascida de situações concretas e vivenciadas; a primazia pelo recolhimento, pelo trabalho das mãos, pela permanência na cela, pela oração contínua e pela contemplação, sem contudo deixar-se de acolher os irmãos nas necessidades tanto físicas como espirituais nos aclarariam muito sobre o modo de vida desses solitários orientais. E se tivermos que considerar que esses exemplos passados pelas *Sentenças* seriam imitados e vivenciados pelo monacato de Martinho de Braga, talvez essa, ou algo muito próxima, fosse a realidade mesma de Dumio e de outros mosteiros encontrados na Galiza que surgiriam sob o influxo martiniano.

A transmissão de textos orientais para a Galiza, monásticos particularmente, se deveria, nesses séculos imediatamente precedentes a época visigoda, sobretudo às pessoas de Egéria e Martinho de Braga. Entretanto, se a primeira colaboraria com seu escrito revelador daquela realidade, Martinho não só o faria também por meio de fontes, em grande medida originais, mas, e por meio dessas mesmas, pela promoção e realização efetiva e prática daquela experiência oriental em solo ocidental.

Haveríamos de nos perguntar se Frutuoso, que ocuparia quase um século depois o mosteiro de Dumio, o mesmo fundado e residido por Martinho, teria em mãos os escritos orientais devidos e traduzidos por esse, e particularmente revelador para nós, se faria uso efetivo dessas fontes? Parecerá claro para nós também, por meio

64  RONALDO AMARAL

sobretudo dos capítulos próximos, que a predileção de Frutuoso pela vida monástica de cunho oriental já se revelaria anteriormente à sua dignidade episcopal, portanto antes de ocupar Dumio. Assim, Frutuoso, chegando a Dumio, e se realmente em posse dessas fontes de Martinho, não tomaria um contato inusitado com o monacato oriental, mas certamente as reteria, pois lhe pareceriam novas fontes para o conhecimento de sua "velha" predileção monástica. Já tivemos, entretanto, investigadores preocupados em sentir a presença de Martinho, particularmente de sua tradução das *Sentenças*, no monacato de Frutuoso, contudo de forma, a nosso ver, um tanto quanto pouco adequada.

Desse modo, tanto Justo Perez de Urbel (1957b, p.65) quanto Geraldes Freire (1967) buscariam as *Sentenças dos padres do Egito* em Frutuoso por meio de sua *Regula monachorum*, tentando perceber nessa os usos e as apreensões que faria daquelas primeiras fontes. Justo Perez de Urbel afirmaria que a presença monástica oriental na legislação de Frutuoso se daria por uma utilização direta da regra de Pacômio, a ponto de o monge visigodo ter desejado implantar entre seus monges a mesma conduta monástica que regia os monges egípcios pacominianos. Quanto à utilização das *Sentenças*, Urbel também afirmaria existir, contudo, sem saber precisar, se seriam as mesmas traduzidas por Pascásio e por seu antecessor abade-bispo em Dumio. Afirmaria não obstante, uma vez que lhe pareceria certo, que ao menos seriam lidas em seu mosteiro. Geraldes Freire, entretanto, e citando Justo Perez de Urbel, se imporia a tarefa de resolver a questão: Frutuoso utilizou-se ou não das obras orientais traduzidas por Martinho, particularmente as *Sentenças*? Sua resposta, mais ou menos categoricamente, seria não.

Acreditamos, no entanto, que ambos os pesquisadores, cuja competência estamos longe de pôr em questão, estiveram com os olhos voltados para uma óptica pouco correta. As *Sentenças*, os *apotegmas*, os ditos edificantes, ou como queiramos chamá-los, seriam claramente de natureza distinta das legislações monásticas, tanto por sua forma literal como por sua natureza doutrinal. Uma regra monástica se prestaria, como temos visto, a impor normas e condutas

A SANTIDADE HABITA O DESERTO    65

legais e institucionalmente estabelecidas a uma comunidade. Normas de caráter legislativo e de direito portanto, codificadas em um texto, cuja interpretação, mais ou menos estrita, estaria a cargo de um superior, o abade, e outros partícipes de uma verdadeira hierarquia, incumbidos de observar e fazer observar e cumprir essa legislação, organizar e aplicar correções caso os monges viessem a violá-la de algum modo. Portanto, poderia afirmar Geraldes Freire (1967, p.305) que na regra há "prescrições, ordens, rigidez de frase" enquanto nas sentenças "descritivo, exortação, graça".

Os *apotegmas* ou as *sentenças* seriam, por sua vez, o reflexo, a tradição escrita, mais ou menos fielmente, de uma comunidade em que o caráter legislativo e institucional não vigeria. O relacionamento, o cotidiano dos religiosos e mesmo suas relações interpessoais, e de certa forma horizontais, seriam regidos por aquela soltura e independência que expusemos anteriormente. Desse modo, fica claro que não poderíamos ver e buscar uma influência direta e especialmente literal, como quisera Freire, das *Sentenças* nas regras monásticas. Isso significaria, portanto, como concluiria Freire, que Frutuoso não faria uso das obras orientais traduzidas em Dumio em sua obra monástica?

Nós, no entanto, preferimos considerar que, se efetivamente haveria uma influência dos textos dumienses na obra monástica de Frutuoso, particularmente em sua *Regula monachorum*, ela deveria ser buscada de uma outra forma. Não se deveria, assim, atentar somente ao seu estilo literário, buscando aí a apreensão e a enxertação literal direta das *sentenças*, mas antes e sobretudo, buscar perceber a adoção de seu ideal, que, como vimos, poderia ser tão "suave" como "austero" mesmo nas *Sentenças*. Assim, o ideal monástico oriental, se comparado sobretudo com as regras de Isidoro de Sevilha e a beneditina, estaria bastante presente na *Regula monachorum* de Frutuoso, se por meio das *Sentenças* traduzidas por Martinho, também não o sabemos, mas por comungar do mesmo ideal que aquelas continham, certamente.

Estamos, pois, nos movendo, ao tratar da legislação de Frutuoso, em meio e circunstâncias próprias do monacato visigodo e de sua época. E aqui não poderíamos deixar de citar Valério do Bierzo, cuja vida monástica se acercou bastante estreitamente à dos solitários orientais.

66  RONALDO AMARAL

O anacoreta do Bierzo, sucessor de Frutuoso nos ermos daquela localidade, deixou-nos, como reiteraremos com bastante frequência, uma substancial obra hagiográfica, muitas das quais retomadas por ele, assim como outras tantas de sua mesma autoria, como sua "autobiografia", composta basicamente por três textos complementares. No entanto, nossa atenção deverá estar voltada pelo momento, ao uso que faria de fontes concernentes à vida monástica oriental, oriundas daquela realidade mesma, ou pelo menos que a ela nos remeteriam. O editor das obras de são Valério, R. Fernandez Pousa, em sua introdução (Valério do Bierzo, 1942, p.8),[9] nos informa que o anacoreta birgendense faria, no que respeita às fontes de procedência oriental, um uso bastante significativo da *Historia Monachorum* de Rufino, e de sua mesma versão, das *Vitae Patrum*. Geraldes Freire (1967, p.306), por sua parte, visualizou o uso realizado por Valério dos *Apotegmas Patrum*, na parte final do seu último escrito autobiográfico, como pudemos mesmo averiguar sem maiores dificuldades pela nomeação do solitário Arsênio, o qual, de alguma forma, o próprio Valério de Bierzo (1942, *De superioribus Querinonas Residuum* 2) se identificara para validar sua vida e suas atitudes de anacoreta.[10] O solitário do Bierzo, segundo Freire, teria ainda se inspirado nas traduções das "vidas" e dos ditos dos padres orientais realizadas por Pascásio de Dume e Pelágio,[11] sem saber precisar, todavia, a preeminência de um sobre o outro, ou se seriam mesmo excludentes. Valério, não obstante, reservaria ainda uma considerável quantidade de tinta para descrever e enaltecer a vida dos solitários, suas origens, seus modelos, seus lugares geográficos e, dentro da espiri-

---

9  A essa edição nos remeteremos toda vez que aqui figurar um dos trabalhos de Valério.

10  Arsênio aparece em muitas versões dos *apotgmas* dos padres, e entre seus exemplos e ensinamentos destaca-se a radical e austera atitude de "fugir dos homens", sentença essa que, ouvida da própria divindade, levaria o futuro asceta a segui-la em todas as suas circunstâncias. Pode-se ver uma breve "biografia" de Arsênio acompanhado de seus sentenças em *Vida y dichos de los padres del desierto* (1996, v.1, p.95-112).

11  A tradução de Pelágio temos editada em *Las Sentencias de los padres del desierto* (1989).

A SANTIDADE HABITA O DESERTO    67

tualidade cristã, suas virtudes e feitos. Ao reunir em sua compilação hagiográfica o *Itinerarium Ahegeriae*, o qual descrevemos anteriormente, se aproveitaria desse para informar os monges do Bierzo sobre o ambiente monástico em que estivera Egéria. Deter-se-ia, como não haveríamos de estranhar, Valério, em enfatizar o desejo de Egéria em visitar a Tebaida com suas "gloriosíssimas congregações de cenóbios e igualmente com seus santos ergástulos de anacoretas" (Valério do Bierzo, 1942, p.12-14). Valério, talvez, lançaria mão de termos e circunstâncias mais denotativas da vida e dos lugares dos solitários, em sua versão do *Itinerarium* de Egéria, do que o mesmo texto da própria peregrina.

Denunciativo de seu interesse pela vida e profissão dos monges solitários, dentre os quais os do Oriente, egípcios sobretudo, seria o conteúdo de duas de suas obras, de pequena extensão literária, que estariam reservadas a descrever a Tebaida e suas diferentes ordens de monges, sublinhando, como não poderia deixar de fazer, os anacoretas – *Hinc de anacoritas*, na primeira delas e, uma vez que os distinguiria, pelo menos nominalmente, os eremitas, descrevendo-nos especialmente suas origens – *Incipit de heremitis*, na segunda. Na primeira, respeitando ao termo anacoreta, conheceria e descreveria as regiões mais tradicionais do monacato egípcio, Alexandria e a Tebaida no alto Egito, localizadas em suas regiões mais extremas, onde em suas solidões habitariam monges, encontrando-se ainda em grandes quantidades nos ermos contíguos ao Rio Nilo. Parece considerá-los, pela vida de solidão no ermo e pelas circunstâncias dessa advinda, os de maiores virtudes, entre outras características igualmente positivas (Valério do Bierzo, 1942: *Hinc de anacoritas* 1, 4-18).

Podemos também conhecer por meio do *Incipit Heremitis* a familiaridade que Valério teria, além do deserto da Tebaida no Egito, com outro célebre viveiro de solitário, o deserto da Nítria e seus monges igualmente célebres (ibidem, *Incipit de heremitis*, 1, 2-9). Mais adiante Valério nos informaria (ibidem, 4, 14-20) que entre esses solitários conheceria os santos Antão e Paulo, o primeiro eremita. Dado de valor singular para nosso propósito, pois mais do que conhecê-los por fontes outras da vida monástica oriental, como os

68 RONALDO AMARAL

famosos *apotegmas*, poderia conhecê-los por meio mesmo de suas *Vitas*, as quais, como veremos mais adiante, acreditamos ter influído, direta ou indiretamente, no autor da *VF* para construir seu anacoreta ideal.[12] Valério nos demonstraria assim que se conheceriam no Noroeste hispânico, particularmente no ambiente monástico fundado por Frutuoso, as fontes concernentes a essas duas figuras capitulares do monacato oriental, talvez mesmo suas respectivas hagiografias. Desse modo, não haveria maiores dificuldades de o hagiógrafo de Frutuoso, que seria desse mesmo ambiente monástico, ter tido em mãos e feito uso, como o cremos, das *Vitas* desses dois eremitas, a *Vita Antonii* e a *Vita Paulii*, assim como de tantos outros escritos concernentes ao monacato oriental, para a confecção da sua *VF*. Manuel C. Diaz y Diaz (1993, p.27; 1985) já haveria insistido, mais de uma vez, que a *Vita Antonii* gozaria de grande prestígio e circulação na Hispânia visigoda. E talvez tenhamos em Valério, ainda que não explicitamente, um testemunho documental dessa observação de Diaz y Diaz, como o veremos ainda em Isidoro de Sevilha, e Bráulio de Saragoça por meio da *Vita Aemiliani*. A vida eremítica seria ainda louvada por Valério do Bierzo (1942) em seu *De Genere Monachorum*,[13] na medida em que, realizando uma classificação bastante singular sobre os gêneros de monges em sete classes, ainda que aqui seguisse a classificação proposta por Isidoro de Sevilha em seu *De ecclesiasticis officiis* 2,16, muitas das quais pouco aceitáveis, criticaria o relaxamento dos costumes monásticos de seu tempo por

---

12 Pudemos averiguar, no entanto, que em um dos manuscritos da compilação hagiografia de Valério do Bierzo, encontrado na Biblioteca Nacional de Madrid, n. 10007, e datado do século X, encontram-se a *Vita Antonii*, as três *Vitas* escritas por Jerônimo, a de *Paulii*, *Hilariones* e *Malchi* e algumas passagens da *Historia Monachorum* de Rufino, assim como algumas *Sentenças* dos Padres, e trechos das *Conferências* de João Cassiano. Se esse manuscrito remete com fidelidade às obras copiadas por Valério, ou seja, se não as incorporou posteriormente, temos a comprovação de que essas hagiografias foram conhecidas *in locu* pelo ambiente monástico fructuosiano; essas, entretanto, e segundo nosso ponto de vista, já estavam comprovadas para esse ambiente, pela utilização clara que delas fizeram, por exemplo, Valério e o autor da *VF* em seus escritos.

13 Consultamos igualmente a edição e estudo de Díaz y Díaz (1958b, p.49-61).

## A SANTIDADE HABITA O DESERTO    69

parte de alguns, dando a esses como modelo de perfeição mais do que a vida cenobítica, a vida anacorética, esta última sempre tendo o Oriente por inspiração.

Haveríamos que anotar aqui ainda, como um dos traços mais demonstrativos do conhecimento de Valério sobre a realidade monástica oriental, a sua curiosa comparação entre os padres da Tebaida e Frutuoso, a mesma que, segundo Diaz y Diaz, teria inspirado o autor da *VF* para escrever uma passagem bastante similar no seu primeiro capítulo, a qual analisaremos com a acuidade pedida no nosso último capítulo. Valério compararia Frutuoso aos solitários da Tebaida, na medida em que esse comungaria praticamente das mesmas virtudes e das mesmas circunstâncias, tanto físicas como geográficas, em que aqueles seriam encontrados.

Quando tempos atrás o bem-aventurado Frutuoso de santa memória, no começo de sua proveitosa conversão, fazia vida eremítica nas fragosidades e vastas solidões do retiro no que habitamos por diferentes riscos, covas e quebradas, vivendo ao modo dos monges orientais com toda classe de privações e santos exercícios, brilhou tão admirável pelos prodígios prodigiosos de suas virtudes que facilmente se equipara aos antigos padres da Tebaida... (Valério do Bierzo, 1942: *De Celeste Revelatione* 1).

O bispo de Sevilha, Isidoro, ao tratar dos gêneros de monges em seu *De ecclesiasticis officcis* 2,16, de modo pontual dos solitários, mencionaria os nomes de Antão, Paulo de Tebas, Hilarião, Macário e João Cassiano, este último uma de suas fontes principais para seu tratado sobre os diversos tipos monges e suas características, depreciativas ou louváveis. O que mais nos deverá chamar a atenção neste momento será o fato de que com essas citações o bispo sevilhano nos demonstraria conhecer obras de natureza monástica oriental como as hagiografias dos respectivos solitários ou a menção a eles obtida da leitura das diversas *Vitae Patrum* e dos *Apotegmas*, entre outros escritos relativos à vida monástica oriental.

A *Vita Aemiliani*, descrita por Bráulio de Saragoça (1978), nos esclarece uma vez mais que fontes do monacato oriental, ou ainda

# 70 RONALDO AMARAL

indicadoras daquele e de suas virtudes, circulariam pela Hispânia visigoda e em meios eclesiásticos.

O hagiografado de Bráulio, Emiliano, como veremos nos próximos capítulos, seria descrito por aquele como um eremita, ainda que a ênfase a essa profissão não tenha cobrado em Bráulio a mesma importância que cobrou ao autor da *Vita* de outro anacoreta visigodo posterior, Frutuoso. Entretanto, o bispo Saragoçano, ao descrever Emiliano como monge, e no intuito de demonstrá-lo preparado e bem-sucedido nessa profissão, o compararia com os dois mais célebres exemplos, até então, da vida monástica. O primeiro do Oriente, Antão, e o segundo do Ocidente, Martinho de Tours – "Em minha opinião é realmente idêntico em tudo por vocação e educação aos bens aventurados Antonio e Martinho" (ibidem). Páginas à frente, novamente compararia Emiliano a Martinho de Tours, uma vez que atribuiria àquele um idêntico milagre encontrado na *Vita* do monge da Gália, indicando assim que o seu exemplo hispânico gozaria das mesmas virtudes e do mesmo favor divino obtido pelo monge de Tours.

Mais tarde, na região da Galiza, tanto Antão como Martinho de Tours, além de outros solitários, seriam igualmente requisitados, e dessa vez, ainda que não nomeadamente, com maior afã, pois deveriam fazer de Frutuoso o mais novo e mais eminente dos solitários hispânicos, e mesmo do Ocidente, já que comparadas a *Vita Martini* com a *VF* poderíamos ver sem maiores restrições que a segunda, em relação à primeira, dispensaria, literal e idealmente, um lugar bem mais destacado à vida eremítica, lugar esse de primeira e maior importância para a profissão de seu hagiografado, como evidenciaremos ao compará-las em alguns pontos nos capítulos posteriores.

Bem, se tivermos que nos perguntar pelo conhecimento direto, e mesmo pela obtenção efetiva, dessas fontes indicadoras do monacato oriental pelo próprio Frutuoso, por seus monges e pelo seu mesmo hagiógrafo, teríamos um testemunho significativo em um documento igualmente significativo para conhecermos um pouco mais do ambiente histórico de Frutuoso, além daquele em grande medida hagiográfico demonstrado pelo autor de sua *Vita*. Referimos-nos

A SANTIDADE HABITA O DESERTO **71**

a uma correspondência desse a Bráulio de Saragoça, a mesma que se citará aqui com grande abundância. Frutuoso, desejoso de que o bispo de Saragoça lhe sanasse algumas dúvidas de razão bíblica, como veremos exploradas aqui igualmente em outras páginas, também lhe pediria alguns manuscritos, algumas obras que interessariam particularmente a ele e a seus discípulos adentrados no ermo. Entre outras obras, como hagiografias de monges solitários, lhe requeria Frutuoso

> E, pois, muito bondoso senhor, que vossa mercê resplandeça ante Deus por isto. As sete colações que o referido Cassiano escreveu a Joviniano, Minervio, Leoncio e Teodoro, já a temos aqui por donativo dos cristãos. As outras dez, que se disse dedicou aos bispos Eladio e Leoncio e as outras sete dedicadas a são Honorato e Euquerio, não a temos. (Bráulio de Saragoça,1975. *Epístola* 44).

As *Colações* ou *Conferências*, junto às *Instituições cenobíticas e os remédios para os oitos principais vícios* de João Cassiano (1955, 1965) viriam a se constituir para o Ocidente nos mais importantes e requisitados documentos informantes da vida monástica oriental, tanto em relação à sua dinâmica exterior e histórica quanto à sua espiritualidade e sua liturgia. O próprio João Cassiano as utilizaria, junto à sua experiência própria de peregrino e de monge dos mais célebres desertos orientais, onde aliás obteria o conteúdo dessas obras, para organizar em Marselha um monacato matizado de hábitos e da espiritualidade oriental. Suas *Conferências com os pais*, às quais se referiria Frutuoso, se manteriam até a atualidade e nas edições mais recentes com a mesma ordem que o nosso santo visigodo as conheceria, 24 conferências dividias em três séries, uma de dez e duas de sete. Frutuoso nos mostraria possuir a terceira delas, ou seja, as conferências de dezoito a 24. As demais, não sabemos se chegaria a possuí-las, uma vez que Bráulio em correspondência resposta se lamentaria de não poder enviá-las. Mas, nesse caso, ainda mais importante do que precisar a obtenção de Frutuoso dessas obras, seria indicar seu conteúdo, bastante relevante para nosso intento. Assim, sabemos que seria precisamente nas conferências dezoito e dezenove, as quais Frutuoso já possuía, que João Cassiano (1955. *Conferência* 18,6) discutiria as diversas categorias de monges, enfocando na última particularmente sob o gênero cenobítico e eremítico e dando a este último sua aberta preferência e seu testemunho como sendo o primeiro em importância entre os gêneros, mesmo entre os cenobitas, os primeiro em gradação e na busca da perfeição.

Do número desses perfeitos e, se assim posso dizer, como as flores e os frutos duma raiz bem fecunda, saíram os santos anacoretas. Sabemos que os primeiros desta profissão foram os santos Antão e Paulo, que há pouco nomeamos. Não foi, como para alguns, por pusilaminidade nem pelo vício da impaciência, mas pelo desejo de um progresso mais sublime e da contemplação divina, que procuraram os segredos da solidão, embora se diga que o segundo foi forçado a fugir para o deserto, a fim de evitar ciladas de parentes seus, em tempo de perseguição.

Tal seria o conteúdo doutrinal monástico que Frutuoso teria em mãos. Conheceria e se embeberia dessa literatura, a ponto de requerê-la em maior número. Doutrina, escritos, em grande medida panegíricos da vida monástica oriental e de seu gênero mais primitivo e característico, o anacorético, que não só se restringiria às suas mãos, mas à comunidade de seus discípulos que certamente guardariam tanto o material quanto o ideal obtidos pelo mestre.

## A organização eclesiástica hispânica e sua implicação para a vida monástica. A questão eremítica

Para além de precisarmos o lugar e o estado da vida eremítica, de modo particular aquela relacionada ao monacato hispânico institucionalizado e normatizado, acreditamos necessário entender como essa fora vista e tratada pela legislação e organização da Igreja secular.

Justificamos essa abordagem e recorte pelo fato de termos averiguado que a Igreja, também aqui, fizera-se presente e, especialmente,

A SANTIDADE HABITA O DESERTO    **73**

a partir de sua aliança com a monarquia visigoda. A Igreja visigoda se outorgaria, assim, o direito de reger e ordenar todas as questões de índole religiosa, para não citarmos a interpenetração de ambas em outros âmbitos da vida social. A presença da Igreja na vida monástica caracterizaria quase sempre uma relação conflitante e antagônica, especialmente quando esta última remetesse à vida eremítica, caracterizada por um movimento bastante autônomo e independente, além de muitas vezes resistente, ou mesmo avessa, à organização e hierarquização disposta e proposta pela Igreja institucionalizada.

Percebe-se isso, por exemplo, em nossa hagiografia, quando se dá a comparação entre Frutuoso e Isidoro de Sevilha, ou seja, se procura demonstrar o contraponto entre dois representantes de tendências distintas (*VF* 1). O bispo Sevilhano representaria a Igreja secular, enquanto Frutuoso, claramente preferível e exaltado em detrimento da posição secular de Isidoro, a vida monástica, e em sua forma mais frequentemente anticlerical – a anacorética.

Assim, como se verá nas linhas que se seguem, entender o lugar, a recorrência e as mutações da vida monástica na Espanha visigoda será entender e pesar o quanto essa foi apropriada pela Igreja e, dessa forma, expropriada de suas características mais primitivas e intrínsecas.

Como no item posterior, propomo-nos aqui tratar de nosso tema em um recorte temporal que contemple eminentemente a Hispânia da época visigoda, mas como naquele, se fará necessário neste retrocedermos à época romana, onde se dera a origem da vida monástica e suas primeiras relações com a organização eclesiástica.

Há que anotar aqui, todavia, que os documentos que nos apresentam a opinião da Igreja em relação a vida monástica hispano-romana, que é, nessa época, e em grande medida, de cunho essencialmente anacorético, são escassíssimas. Assim, José Orlandis (1970, p.64), ao tratar da disciplina eclesiástica para a vida eremítica na época romana, consegue tão só levantar documentos de natureza não hispânica, que seriam depois adotadas por essa.

O Concílio de Saragoça do ano 380 parece ser o primeiro documento hispano romano que nos dá matéria propícia para nosso empreendimento, embora não faça referências explícitas a comunidades

74 RONALDO AMARAL

monásticas, senão a práticas ascéticas próprias dessas. Nesse sentido, tomamos por bem transcrever os cânones II e IV que encerram o conteúdo por nós aqui trabalhado:

> Que não se jejue aos domingos nem se ausente da igreja em tempo de Quaresma.
>
> Ademais se decretou: Não se jejue no domingo em atenção ao dia ou por persuasão de outro, ou por superstição e, na Quaresma, não falte à igreja. Nem se escondam no mais apartado de sua casa ou de montes aqueles que perseveram nestas crenças, senão que sigam o exemplo dos bispos e não acudam as fazendas alheias, para celebrar reuniões. Todos os bispos disseram: Seja anátema quem isto fizer. (Concílios..., c.2, 1963)

> Que ninguém falte à igreja nas três semanas que precedem a Epifania.
>
> Ademais se decretou: Nos vinte e um dias que há entre o 17 de dezembro até a Epifania que é o 6 de janeiro, não se ausente ninguém da igreja durante todo o dia, nem se encaminhem a sua fazenda, nem se dirijam aos montes nem andem descalços, senão que assistam a igreja. E os admitidos que não fizerem assim, sejam anatemizados para sempre. Todos os bispos disseram: Seja anátema. (ibidem, c.4)

Vê-se que ambos os cânones imporiam proibições a práticas de ordem ascéticas e anacoréticas: jejuns, recluir-se em casa, esconder e apartar-se em lugares ermos e montanhosos, andar descalços e por fim negar-se às celebrações eclesiásticas.[14] Como tem sido uníssono entre os investigadores por nós consultados e que analisaram esses cânones, tais proibições estão colocadas em razão do priscilianismo.

---

14 Os anacoretas, tendo por objetivo e fim último a solidão e o estado contemplativo, sendo este último propiciado exatamente pela circunstância primeira, não recorriam com assiduidade aos sacramentos e celebrações litúrgicas promovidas pelo clero secular. Como nos informa Ignácio Peña (1985, p.88), os eremitas, tanto do Egito como da Síria, segundo fontes contemporâneas aos séculos IV-VI, possuíam um tão grande desinteresse pela liturgia e pela vida sacramental, que muitos sacerdotes deveriam vir até eles para provir-lhes desses deveres.

A SANTIDADE HABITA O DESERTO    75

Não nos caberá aqui tratar desse controvertido tema. Contudo, há que deter a algumas de suas características, porque respeitaram as mesmas inerentes à vida monástica mais primitiva. O priscilianismo, dentre outras características, constituiu-se em um movimento em que as práticas ascéticas passaram a encerrar um valor e austeridades singulares. Dessa forma, aqueles que o adotassem passariam a condenar e rechaçar toda atitude e posição em favor do apego às realidades materiais, mundanas, e entre elas, a própria Igreja secular. Como acrescenta Colombás (1974, p.291), sua falta de submissão à hierarquia eclesiástica, seu menosprezo pelos cristãos não adeptos de suas ideias, que chegariam a ser consideradas heréticas, além das acusações feitas a hierarquia eclesiástica hispânica pela falta de espírito de sacrifício e desejo de perfeição[15] fundamentariam, entre outras atitudes, sua repulsa por parte dessa. De toda forma, o que nos importará aqui será precisar que as práticas de ascetismo, propostas e praticadas pelos priscilianistas, eram fundamentalmente as mesmas do ascetismo cristão, daí que a proibição das primeiras por parte da Igreja acabaria por sucumbir também as segundas. Mas, como vimos, a vida ascética e solitária cristã, cujos origem e exemplos tinham-se nos padres orientais do deserto, gozaria nesse momento, e em épocas posteriores, de um prestígio pouco abalável na Hispânia, e mesmo entre os eclesiásticos.

Em época visigoda, bispos como Isidoro de Sevilha e Bráulio de Saragoça, e mesmo diante de seus ideais e esforços disciplinadores e normatizadores do monacato, presente e característico sobretudo no primeiro, farão explícita referência em louvor à vida monástica oriental, por meio de seus afamados solitários e suas virtudes.[16] Daí

---

15  Esta última observação devemos a Teodoro Gonzales (cf. Gonzales, 1979, p.625).

16  O bispo de Saragoça, como já transcrevemos no item anterior, identificaria seu hagiografado, Emiliano, com Antão e Martinho de Tours, dada a admiração que teria pela vida e vocação daqueles. Isidoro de Sevilha, como se verá no item próximo, pela transcrição de algumas linhas do preâmbulo de sua *Regula Monachorum*, consideraria os primeiros padres da tradição monástica, portanto os padres do deserto, e suas regras, como exemplos de perfeição dificilmente atingíveis, portanto preferindo a mais realizável vida cenobítica proposta por sua regra.

76  RONALDO AMARAL

que, se o priscilianismo vigeria até a época visigoda,[17] a vida solitária e ascética salutar e "lícita" deveria ser claramente relacionada àquela própria dos padres orientais, a qual não assistiria maiores problemas de ser aceita. E será talvez a partir dessa observação que poderemos entender o esforço do hagiógrafo de Frutuoso em identificá-lo, assim como seu ambiente eremítico, aos padres da Tebaida, ou seja, a vida solitária e ascética lícita, digna de louvor e propagação.

Há ainda que destacar a carta do papa Sirício ao bispo Himerio de Tarragona, datada do ano 385, em que, entre outras questões abordadas por essa correspondência, tentaria o primeiro subtrair da vida monástica monges que, considerados merecedores por sua conduta reta, devessem ser levados à clericatura. Em outro momento, mandaria que se castigassem os que se teriam entregado aos maus costumes.[18] E, se não nos caberá aqui precisar e discutir em que se baseava e consistia o ser um "bom" ou "mau" monge, caberá sim observar que, pela atitude de Sirício, tinha-se como premissa que a vida monástica constituía-se em um modo de vida religiosa nada ideal, pois os "bons" monges deveriam deixar de sê-lo, ou pelo menos relegar essa profissão para um segundo plano, na medida em que seriam açambarcados pela Igreja, ao se lhes ordenarem sacerdotes. Os "maus" monges, por sua vez, deveriam receber severos castigos, como o encarceramento em seus ergástulos, privando-os da convivência de sua comunidade.

Se a Igreja hispano-romana não nos legara abundantes informações sobre a vida monástica e particularmente sobre sua efetiva relação com ela própria, a Igreja visigoda o fará com relativa abundância de testemunhos.

Como observara Teodoro Gonzales (1979, p.636), os cânones conciliares, preocupados em organizar a vida monástica, começariam

---

17 A correspondência entre Bráulio de Saragoça e Frutuoso assim nos demonstraria, pois o primeiro elogiando o estado solitário de Frutuoso e de seus discípulos atentaria, no entanto, para que tomassem cuidado com o priscilianismo ainda vigente naquela região (Bráulio de Saragoça, 1975, *Epístola* 44).

18 Cf. *Sirício Pp Epistola ad Himerium*, PL 84, 635. Pode-se ainda encontrar boa parte desse texto, de modo particular a que temos explorado aqui, transcrito por Guido M. Gibert (1970 p.41-7). O documento que temos referido encontra-se grafado na nota 13 (p.44).

A SANTIDADE HABITA O DESERTO  77

a abundar a partir do século VI, e se fariam particularmente presentes no século VII. Contudo, esse maior número de testemunhos somente viria a confirmar a mesma realidade encontrada anteriormente: uma relação senão conflituosa ao menos desconcertante entre a Igreja visigoda e a vida monástica. Por sua vez, como observaram muitos estudiosos, entre eles o próprio Teodoro Gonzales, a relação entre Igreja e monacato, na época visigoda, se fará mais estreita, passando mesmo, e algumas vezes, a primeira a aceitar e a conviver em relativa harmonia com o segundo. Todavia, o que faltou observar foi o fato de que essa "reconciliação" entre Igreja e monacato custou a esse uma de suas características mais fundamentais: a independência, uma vez que teria surgido à margem da Igreja e, em grande medida, exatamente como um movimento de oposição e contestação a ela, particularmente naquele momento em que promovia sua íntima união com a monarquia, institucionalizava-se, dando início, assim, ao seu processo de secularização, que divergiria cada vez mais do estrito ideal evangélico de desprezo e despojamento das coisas do mundo. Dessa forma, o monacato viera a tomar para si a responsabilidade de vivenciar e reaver as propostas e práticas evangélicas da forma mais observante possível, tal qual o fizera a primitiva Igreja dos mártires e ascetas, a mesma de que a nova Igreja, politicamente institucionalizada e hierarquizada, afastava-se cada vez mais.[19]

A partir do século VI, a Igreja passara a exercer um papel determinante em todos os âmbitos da vida hispânica. Com a conversão de Recaredo, rei dos visigodos, ao catolicismo, a monarquia realizará uma fundamental medida para a unificação política – a unificação religiosa, edificada em um mesmo credo: o catolicismo. A Igreja será a grande mentora da monarquia e da sociedade visigoda, e sua influência e autoridade se estenderão, a partir desse momento, por toda a realidade política, social e religiosa desse reino.

Assim, por meio de sua estreita ligação com a monarquia, em que ela própria tomará parte de modo preciso e fundamental porque a

---

19 Ignacio Peña (1985, p.23), tratando da origem do monacato cristão, destaca com precisão sua origem "anticlerical". "O monacato nasce como uma reação antitriunfalista no momento em que a Igreja entra triunfante na cena da história".

78 RONALDO AMARAL

justificará e dela também será parte, a Igreja se fará cada vez mais presente nas questões políticas e da sociedade visigodas. Passará, dessa forma, a intervir e a organizar praticamente todas as instituições da Hispânia goda. Os bispos, por meio dos concílios, virão a legislar, ordenar e reger não só a sua própria casa, isto é, a Igreja, mas também auxiliar a política monárquica. A imbricação monarquia-Igreja será tão intensa, como se pode ver em nosso item primeiro do quinto capítulo, que diversos bispos passarão a exercer cargos como o de juízes, que arbitrarão não só sob causas eclesiásticas, mas também civis, uma vez que, em varias ocasiões, estarão também investidos dessa autoridade.[20]

Será nesse contexto que devemos entender a estreita intervenção da organização eclesiástica na vida monástica que, diretamente, se dará pela pessoa do bispo, que possuiria uma autoridade quase irrestrita sobre as manifestações monásticas surgidas no âmbito de sua diocese. A Igreja ainda se faria presente na vida monástica por meio de uma ordem mais geral, mas nem por isso menos contundente: os cânones conciliares estabelecidos e firmados pelos bispos, que procuravam discutir os problemas mais comuns da vida monástica e, dessa forma, impor a ela suas resoluções, disciplinando e regendo-a de forma unificadora. Esta última característica invalidará e condenará toda manifestação monástica que não esteja em sintonia com as regras de organização imposta e estabelecida pela Igreja.

A partir desse momento, o monacato aceito será aquele que estiver de acordo com as normas canônicas. Esses cânones terão por função submeter os mosteiros a uma unidade de regime, imposta diretamente pela pessoa do bispo a toda atividade monástica na circunscrição de sua diocese.

---

20 Teodoro Gonzáles (1979, p.518) nos chama a atenção e precisa todos os direitos e encargos civis, além dos eclesiásticos, que os bispos visigodos possuíam. O mais comumente desses cargos era o de juiz, podendo arbitrar sobre questões tanto eclesiásticas como civis. Como assinala ainda esse mesmo autor, a formação intelectual e moral desses prelados lhes dava grande prestígio e confiança por parte da monarquia, chegando mesmo a se constituírem nos mentores das leis e das condutas dos juízes civis.

A SANTIDADE HABITA O DESERTO    **79**

Assim, pode-se ver por meio do cânone 51 do IV Concílio de Toledo (633) que a autoridade do bispo em relação aos mosteiros que estivessem no território de sua diocese poderia determinar mesmo o seu regime interno, pois a ele fora facultado o direito de escolher o abade e outras demais autoridades do mosteiro. Pudera ainda repreender e corrigir os monges, assim como as violações da regra, que já seria por ele aprovada. Ao bispo só fora vetado o direito de intervir sobre os bens dos mosteiros, já que muitos haviam tomado para si as posses e outras benesses pertencentes à comunidade monástica. Devemos perceber, desse modo, que o cânone, para além do testemunho que nos dá a respeito da intervenção episcopal na vida monástica visigoda, nos demonstra, por sua mesma razão de ser, que essa fora tão intensa que o presente juízo aí contido se prestara sobretudo a impor limites as arbitrariedades com que esses prelados tratavam os monges e suas comunidades.

Dos limites do poder que os bispos exercem nos mosteiros.

Denunciou o presente concílio que os monges são dedicados a trabalhos servis por mandado do bispo, e que os bens do mosteiro são arrebatados com um movimento criminal contra o estabelecido pelos cânones, de modo que quase se faz do mosteiro uma fazenda, e a ilustre porção de Cristo se vê reduzida a ignomínia e a servidão, pelo qual admoestamos àqueles que governam as igrejas, que em adiante não procedam deste modo, senão que os bispos só reclamem para si nos mosteiros, o que permitem os sagrados cânones, isto é, admoestar aos monges a uma vida santa, nomear os abades e os outros cargos, e corrigir as violações da regra; e se atreverem-se a proceder com os monges em algo proibido nos cânones, ou intentarem tomar alguma coisa dos bens do mosteiro, a eles, que a partir de agora hão sabido apartar-se do ilícito, não lhes faltará a pena da excomunhão. (Concílios..., c.51, 1963)

Alguns monges, por sua vez, passaram a exercer funções próprias do clero secular. O cânone 3 do Concílio de Lérida (546) estabelece que sejam ordenados clérigos os monges que tiverem a permissão do

# 80 RONALDO AMARAL

abade e a aprovação do bispo, para o serviço da igreja. Também esse cânone proíbe a fundação e a condução de mosteiros por seculares, em que não haja efetivamente uma comunidade religiosa vivendo sob uma regra aprovada pelo bispo (Concílios..., c.3, 1963, p.56). Nota-se aqui, novamente, a preocupação da organização eclesiástica visigoda em fazer-se presente e arbitrar em todas as decisões que impliquem mudanças ou novas manifestações no campo religioso. Os monges que seriam ordenados sacerdotes, muito provavelmente para uso da própria igreja monástica,[21] deveriam receber o aval do bispo. Quanto à aparição de novos mosteiros e seus respectivos governos, a observância se fazia de igual importância e proporção, pois esses se constituíam em importantes centros de atração de fiéis e candidatos à vida religiosa. Uma comunidade monástica à margem da Igreja significaria para essa uma grande perda no seu contingente de religiosos e fiéis que, além de tudo, poderiam ameaçar sua estreita direção. Esse problema último, ainda que sob os direitos e uma conjuntura estritamente monástica, estava muito presente no Noroeste hispânico, conforme nos denuncia os capítulos 1 e 2 da *Regula comunnis*, de que trataremos mais adiante.

Muitos bispos também provirão do estado monástico. Citemos aqui os casos de Isidoro de Sevilha e Frutuoso de Braga que, apesar de se constituírem em exemplos de uma mesma trajetória, a profissão monástica seguida da obtenção da dignidade episcopal, representaram tendências distintas de vida monástica, especialmente quando de sua relação com a Igreja. Isidoro, bispo de Sevilha, mesmo já alçado a essa posição clerical, será um promotor da vida monástica, teorizará sobre essa em muitas de suas obras,[22] assim como se dedicará

---

21 Justo Perez de Urbel (1984, p.206) chega a acreditar mesmo na existência de paróquias monasteriais, uma vez que havia mosteiros episcopais.

22 A vida monástica parecia ser para Isidoro de Sevilha um tema muito caro. O livro das Etimologias e o *De ecclesiasticis officiis*, por exemplo, se preocupariam em classificar e definir os gêneros de monges, e o primeiro trataria ainda da natureza dos mosteiros e seus elementos. Há que citar ainda o livro das Sentenças e os cânones do IV Concílio de Toledo, que o teve à frente em sua realização e muito cuidou do estado monástico. Deve figurar aqui, é claro, a sua *Regula Monachorum*, que merecerá em momento adequado uma análise mais detida.

A SANTIDADE HABITA O DESERTO  81

à fundação de pelo menos um mosteiro e à confecção de uma regra. Contudo, pode-se perceber claramente que sua posição clerical virá a se sobrepor à monacal. De acordo com sua concepção de vida monástica, a organização dessa deveria submeter-se à disciplina e aos interesses normatizadores da Igreja. Isso se torna bastante explícito no IV Concílio de Toledo, cujos cânones foram inspirados por ele, e que refletem em seu conteúdo esse ideal de superioridade e arbítrio da Igreja diante da vida monástica.[23]

Frutuoso, por sua vez, bispo de duas sedes concomitantemente, a de Dumio e a metropolitana de Braga, também se dedicara à fundação e à legislação monástica, ainda que esse seu labor tenha sido muito mais intensivo anteriormente a essa sua dignidade clerical. Contudo, e diferentemente do bispo sevilhano, viria a estabelecer uma vida secular paralela à regular, em que esta última acabaria mesmo por se sobrepor à primeira, pois ele próprio, ao se constituir no abade-bispo do mosteiro Dumio, próximo a Braga, passaria a ser um bispo submetido à regra. Nessa posição passaria ainda, e talvez ao adotar uma prática já existente no Noroeste peninsular, a presidir a congregação monástica Dumiense.[24] Essa congregação de mosteiros se localizava no Noroeste hispânico na província da *Gallaecia*, cuja cabeça eclesiástica se encontrava na sede metropolitana de Braga. Pelo que se conjectura, Frutuoso passaria a presidi-la entre os anos 657-665, tempo em que ocupara simultaneamente a sede dumiense e a bracarense (Orlandis, 1968). Nesse momento e localidade, como já temos anotado, a vida monástica pareceu exercer mesmo um papel preponderante sobre a secular.[25] Essa nossa observação última encontra-se confirmada pelo conteúdo do capítulo segundo da chamada

---

23 Ver, por exemplo, as resoluções contidas no cânone 51, antes transcrito.

24 Justo Perez de Urbel (1984, p.436) acredita, por sua vez, que a congregação monástica dumiense não seria anterior a Frutuoso, mas uma realidade inaugurada por ele no momento em que assumiria a abadia-diocese de Dumio, passando a intervir a partir de então, não só nos mosteiros por ele fundados, mas também nos demais que se encontravam circunscritos ao seu território monástico eclesiástico.

25 Esse aspecto encontra-se especificamente analisado no item quarto do quinto capítulo.

## 82 RONALDO AMARAL

*Regula communis.* Essa regra, cuja paternidade devemos talvez e pelo menos parcialmente a Frutuoso,[26] fora composta e dirigida ao grupo de abades que presidiam os mosteiros que compunham a congregação dumiense. Tinha por função, fundamentalmente, a organização e legislação comum dos mosteiros fundados nessa região peninsular. Assim, seu capítulo segundo (*Regula communis* 2) proibiria a fundação de mosteiros por presbíteros seculares sem a deliberação dos abades e do bispo que vive sob a regra. O capítulo primeiro (Ibidem, 1) estendia ainda essa mesma determinação aos leigos que teriam organizado mosteiros em suas próprias residências, pois essas fundações, segundo esse mesmo texto, "não os denominamos mosteiros, senão perdição de almas e subversão da Igreja" (ibidem).

Vemos, portanto, que a Igreja e a vida monástica da Galiza fundiam-se de tal forma que, poderíamos dizer, realizavam uma verdadeira simbiose. Antonio Linage Conde (1968), a partir de uma observação análoga e pesando sobretudo a prática do "*episcopus sub regula*", anotara: "Uma Igreja que no noroeste é antes de tudo monástica...".

A exceção dessa região Noroeste, por suas particularidades que acabamos de apontar, à aceitação do monacato por parte da Igreja, que acabaria por redundar em grande medida em uma convivência mútua e de certa forma pacífica, só se fez possível, no entanto, por se tratar evidentemente do primeiro de uma vida monástica cenobítica, ou seja, de uma prática já assentada em bases jurídicas e disciplinares, portanto mais condizente com a estrutura e com a possibilidade de intervenção por parte da Igreja, enquanto suas demais formas,

---

26 Durante muito tempo a *Regula Communis* foi atribuída a Frutuoso por ter em seu conteúdo paralelos bastante estreitos à sua *Regula Monachorum*. Contudo, os pesquisadores dessa legislação monástica são concordes nos dias atuais que essa deveria a Frutuoso tão somente uma participação parcial em sua redação, pois uma vez presidente da congregação de Dumio a produziria junto aos demais abades partícipes dessa, ou mesmo indireta, uma vez que os legisladores da Regra Comum poderiam ter se apropriado de conteúdos da Regra dos Monges, essa sim efetivamente redigida por Frutuoso. Essa possibilidade, no entanto, parece menos provável diante da primeira conjetura (cf. Ruiz & Melia, 1971, p.166).

A SANTIDADE HABITA O DESERTO **83**

de modo particular a eremítica, continuariam sendo perseguidas e cerceadas pela organização eclesiástica, salvo os casos em que essa se submeteria de alguma forma à autoridade de um mosteiro, que por sua vez se encontrava sob a autoridade de um bispo.

Desse modo, as formas de vida monástica que se caracterizavam pela individualização e independência de comunidades efetivamente organizadas e autorizadas pela disciplina eclesiástica também passariam, quase ordinariamente, a ser conquistadas por essa.

Dessa forma, o IV Concílio de Toledo, já citado, em seu cânone 52, tratara de monges que tendo deixado a comunidade monástica viveriam livres e ao seu arbítrio. O cânone demonstra claramente quanto pareciam desagradáveis à Igreja, pois os afirmara voltando ao século e se entregando as situações próprias desse lugar. Ordena, pois, que fossem reintegrados ao mosteiro que anteriormente deixaram e aí "se lhes imporá uma vida de penitência, para que chorem seus crimes, no mesmo lugar de onde se apartaram" (Concílios..., c.52, 1963). Anotemos, todavia, que as características e condutas com que descreve a esses monges que designa por *monachis vagis*, acreditamos serem demasiadamente depreciativas, embora também pesemos que muitos monges deveriam incorrer num relaxamento da disciplina e do ideal que haviam professado, quando não estritamente observados e dirigidos. Contudo, o cânone não trata de casos, mas generaliza a má índole de todo monge externo a um cenóbio, ou seja, de todo monge não cenobita. Criticando com rigor, não admitirá, dessa forma, monges que vivam à margem da comunidade e da disciplina monástica, uma vez que aqueles que dessa se separarem deverão a ela ser reintegrados e aí obrigados a uma vida de penitência.

Tivemos, todavia, que esperar até o ano 646 no VII Concílio de Toledo para deparamos com referências mais contundentes acerca do eremita. No cânone 5, "Dos Reclusos Honestos e dos Vagantes", pode-se entrever que a vida eremítica constituía-se em uma realidade prática e recorrente nessa época, possuindo ainda um relevante número de adeptos, e nos mais diversos modos de retiramento "lançados daquelas celas e dos lugares nos que habitam como vagabundos ou permanecem reclusos" (Concílios..., c.3, 1963). Os solitários, como

84 RONALDO AMARAL

trataremos mais detalhadamente nos posteriores capítulos, podiam se estabelecer em lugares mais ermos, onde edificariam pequenas e frágeis moradas individuais, ou aproveitariam as já existentes, como as grutas. Quase sempre essas moradas anacoréticas seriam construídas umas próximas às outras, formando colônias ou comunidades de solitários. Algumas vezes ainda, menos numerosos e organizados, os solitários viveram nas cercanias de um cenóbio, e quase sempre neste último caso sob sua jurisdição. Temos ainda casos de solitários, e a esses cabe mais estreitamente o título de *reclusi*, que se confinaram ou se emparedaram em celas de pequenas dimensões no interior do próprio mosteiro, ou ainda em igrejas seculares junto ao altar, onde muitas vezes aí permaneciam contínua e indefinidamente.

Dessas diferentes formas e maneiras de estada solitária, a Igreja somente aceitaria aquela em que o solitário continuasse ligado à autoridade de um cenóbio, ou a autoridade eclesiástica, conforme as palavras do mesmo cânone:

> Por esta razão, ao estabelecer medidas severas, mandamos excluir com justo critério aqueles aos que o desejo de uma vida santa retém apartados em suas próprias celas, e que continuem tranqüilos com o auxílio de Deus e seguro com nosso favor os que, animados por estes mesmos desejos, estejam prestigiados por seus méritos e adornados pela honra... (ibidem)

A Igreja aprovaria assim ao solitário "seguro por nosso favor", ou seja, que se revestissem dos critérios por ela determinados. Tais critérios não só respeitariam os laços de submissão que devera o solitário continuar tendo com a organização eclesiástica ou cenobítica, mas, sobretudo, a formação obrigatória no seio de um cenóbio que deveria todo anacoreta adquirir antes de abraçar a vida solitária:

> E em adiante a qualquer que queira levar este santo modo de vida não se lhe permitirá que o consiga nem o poderá alcançar antes de haver sido mais plenamente educado conforme as santas regras monacais e haja tido ocasião de alcançar a dignidade de uma vida honrada e conhecimento da santa doutrina... (ibidem)

A SANTIDADE HABITA O DESERTO  **85**

Essa exigência é vista desde as origens da vida monástica entre os padres orientais do deserto, assim como no Ocidente mais tradicionalmente por meio de Bento de Nursia.[27] Contudo, naquele momento, essa ordem não se tratava de uma legislação e, sobretudo, de origem secular, mas de uma prática recorrente, estabelecida e regida de comum acordo de monges para monges, e a vida solitária não possuía nenhuma dificuldade em ser aceite ou nenhuma tonalidade pejorativa, senão constituía-se na forma mais sublime e benquista de vida monástica.[28] Em muitos casos, a vida comunitária estaria tão somente em razão de promover a vida solitária, nem mesmo chegando a primeira a possuir um fim em si mesma.

Para esse momento e realidade, no entanto, a preocupação primeira e fundamental provinha da organização eclesiástica secular, que por meio de sua legislação impunha ao monge o costume da vida regular e a estrita observância de suas normas institucionais, mesmo e ainda que em menor grau, quando esse optava pela vida solitária, vivendo como recluso nas cercanias de um mosteiro ou mesmo no interior desse, e ainda em lugares mais ermos.[29] Desse modo, não se admitiria o anacoreta, cuja própria natureza da profissão e etimologia do termo significa e indica "aquele que vive à parte", vivendo à parte da organização religiosa institucionalizada e disciplinada.

mas aqueles que forem acometidos por uma tão extrema loucura que andem vagando por lugares incertos, e estejam corrompidos por uns

---

27  Sobre essa abordagem, ver no segundo capítulo nosso item "A escola de Conâncio e sua significação monástica. Uma escola catedralícia forjadora de anacoretas".

28  Para citar apenas um exemplo, ver a epístola 125, 9 de são Jerônimo (1993).

29  Juan Gil (1994, p.8) chegara mesmo a afirmar que a vida eremítica se constituiria em um perigo mesmo para a sociedade como um todo, pois, segundo esse autor, seria associal, na medida em que o indivíduo se separava rompendo com os laços afetivos que o unia com os familiares, amigos e com a comunidade eclesial; anárquica, uma vez que não aceitaria outras autoridades que não a divina; contagiosa já que o "vírus rupturista contagia facilmente os demais membros da comunidade"; e pacífica, o que a tornaria entretanto temerária, pois não havendo resistência de sua parte seria difícil de ser combatida.

costumes depravados sem ter absolutamente nenhuma estabilidade de domicílio, nem pureza de coração, qualquer dos bispos ou dos clérigos inferiores que os achar errando, os entregará, se é possível, aos padres do mosteiro para que os corrijam. E se isto se fizer difícil, com só a honestidade da vida os persuadirão a que reconheçam a autoridade de seu cargo e admitam serem ensinados. (Concílios..., c.3, 1963)

O vínculo e a submissão do eremita a Igreja visigoda se demonstrara ainda na própria iniciação de sua vida religiosa; pois, como o cenobita que viveria mais próximo do seu seio, deveria o primeiro a ela promessas e um rito de profissão.

Justo Perez de Urbel nos transcreve um rito de profissão monástica contido no *Liber Ordinum*, em que se nota que esse também seria dirigido e professado pelo monge eremita.[30] Frases e termos profissionais como "Para a esmola, pronto", "Com os súditos, piedoso" indicam que esses monges não viveriam na clausura e sob uma disciplina conventual; pois, entre outros, não realizariam o voto de pobreza, próprio dos cenobitas, uma vez que poderiam possuir bens e ter pessoas sujeitas à sua obediência. Como percebe e transcreve ainda Justo Perez de Urbel, o rito permite que o monge que se fez eremita se retire ao lugar que queira após o término da cerimônia e de ter recebido a comunhão. Para os cenobitas a cerimônia continuava com o rito em que prometiam a estabilidade no mosteiro.

Depois de receber a sagrada comunhão, retiram-se ao lugar que queiram [...] O monge que há de viver em um mosteiro, depois de haver a ordem anterior, guardará o seguinte rito. A fim de que confirme a estabilidade de sua profissão por anotação de seu nome. (Férotin, 1904, apud Urbel, 1984, p.87-8)

---

30 *Le Liber Ordinum en usage dans l'Eglise wisigothique et mozarabe d'Espagne du Ve au Xie siècle*, col. 81-84 (apud Urbel, 1984, p.85-8). Manuel C. Díaz y Díaz (1970a, p.49-62) também explora esse documento para afirmar a relação entre Igreja e vida eremítica.

Como se pode notar e se faz também uma observação de Urbel, o eremita não terá compromisso nenhum com o abade, porém estará submetido à autoridade eclesiástica.

## A vida eremítica. Uma experiência ameaçada pelo cenobitismo triunfante. O advento das regras monásticas

Seguindo a tendência já explicitada pelo próprio título deste item, esclareçamos deste o início, que a vida eremítica na Hispânia romana, diferentemente da época visigoda, será a forma mais recorrente de vida monástica. Contudo, os documentos que a testemunham são escassos e lacunares.[31] Para tanto, nos centraremos na época visigoda, momento em que surgem testemunhos hagiográficos, epistolares e normativos sobre a vida monástica e sua condição eremítica.

A época visigoda será, assim, mais generosa em fontes e testemunhos sob a vida eremítica, seu estado e vigência. Há que sublinhar, todavia, que as fontes que relatam a vida de eremitas em suas peripécias pessoais, e que pela natureza mesma de sua profissão se dera de forma bastante anônima, não são nem numerosas, nem suficientemente esclarecedoras. Por essa razão, não trataremos aqui, pelo menos mais detidamente, nem da natureza, nem das condutas e práticas que caracterizam e fundamentam a profissão do eremita, pois tal abordagem se prestará eminentemente para contribuir na análise do nosso documento, que se dará nos próximos capítulos. Cuidaremos tão somente de demonstrar que a vida eremítica em seu estado mais puro, ou seja, desvinculada do âmbito monacal ou clerical, existiu e vigeu contemporaneamente ao nosso documento que tanto a louvou por meio de Frutuoso, certamente um desses

---

31 Os documentos a que nos referimos são, o já citado I Concílio de Saragoça, em seu cânone VI, assim como a carta do papa Siricio ao bispo Himerio de Tarragona. A esses acrescentamos uma carta de Santo Agostinho aos monges de uma ilha hispânica, a ilha de Cabrera, datada de 348 (Agostinho de Hipona, 1951, p.281-5).

88  RONALDO AMARAL

casos mais bem documentados. Como têm realizado os principais estudiosos desse tema que aqui tratamos, entre eles Manuel C. Díaz y Díaz (1970a, p.49-62), vamos chamar à nossa causa três personagens que, como Frutuoso, tiveram suas respectivas *vitas* escritas e que nos permitirão, por meio dessas, conhecer um pouco melhor o estado ou tão somente a ideia vigente sobre a vida eremítica. Referimo-nos a Emiliano, Nancto e Valério do Bierzo. Passaremos posteriormente, e já em pleno século VII, quando o cenobitismo tomará um impulso substancial e dominará a paisagem monástica visigoda com suas regras autóctones, a vislumbrar o lugar e o estado da vida eremítica a partir desse novo momento. Podemos adiantar desde já que sua situação não será das melhores, tendo assim e a partir de então, e quando possível, que se fundir e adaptar-se à nova disciplina monástica, ou então deixar de se fazer.

A *Vita Sancti Aemiliani*, escrita por Bráulio de Saragoça (1978), nos legara pertinentes informações sobre a concepção de vida eremítica vigente na Espanha do século VII. Como na *VF*, o hagiógrafo argumenta a veracidade do seu escrito por estar embasado em relatos de testemunhas oculares e contemporâneos ao hagiografado. Contudo, vê-se que em seu conteúdo estão presentes situações e acontecimentos que são lugares-comuns nas *Vitas* de eremitas. Certamente, Bráulio, embebido de outras hagiografias que relatam a "vida" e os "feitos" de anacoretas, as retoma em Emiliano.[32] Necessário seria um estudo nesse sentido, tal como o fazemos aqui para a *VF*. Contudo, nossa análise em relação a essa obra do bispo de Saragoça deverá restringir-se tão somente a pôr em relevo os episódios e circunstâncias denotadores da natureza anacorética da *Vita Aemiliani*. Uma análise mais acurada está por fazer-se.

No capítulo "Do começo de sua Conversão" (Bráulio de Saragoça, 1978, *Vita Sancti Aemiliani* 1), descreve-se essa revelada por designo divino. Emiliano tivera sua vocação para a vida religiosa demonstrada

---

32 Jose Oroz salienta a influência de santo Agostinho e Sulpício Severo, mas somente no que respeita a estrutura e disposição em que é escrita esta *Vita* (cf. Saragoça, 1950, p.167-8).

A SANTIDADE HABITA O DESERTO    89

durante o sono, que fora, por sua vez, devidamente incitado pelo designo da divindade cristã. Mais tarde em nossa *VF* (2) veremos que também Frutuoso seria incitado à vida anacorética por vontade de Deus, assim como alguns de seus modelos anteriores.

Emiliano, após seu chamado a vida religiosa, não adentrara imediatamente ao ermo, mas entregara-se ao discipulado de um eremita ancião chamado Félix, o servindo e aproveitando-se de sua experiência e orientações. Temos aqui a referência tão cara à vida solitária, a da formação espiritual e disciplinar que deveria anteceder a vivência mais estritamente eremítica. O anacoreta ancião seria entendido como aquele que, por sua idade e tempo de profissão monástica, conteria a experiência e o discernimento próprios e necessários à vida solitária. Esses seriam transmitidos e ensinados por sua vez, e quase sempre, por meio de exemplos e conselhos ao aspirante a esse gênero de vida, já que do solitário exigia-se um discernimento e autodisciplina indispensáveis para perseverar de modo "saudável" na vida oculta.[33] Essa prática fora própria e comuníssima do monacato primitivo oriental, como continuará demonstrando-se nas linhas seguintes. Dando continuidade aos passos característicos e próprios dos célebres anacoretas, Emiliano "depois, instruído a fundo com todo esmero nos caminhos da vida e copiosamente enriquecido com os bens da educação e os tesouros da salvação, regressa a seu ambiente, repleto de doutrina" (Bráulio de Saragoça, 1978, *Vita Sancti Aemiliani*, 3). Seu primeiro retiramento não o satisfaz, pois a multidão de pessoas que recorriam a ele o estorvavam. Tem que se retirar a lugares mais ermos e elevados. Novamente assiste-se ao tema nada inusitado do adentramento contínuo no deserto, uma vez que se buscaria uma solidão mais estrita, pondo-se assim em fuga para evitar os devotos e admiradores que o cercariam e o subtrairiam da tão desejada solidão; ocorrência essa que novamente nos revela mais um lugar comum das *Vitas* de eremitas. O afastamento aqui também se dá tradicionalmente pela busca e fixação em lugares montanhosos

---

33 Para uma análise mais acurada desse aspecto, pode-se ver nosso item "Um anacoreta célebre, o fundador de circunstâncias".

90 RONALDO AMARAL

e de difícil acesso.[34] Será descrito residindo em um lugar alto e sem vegetação, cuja austeridade do clima e da densa vegetação do bosque, que se encontrava nas cercanias desse lugar, o impedia mesmo de atingir e permanecer no cume dessa montanha em que se encontrará isento da relação com seres humanos, desfrutando tão somente do consolo dos anjos (Bráulio de Saragoça, 1978).[35]

O capítulo "O Bispo Dídimo lhe confia o cuidado de uma igreja" (ibidem) relata-nos, por sua vez, um fato novamente inerente a *Vitas* dos anacoretas: a ascensão desse à posição clerical. Como não podia deixar de sê-lo, essa se dera após grande resistência desse anacoreta e não o subtrairá, mesmo depois de ordenado e à frente de uma igreja, dos velhos costumes e hábitos próprios dessa sua profissão. Todavia, sua permanência nesse estado não será duradoura, pois seus costumes e atitudes tipicamente monásticos, como o despojamento e o desapego dos bens, o colocarão em oposição à vida clerical secular, uma vez que doaria aos necessitados os bens pertencentes a igreja que estava incumbido de administrar.

Outra figura presente e recorrente na *Vita Sancti Aemiliani* fora a do diabo. Indubitavelmente, será essa uma das características mais eminentes da vida dos anacoretas. Tal sua importância e presença na vida e nos escritos ascéticos dos padres do ermo que a história monástica chegou mesmo a criar o conceito de "demonologia do deserto", dadas sua relevância e particularidades.[36] Na *Vita* de Emiliano pode-se encontrar o relato da personificação do diabo em figura humana, que a ele se apresentará quando já possuíra a experiência e as virtudes necessárias para reconhecê-lo e combatê-lo. Haverá ainda pelo menos sete casos de possessões demoníacas em que a intervenção de Emiliano se fará necessária (Bráulio de Saragoça, 1978, *Vita Sancti Aemiliani*, 12-17).

---

34 Um dos relatos mais clássicos e explícitos a esse respeito se encontra na *VF*, que apesar de posterior, obedece a uma tendência que é tão e mais anterior a *Vita Aemiliani* (cf. *VF*, 4).

35 Remeta-se ainda ao nosso item "A montanha: ascender-se ao paraíso recobrado".

36 Recomendamos para um entendimento mais estreito dessa abordagem nosso quarto capítulo.

A SANTIDADE HABITA O DESERTO    91

As *Vidas dos santos padres de Mérida* (Vitas Sanctorum..., 1956).
legaram-nos mais um relato sobre a vida eremítica na Espanha do
século VII. Trata-se de Nancto, que conforme nos dera a conhecer
esse texto hagiográfico seria oriundo de alguma região africana, onde
exercera o ofício de abade.

Nancto, segundo esse documento, viera à Lusitânia e se instalara
por algum tempo na basílica da santa virgem Eulália. Após algum
tempo de permanência nesse templo, se retirara a um "lugar deserto,
com poucos irmãos, construindo lá uma humilde residência para si
mesmo" (ibidem, 3). Vê-se por essa passagem que Nancto se retirava
ao ermo para fazer vida eremítica. Levaria consigo poucos irmãos
*"paucis cum fratribus"*, o que invalidaria a necessidade e a existência
de uma comunidade complexa, tanto estrutural física como regular.

Sintomático para nossa abordagem fora ainda o relato de que esse
anacoreta construíra uma humilde residência para si próprio, *"sibi
vilissimum habitaculum construxit"*. Certamente estamos diante da
descrição de uma morada anacorética, pois fora construída por ele
próprio e para seu uso individual. Deve-se sublinhar, ainda, uma
passagem em que a Nancto será ofertado, pelo rei dos visigodos, Leovigildo, uma parcela de suas possessões reais, talvez o lugar mesmo
onde aquele estava fixado. O fato de o anacoreta ter recebido essa parcela da propriedade e, em uma outra passagem, aparecer pastoreando
"seu" pequeno rebanho de ovelhas no interior da floresta corroboraria
com um estilo de vida essencialmente eremítico, pois vê-se que não
se encontrava submetido a uma regra conventual, já que gozaria da
liberdade de possuir e conduzir algo de sua exclusiva propriedade,
como nos deixa claro o texto. A possessão dessa propriedade daria
também a Nancto alguns servos que nela residiam, e que em certa
ocasião, ao irem conhecê-lo, pois desejavam saber quem era seu novo
mestre, o desprezariam por vê-lo pobremente vestido e com uma aparência desleixada, *"veste sordidum crine deformem"* (ibidem). Tal fora
a repulsa à figura de Nancto, por parte desses servos, que afirmariam
preferir morrer a tê-lo como mestre. Contudo, será Nancto que acabará morrendo pelas mãos de seus indignados servos. Essa passagem
extremamente curiosa, que narra a vileza no modo de vestir e portar-se

92 RONALDO AMARAL

de um monge, que chega mesmo a lhe custar a própria vida, será rica para nosso intento. Percebemos aqui, e por parte do hagiógrafo, uma preocupação e sensibilidade profunda em demonstrar em Nancto uma das práticas mais caras aos padres do ermo: a pobreza monástica. O desprezo pelas coisas do mundo se dava e se refletia pelo desprezo de si mesmo. Era preciso possuir o estritamente necessário e viver a chamada "humildade evangélica" (Colombás, 1974, v.2, p.219-25). Mais do que um simples relaxamento do trato próprio, constituir-se-ia em uma virtude, e ser perseguido e desprezado por esse estado levando-o à morte, à obtenção de seu fim, à coroação de uma vida evangélica.

As *Vitas Sanctorum Patrum Emeretensium*, por meio de Nancto, como já muito sucintamente demonstrou Díaz y Díaz (1970a, p.50), e o fizemos agora um pouco mais detalhadamente, devem ser consideradas como um dos poucos, mas substanciosos, documentos que nos informam sobre a vida eremítica visigoda, seus conceitos e práticas.

Quanto a Valério do Bierzo, far-se-ia totalmente dispensável e mesmo redundante tratarmos aqui do aspecto eremítico de sua autobiografia, pois essa, e particularmente esse enfoque, será retomada com frequência nos capítulos seguintes, na medida em que a cotejaremos com bastante assiduidade com nossa fonte principal.

Lembremo-nos, no entanto, como vimos no primeiro item deste capítulo, de que essa presença eremítica, tanto na Hispânia romana quanto na visigoda, e mesmo aquela, como se verá, vigente no interior das comunidades cenobíticas, particularmente nesta última época, como seria o caso do monacato regido pela *Regula monachorum* de Frutuoso, deveria suas origens e seus antecedentes não só a manifestações locais, ou seja, a partir do aparecimento e da evolução da vida ascética e continente de alguns cristãos do próprio território hispânico, mas em grande medida ao influxo do monacato oriental, egípcio sobretudo, apresentado ao Ocidente, por meio de peregrinos e escritos concernentes àquela realidade monástica, cujos modelos e exemplos se constituiriam muitas vezes, e aqui pensamos na *VF*, em verdadeira obsessão há que se deveria seguir e imitar, efetiva ou literalmente. A Galiza fora, como vimos, uma das portas mais largas para a entrada dessa tradição monástica Oriental na Hispânia.

A SANTIDADE HABITA O DESERTO    93

Não obstante essa forte presença eremítica de cunho oriental na Galiza, entretanto, o monacato visigodo do VI e VII séculos, em especial o deste último, será fundamentalmente de gênero cenobítico, pois se encontrara em um período em que a vida cenobítica dominaria o cenário monástico hispânico e a Igreja se faria particularmente presente e interventora, influindo em sua promoção e desenvolvimento, uma vez que esse gênero se adequava e assistia mais estreitamente à sua disciplina, tal como já temos anotado no item precedente. Isso denotara claramente que o ideal monástico de cunho oriental viria paulatinamente a perder campo em favor de uma vida monástica mais estritamente comunitária e de estreita observância da disciplina conventual. Dessa forma, a vida eremítica que possuía suas bases mais fundamentais assentadas em características e comportamentos próprios da índole oriental, ou seja, uma vida individualizada e praticamente independente das comunidades e autoridades regular e hierarquicamente estabelecidas, viria a sucumbir e a assistir, senão a seu pleno desaparecimento, ao menos à subtração de suas características e condutas mais primitivas. Assim, ver-se-á que a experiência eremítica "lícita" e permitida no monacato visigodo do VII século será, sobretudo, aquela que se desenvolver e sobreviver sob a observância mais ou menos direta da autoridade monástica ou eclesiástica.

As regras monásticas visigodas nos serão os mais ricos testemunhos da situação da vida eremítica nesse momento em que o cenobitismo triunfava. Dessa forma, ao analisarem-se aqui essas legislações, buscar-se-á fundamentalmente encontrar no seu seio o lugar e o papel da vida solitária, uma vez que, como já temos anotado com alguma insistência, as manifestações anacoréticas mais recorrentes e perseverantes, porque aprovadas e salvaguardadas pelas autoridades regulares e seculares, só aí poderiam se desenvolver e ser encontradas. Adiantemos, entretanto, que os legisladores aqui consultados não demonstraram, em sua maioria, grande apreço à vida solitária, como se verá em Leandro e Isidoro de Sevilha. Frutuoso, no entanto, em plena convergência com o ideal encontrado em sua *Vita*, dedicará à vida solitária e contemplativa um papel e lugar de primeira e fundamental importância em seu monacato. A *Regula* communis, por sua vez, nos dará sua contribuição ao informar-nos, ainda que nas entrelinhas, a muito provável existência de solitários próximos ou mesmo agregados aos cenóbios.

Anotemos ainda, aqui, que os principais legisladores monásticos da época visigoda serão bispos, e que a tendência ao abandono de características e práticas monásticas tipicamente orientais se deveria a essa influência da ação interventora e submissora da Igreja que, à frente da vida monástica, por meio das legislações canônicas e de seus prelados fundadores e legisladores, incitaria e obrigaria o surgimento de um monacato mais ordenado e regularizado a partir dessa época. Essa disposição encontrará na regra beneditina a coroação de sua causa, passando, portanto, essa legislação itálica a ganhar terreno cada vez mais abrangente no monacato hispano, senão imediatamente por sua adoção textual, ao menos pela adoção de seu ideal na confecção das regras autóctones, como veremos ser o caso mais explícito à regra de Isidoro de Sevilha. Nessa linha, como se verá, Frutuoso representará a exceção.

Adentrando mais estreitamente a vida monástica visigoda, que encontrará no VII século seu momento áureo no que respeita à sua organização cenobítica, com o surgimento das regras dos monges de Isidoro de Sevilha, Frutuoso de Braga e da anônima *Regula communis* ou dos abades, passaremos a analisar, e agora com uma maior quantidade de fontes e testemunhos, a relação da vida solitária com a comunitária pujante.

Isidoro de Sevilha fora certamente o exemplo mais bem acabado desse afã de regular e uniformizar a vida monástica de seu tempo. Como já observou Antonio Linage Conde (1986, p.238), entre outros, e em diversos trabalhos seus, o monacato visigótico não possuía uma uniformidade de observância legislativa; ou seja, não se observava uma mesma regra, tal como se fará alguns séculos mais tarde com a adoção quase integral da regra beneditina. O monacato visigodo vigia e se orientava no que tange à sua natureza disciplinar pelo sistema da *regula mixta*, ou seja, o *codex regulorum*, que reunia e integrava diversas regras ou simplesmente fragmentos delas, constituindo essas em regras e tratados de origem oriental. Essa multiplicidade

A SANTIDADE HABITA O DESERTO    95

de regras e normas, adotadas geralmente a gosto do abade, causaria por certo uma multiplicidade de costumes, deixando assim ao arbítrio da própria comunidade monástica a definição de sua natureza e o estabelecimento de suas tendências disciplinares. Eis, pois, um quadro nada convergente com os ideais rigidamente disciplinadores e uniformizadores de um bispo como Isidoro de Sevilha, por nós já demonstrado sob sua via disciplinar canônica quando tratamos do IV Concílio de Toledo, particularmente do seu cânone 51,[37] e que veremos agora reiterada, e essencialmente, clausura adentro, por meio de sua *Regula monachorum*.

Assim, a regra dos monges de Isidoro de Sevilha, como o próprio anotara em seu preâmbulo, será um instrumento de unificação da observância disciplinar, ante a já citada pluralidade do *codex regulorum*. Nela ainda intentará Isidoro abolir os rigorismos ascéticos e estabelecer uma vida plenamente comunitária, seguindo de perto nesse sentido o ideal beneditino. O que mais nos importará aqui, todavia, será aclarar que essa disposição da vida monástica criada e imposta pelo bispo Sevilhano marginalizava e mesmo rechaçava toda e qualquer característica de cunho eminentemente oriental; portanto, de estado e ascese tendencialmente anacoréticos.

Não necessitamos, entretanto, nos esforçarmos demasiadamente para encontrar em sua *Regula monachorum* essa verdadeira aversão à vida solitária, uma vez que pode se afirmar mesmo que essa conduta do legislador e bispo de Sevilha se encontrara entre as características mais recorrentes e explícitas dessa legislação. Passemos, portanto, a analisá-la mais de perto.

Em seu prefácio, como já aludimos antes, Isidoro de Sevilha (1971b) afirmaria que essa regra pretendera ser uma norma de vida vulgarizadora e amenizadora das disciplinas observadas pelos *perfecti*:

> Pelo qual, assim como aquelas regras dos antepassados podem fazer a um monge perfeito em tudo, assim esta faz um monge ainda ao de ínfima categoria. Aquelas hão de observá-las os perfeitos, a estas de ajustar-se os conversos de suas vidas pecadoras.

---

37  Ver antes o cânon transcrito.

Essas regras dos antepassados, mencionadas por Isidoro, se referiam certamente a observâncias de procedência oriental (Linage Conde, 1967, p.149), daí que o legislador de Sevilha deixaria claro, antes de mais nada, seu rompimento e desapego àquela tradição, que se refletirá por sua vez nas linhas vindouras desta regra por "um espírito nitidamente beneditino" (ibidem, p.155), cujo conteúdo se encontrara "penetrado da *discretio* casinense" (ibidem).

Será nesse contexto, portanto, que deveremos vislumbrar e entender seu verdadeiro desprezo pelo estado anacorético, encontrado ainda em mais de uma passagem e fundamentado em inúmeros e consistentes argumentos contrários a essa forma de vida monástica.

Veremos, não obstante, que se a vida solitária causara verdadeiro horror a Isidoro, a vida comunitária lhe será uma verdadeira obsessão.

No capítulo "Do trabalho dos Monges", em que se estabelece e regulariza os trabalhos, suas diferentes naturezas e seus respectivos horários, acrescentará de forma veemente, "Nenhum monge deve deixar-se enredar pelo desejo a trabalhos privados, senão que todos, trabalhando para a comunidade, devem obedecer ao abade sem murmurar" (Isidoro de Sevilha, 1971b, *Regula monachorum* 5). Dessa forma, ao monge isidoriano ficaria terminantemente proibido o trabalho privado, uma vez que esse implicaria obviamente o afastamento dos demais, e o que talvez fosse particularmente inconveniente ao bispo de Sevilha, já que privaria o abade e os demais superiores da constante observância e direção de seu monge durante as tarefas laborais, ocasião essa que poderia propiciar alguma oportunidade de conduta ilícita por parte da regra.

Desse modo, o apartar-se dos demais, ainda que por um parco período, constituía-se para essa regra em um verdadeiro delito. Assim, no capítulo "Dos Delitos", que os divide e inventaria entre graves (*gravia*) e leves (*levia*), constituía-se um delito leve "o que se retirar por pouco tempo em algum lugar" (ibidem, 17), e por sua vez um delito grave "o que residir fora saindo meio-dia ou mais sem autorização do prepósito ou do abade" (ibidem).

Isidoro de Sevilha perseguiria e estabeleceria, mesmo nos atos mais corriqueiros, a necessidade e a obrigação da vida e dos afazeres

A SANTIDADE HABITA O DESERTO **97**

em comum. Assim, no capítulo "Da Mesa", estabelece que "O refeitório será, assim mesmo, único. Para comer se sentarão dez em cada mesa" (ibidem, 9), e nesse mesmo capítulo afirma que nenhum dos monges poderá comer furtivamente, em demasia ou "em privado, fora da mesa comum" (ibidem).

A vida comunitária lhe apraz de tal forma que acrescenta no capítulo 13º, "Do Leito": "O abade deve viver junto com os monges na comunidade, para que a vida comum ofereça o testemunho da vida exemplar e o respeito à disciplina" (ibidem, 13). Assim, a vida exemplar seria, necessariamente, para Isidoro, a vida em comum, pois seria ela ainda que permitiria e encerraria as condições para a vigência e o respeito da disciplina que, fundamentada na regra e na autoridade do abade, tornar-se-ia exatamente uma das características mais eminentes e fundadoras da vida cenobítica.

Chegamos, todavia, ao ponto mais explícito dessa regra, quanto às suas considerações à vida solitária, ao contemplarmos seu capítulo dezenove "Da Vida de Família", muito provavelmente único no gênero entre as regras monásticas. Isso posto, e continuando a ter por óptica nossa mesma abordagem, não precisaríamos nem sequer discorrer sobre esse capítulo, além e em razão do seu próprio título *"de familiare vita"*. Contudo, para além de precisar e estabelecer os comportamentos e os ideais necessários a essa vida familiar que incitara, irá condenar ainda, e com autoridade e veemência, a vida solitária dentro dessa comunidade. "Ninguém pedirá para si uma cela especial com o fim de viver nela separado da comunidade, em particular, exceto quando a idade ou enfermidade necessitarem, e isto com a autorização do abade" (ibidem, 19).

Isidoro demonstraria ainda, linhas depois, verdadeiro horror ao estado anacorético, reservando para si, nessa oportunidade, todas as linhas, termos e argumentos necessários para expor sua repulsa e aversão a esse gênero monástico:

> Ninguém solicitará para si uma cela separada, apartada da comunidade, para que, a pretexto de reclusão, seja-lhe ocasião de vício urgente ou oculto, e, sobretudo, para incorrer em vanglória ou em

ânsia de fama mundana, pois muitos querem recluir-se e ocultar-se para adquirir celebridade, de modo que os de condição baixa ou ignorados pelos de fora se façam conhecidos e honrados por sua reclusão. Pois em realidade todo o que se aparta da multidão para descansar, quanto mais se separa da sociedade, tanto menos se oculta. Portanto, é preciso residir em uma santa comunidade e levar uma vida a vista, para que, se há algum vício por isso, possa remediar-se não o ocultando. Por outra parte, se há algumas virtudes poderá aproveitar-se pela imitação de outros, enquanto, contemplando outros seus exemplos, possam educar-se... (ibidem)

Isidoro de Sevilha proibirá reiterada e terminantemente o possuir uma cela individual. Acrescentaria ainda que não deveria estar separada e apartada da comunidade, ou seja, não se constituiria aos moldes e na mesma disposição daquelas moradas anacoréticas que formavam as colônias de solitários, cuja existência como se verá a encontraremos no mosteiro frutuosiano.

Esclarecer-nos-ia ainda Isidoro, nessas inconformadas linhas, a vigência e o prestígio da vida anacorética em seu tempo, no mesmo momento em que observara não obstante, e de modo perspicaz e desencorajador para seu monge, que esse ao almejar fazer-se recluso, portanto, ao procurar obter o afastamento e a solidão, acabaria por conseguir precisamente o seu contrário, ou seja, a convivência contínua e numerosa de pessoas que a eles recorreriam, movidas por seu modo de viver e admiração, também já testemunhados por essa mesma época pelo cânone 5 do VII Concílio de Toledo, aqui já mais de uma vez citado.

Observamos uma vez mais que Isidoro, não satisfeito em depreciar a vida solitária por sua negativa, iria fazê-lo ainda, ao demonstrar a vida em comum como a forma única e ideal de vida monástica, pois seria somente por meio dessa que se poderia desprover dos vícios e adquirir as virtudes, propiciadas exatamente por aqueles que a adquiriram por perseverarem na "santa" comunidade.

Passemos agora à análise da segunda das regras visigóticas, a *Regula monachorum* de Frutuoso de Braga. Essa legislação, conforme

A SANTIDADE HABITA O DESERTO   99

se depreende da leitura mesma de seu texto, assim como do capítulo quarto da *VF*, fora confeccionada para a organização disciplinar de Compludo, a primeira das fundações de Frutuoso, e por volta do ano 646.

Tomando mais uma vez como premissa as observações de Linage Conde (1967),[38] anotemos que a regra dos monges de Frutuoso, ao dispensar um lugar de singular importância à vida solitária e às práticas de austera ascese, traduzirá uma concepção de monacato bastante divergente, para não afirmarmos antagônica, daquela encontrada em Bento de Nursia e Isidoro de Sevilha, e que, como temos visto particularmente por meio deste último, dispensava um lugar de fundamental importância para uma vida mais plenamente comunitária e de ascese mais amena.

A convergência entre o ideal monástico encontrado na *VF*, que aqui e pela primeira vez, pelo que nos parece, será demonstrado com a acuidade e a precisão requeridas, mas que já se fazia sentir para um investigador não leigo da história e teologia monástica como Linage Conde, com aquele encontrado em sua regra, já fora indicada por esse mesmo historiador quando afirmava em ocasião da análise da segunda "nela, o Bracarense expressou em termos estritamente jurídicos o ideal ao que, segundo seu biógrafo, dedicara sua vida" (ibidem, p.132).

Desse modo, e em razão da convergência do eremitismo como ideal monástico tanto para a *Vita* como para a *Regula monachorum* de Frutuoso de Braga, pode-se concluir que a primeira pareceu registrar com relativa precisão o ideal e as condutas de seu hagiografado.

Isso posto, e passando assim à análise propriamente dita dessa regra, comecemos por observar que o afã de Frutuoso em promover dentro de sua comunidade a vida anacorética propiciou a essa legislação a capacidade de mesclar práticas próprias do cenobitismo com aquelas que são características da vida eremítica. Contudo, tal convivência entre as duas formas de vida monástica, vida eremítica-vida cenobítica, muito comum, aliás, ao cenobitismo oriental mais

---

38 Esse ponto será uma constante nesse artigo de Linage Conde, ao comparar a regra de Frutuoso com a de Isidoro e a benedita.

## 100 RONALDO AMARAL

primitivo, encontrara-se aqui de maneira ordenada, de forma que podemos afirmar haver um verdadeiro estado de transição da vida propriamente cenobítica à vida anacorética. Frutuoso, conforme nos demonstrou o seu hagiógrafo, e que acreditamos ser em grande medida um fato, fora um homem que vivera continuamente com os olhos fitos no ermo, desejoso da solidão e detentor do conhecimento de muitas obras propagadoras da tradição oriental,[39] devera ter tido por objetivo primeiro e maior a promoção da vida solitária para aqueles que o desejavam como diretor espiritual. Tendo isso em vista e fundamentando-se de modo especial em João Cassiano (360/365-430/433), monge galo que passou grande parte de sua vida entre os desertos do oriente, a quem conhecera suas obras e as utilizara na confecção de sua regra, deveria como aquele, considerar o eremitismo a forma superior de vida monástica, conforme nos demonstrara em suas Conferências 18,4; 18,6; 18,11; 19,2 e 19,6, obra essa já anteriormente citada. Porém, seguindo ainda em suas Conferências 18,6; 19,10; 19,11 e 19,13, e outros padres do ermo, como são Jerônimo (Ep. 125,9), entendia-se que o monge não deveria abraçar a vida eremítica sem antes ter passado pela experiência da vida comunitária, ou ao menos, sem antes ter vivido junto e sob a orientação de um pai espiritual ou um anacoreta experiente. Em alguns casos, como nas lauras palestinas, a vida comunitária não se constituía em um fim em si mesma, já que estava tão somente em razão de anteceder a ordinária passagem à vida anacorética de todos os seus monges. Vemos nesta última manifestação monástica um paralelo ainda mais estreito ao monacato frutuosiano.

Desse modo, sua comunidade monástica, regida pela *Regula monachorum*, deveria ter, antes de tudo, por função, constituir-se em uma "escola de solitários", cuja vida cenobítica vigeria somente na fase mais inicial da formação desses monges, e perderia sua in-

---

39 Ainda mais esclarecedor a esse respeito é a correspondência de Frutuoso a Bráulio de Saragoça, em que demonstra conhecer as obras de Jerônimo e de João Cassiano. Em relação a este último, afirma possuir sete de suas conferências, e outras ainda lhe faltam, rogando assim a Bráulio que lhe envie, dada a dificuldade de encontrá-las naquela região da Hispânia (*Epístola* 44, a Bráulio de Saragoça).

A SANTIDADE HABITA O DESERTO 101

tensidade conforme esses fossem se aperfeiçoando na vida espiritual e disciplinar, abrindo assim caminho para uma vivência monástica mais próxima do eremitismo. Assim, a vida cenobítica não se realizaria para um fim em si mesma, mas como um estado inicial e necessário, porém não ideal e definitivo para esses monges. Forma de vida monástica similar, conforme já apontamos com anterioridade, encontramos na Palestina da segunda metade do século IV, em que os cenóbios se encontravam edificados próximos às lauras, e tinham por função quase exclusiva educar os futuros solitários para a vida anacorética que se desenvolveria efetivamente nessas habitações solitárias, embora ainda estivessem submetidos a uma vida mais ou menos regulamentada e a um superior.[40]

Dessa maneira, uma cuidadosa leitura dessa regra nos permitirá perceber que a vida mais caracteristicamente comunitária estava reservada aos monges jovens, os *Iuniores*, pois esses viviam em decanias, em habitações coletivas, e sob a constante direção de decanos que os guiavam e os instruíam tanto no trabalho quanto nos exercícios da ascese: "Os jovens por sua parte, estando em presença de seus decanos, deverão dedicar-se à leitura ou à oração; e nenhum jovem se retire da reunião ou vá ao lugar de outro decano sem autorização de seu decano" (*VF*, 4).

Outros monges, a que a regra já os designa por *Fratres*, possuíam ainda uma relativa vida comunitária, pois estariam obrigados à oração comum, ou seja, aos ofícios, assim como ao trabalho comum no campo, ainda que de parca duração e somente nos meses de primavera e verão. Contudo, esses teriam por estado normal e ideal a permanência em suas celas individuais ocupados na leitura ou na contemplação, ou ainda praticando algum trabalho manual, quando não chamados para a oração, ou o trabalho comunitário em outro lugar.

Quando os monges se encontrarem livres do trabalho, nenhum pretenderá mover-se de seu posto anterior sem permissão de seu decano ou prepósito, nem se entregar a conversas, nem praticar idas

---

40 Sobre o monacato palestino, ver Colombás (1974, p.154-8) e Simón Palmer (1993).

102    RONALDO AMARAL

e vindas inquietas e ociosas, senão há que estar-se em sua residência dedicado ao trabalho manual ou a leitura, ou bem entregado a contemplação da oração.... (Frutuoso, s. d., *Regula monachorum* 6)

Vê-se aqui que a cela individual e a permanência em seu interior como estado normal e ideal acarretam uma forte tendência ao anacoretismo em detrimento da vida efetivamente comunitária dos *Iuniores*. O mais característico e demonstrativo dessa transição da vida cenobítica à anacorética, nas linhas da *Regula monachorum*, contudo, se encontrará em seu capítulo IV, intitulado "Do Trabalho", ao qual já aludimos antes ao tratar do estado dos jovens. Nesse capítulo se descreve e se estabelece como deveria ser o cotidiano do monge: os horários reservados para o trabalho comunitário, sua natureza de acordo com as estações do ano, as horas reservadas às celebrações dos ofícios, sua refeição frugal e única, e àquele concernente ao descanso. Todavia, falara-nos de monges que não tomariam parte desse esquema regularmente estabelecido, pois, por possuírem "idade perfeita e consciência pura", residiriam no segredo de suas celas, ou seja, viveriam aí reclusos, não participando assim das atividades comunitárias diárias, nem mesmo, conforme nos parece, das celebrações dos ofícios, reservada a todos, e realizadas em horas distintas e com intervalos.

Aqueles, porém, que residem no segredo de suas celas por possuírem idade perfeita e consciência pura, meditem a palavra do Senhor ou ocupem-se em algum trabalho, que lhes tenha sido determinado, dentro da cela... (ibidem, 4)[41]

---

41  Há que anotar aqui, contudo, que nossa tradução desse fragmento citado diverge daquela em língua espanhola realizada por J. Ruiz e I. Melia, pois alguns termos que encerram várias possibilidade de interpretações pareceram-nos figurar na tradução desses autores com um sentido bastante impreciso em relação àqueles que consideraríamos mais coerente, tendo em vista todo o contexto do parágrafo e mesmo do capítulo. Dessa forma, tomamos por bem transcrever a referida passagem em seu original latino: "*Sin autem, residentes taciti per cellulas suas hi quorum iam aetas perfecta est et conscientia pura meditentur eloquia domini uel opus quodlibet intra cellulam iniunctum exercentes*".

A SANTIDADE HABITA O DESERTO    103

Esse trecho citado nos demonstra, e com alguma clareza, o estado de reclusão em que viveriam esses monges de "idade perfeita e consciência pura", ao afirmá-los, diferentemente dos demais, residindo no segredo (*taciti*) de suas celas com suas ocupações ascéticas e laborais. Mário Martins (1950a, p.401), de acordo com nossa interpretação, e baseado sobretudo na edição e tradução de Antonio Caetano do Amaral (1805), entendera e traduzira literalmente essa passagem como enunciadora da existência de monges reclusos, entre aqueles que possuíam uma vida comunitária e regular. Antonio Linage Conde (1967, p.144), por sua vez, em artigo já citado neste trabalho, diverge de nossa opinião, pois para esse historiador todos os monges estavam obrigados ao trabalho e à oração comunitária. Entretanto, ele não explorara especificamente essa passagem que ora registramos, como o fez Mário Martins, e que consideramos crucial e única para a defesa desta nossa constatação.

Há que precisar aqui, ainda, que esses monges caracteristicamente reclusos, ao se encontrarem à margem da vida regular e gozarem de uma liberdade e uma autoridade igual ou mesmo superior ao abade e outras autoridades regularmente estabelecidas para o mosteiro,[42] ainda que esta última inscrita em situações e costumes próprios e bem

---

42 A *Regula Monachorum* dispensaria aos monges anciãos uma autoridade e importância que relativizariam as autoridades oficiais e tradicionalmente por ela estabelecidas, como os decanos, os prepósitos e o próprio abade. Os anciãos são aqui tidos como autoridades por seus conselhos e exemplos aos mais jovens, e até mesmo ao abade, pois Frutuoso chega mesmo a ordenar que este último consulte estes "monges mais espirituais" diante de dificuldades e novas incidências (cf. cap.23). Tal singularidade respeitante à autoridade dos anciãos já fora percebida por Linage Conde que, contudo, só evidenciou a necessidade de um estudo que está para se fazer. Entretanto, temos percebido que essa prática da "autoridade do serviço", ou seja, daquela que se utiliza dos exemplos e conselhos dos mais experimentados para instruir, sem impor aos demais uma conduta normativamente estabelecida e codificada, seria própria das primeiras comunidades monásticas, onde a regra e a pessoa do abade, como um intérprete e impositor da primeira, não existia, ou simplesmente não gozava do *status* das comunidades cenobíticas posteriores. Concluímos que Frutuoso volta a mesclar, aqui, concepções e práticas distintas, em razão de seu afã de conciliar uma vida cenobítica que se faz necessária, com aquela que lhe apraz, a das comunidades monásticas de cunho eminentemente anacorético.

# 104 RONALDO AMARAL

precisos, se autorregeriam na vida monástica, pois já experimentados e amadurecidos pela ascese da vida comunitária e, portanto, detentores das virtudes dessa oriunda, estariam habilitados ao estado anacorético e contemplativo, realizáveis por meio da reclusão em suas celas.[43]

O trabalho manual, segundo a regra, fora a única forma de trabalho reservada a esses "monges mais espirituais", pois seria o único possível e recomendável ao anacoreta, já que, sendo a principal preocupação de todo solitário a vida contemplativa, o trabalho deveria ser realizado de forma que não viesse a prejudicá-la, pelo contrário, deveria ajudá-lo na oração, porque o poderia realizar simultaneamente a essa, e ainda mesmo a auxiliá-la, uma vez que evitaria que se distraísse com outros pensamentos e preocupações, ou que se entregasse ao sono, durante as vigílias. Essa forma de trabalho era característica entre os anacoretas egípcios, como nos informaram inúmeras fontes da época.

Essa observação última sobre esses "monges mais espirituais" remete-nos ao capítulo II do livro III das Instituições de João Cassiano, em que esse nos chamara a atenção para a austeridade ascética e a proeminência do estado anacorético dos monges egípcios em relação aos demais monges, mesmo os orientais. Vemos, assim, que o modo de vida desses monges egípcios parecera corresponder com bastante exatidão a esses reclusos da regra de Frutuoso.

No primeiro capítulo dessa regra, "Das Orações", e em alguns outros momentos, muito mais dispersos e sucintos, estabelecera-se que todo monge deveria ter por ocupação primordial a oração. Essa deveria ser contínua e ininterrupta, de modo que o monge não se encontrasse ocioso um só momento, pois deveria se ocupar com orações mentais e particulares, mesmo entre os ofícios, cujos interstícios seriam totalmente ocupados com a meditação, a contemplação, e demais formas de oração (Frutuoso, s. d., *Regula monachorum* 1).

---

43 Situação análoga encontramos no cenobitismo pacominiano que, segundo Paládio (1991, cap.32) em sua *Historia lausíaca*, possuía um estado de vida monástica reservados aos "perfeitos" independente da regra, pois cada um dentro de sua cela consagrava sua vida inteira a contemplação de Deus.

A SANTIDADE HABITA O DESERTO    105

Mesmo quando ocupados no trabalho comum, lhes seria vetada qualquer relação comunitária, qualquer comunicação com outrem, pois seria igualmente necessário que estivessem ocupados com orações introspectas e particulares (ibidem, 4) Durante a noite ainda, as horas de sono seriam reduzidíssimas, pois teriam que estar em vigílias, dedicados a orações e recitações de salmos e outros meios de ascese pessoal (ibidem, 16).

De tudo isso, depreende-se que a *Regula monachorum* reforça o caráter eremítico na vivência desses monges, na medida em que lhes cria como que um deserto particular, uma vez que, mesmo vivendo em comunidade, e estando na presença de outros irmãos, como quando no trabalho comum, encontrar-se-iam continuamente voltados para si, instrospectos, tendo por preocupação única e fundamental sua edificação espiritual individual. Observamos, desse modo, que essa atitude dos monges de Frutuoso ante o exercício da oração minimizava de forma drástica, ou mesmo anulava quase totalmente, suas relações comunitárias, criando assim esse "deserto" pessoal. Observação análoga a esse respeito, ainda que sucinta e marginal, portanto mais provocativa que conclusiva, já a fizera Antonio Linage Conde (1967, p.137).

Desse modo e tendo em vista tudo o que colocamos anteriormente a respeito da *Regula monachorum* de Frutuoso, e mesmo o que ainda está por se acrescentar, teremos aqui que discordar de Antonio Linage Conde que, ao analisá-la, na medida em que a comparava a outras regras monásticas, entre elas a de Isidoro, Bento e as instituições de Cassiano, atentara tão somente para uma certa "aportación" eremítica no seu cenobitismo (ibidem). Vimos por nossa parte que tal apelação à vida eremítica não só se constituía em uma simples contribuição ao seu cenobitismo, como quisera esse historiador, mas se fazia seu traço mais fundamental e característico, a ponto de podermos afirmar com alguma segurança que essa regra fora pensada e constituída essencialmente para a promoção da vida anacorética em meio cenobítico.

À *Regula monachorum* vêm somar-se ainda dados relativos ao aspecto físico e arquitetônico do mosteiro de Compludo, o primeiro dos fundados por Frutuoso, e para o qual ainda fora confeccionada essa regra. Esses dados, conforme procuramos demonstrar, nos

106  RONALDO AMARAL

confirmam e nos ajudam a visualizar o lugar e a importância dada a vida anacorética nessa fundação.

Assim, conforme nos dera a entender essa regra, e acreditamos ter exposto antes com alguma clareza, havia uma diferença fundamental entre o estilo de vida reservado aos monges mais jovens e aquele reservado aos monges mais maduros, isso tanto em relação à sua idade biológica quanto ao seu tempo de vida monástica. Reservava-se para os primeiros uma vida comunitária e regular, enquanto para os segundos, uma vida cada vez mais individualizada e independente. Essa ordem nos parece ser confirmada e visualizada agora, por meio da arquitetura desse mosteiro, a nós legada pela arqueologia que trouxera à tona dados bastante reveladores para essa nossa abordagem. Segundo o historiador Francisco Gomes Manjarim (1968), foram realizadas escavações arqueológicas no sítio onde se encontrava o mosteiro de Compludo. Ainda que pouco se tivesse resgatado, descobriram-se, entre outros achados, as estruturas de pedra de celas individuais espalhadas pelo terreno, o qual fora anteriormente considerado o vale do mosteiro. Além disso, descobriu-se um conjunto de edifícios de maiores proporções agregados à Igreja. Esses talvez se constituíssem nas decanias reservadas aos jovens e descritas pela regra. Essas informações nos demonstram, claramente, a existência de celas individuais e apartadas, ou seja, típicas moradas anacoréticas.

Vemos, desse modo, que, contrariando a tendência ocidentalizante do monacato peninsular dessa sua época, o de estreita vida comunitária e abolição dos rigorismos ascéticos, Frutuoso priorizará em sua organização monástica, por meio sobretudo de sua *Regula monachorum*, o ideal do primitivo monacato oriental, em que, entre outras características, a vida cenobítica não possuía um fim em si mesma, pois se constituía tão somente no meio pelo qual se atingia o verdadeiro fim da vida monástica: a vida anacorética.[44]

---

44 A esse respeito dedicamos um artigo na *Revista de Teologia de Braga*, em que defendemos, e pelo que nos parece pela primeira vez, a ideia de que o eremitismo constituía-se na característica mais eminente do monacato de Frutuoso, e mesmo na razão primeira e maior de ser de seu cenobitismo (Amaral, 2003).

A SANTIDADE HABITA O DESERTO    107

A *Regula communis*, cujas autoria e função específica já foram por nós discutidas no item precedente, encontra certa dificuldade em ser considerada como uma típica *Regula monachorum*,[45] pois não se constituíra em uma legislação monasterial, intraclaustro, mas intermonasterial, e tanto por sua gênese como pelo seu conteúdo doutrinal (Linage Conde, 1986, p.239). Dessa forma, sua utilidade para nosso intento faz-se restrita, uma vez que, não nos informando sobre o estado disciplinar dos monges no interior de seus mosteiros, não nos dará lugar para se aperceber, por exemplo, da existência do estado anacorético, suas características e formas, tal como vimos na regra de Frutuoso, ou ao menos, de seu juízo por parte do legislador, ao proibi-lo ou ao realizar sobre esse qualquer gênero de considerações, como vimos em Leandro e Isidoro.

A *Regula communis* nos trará, todavia, uma pertinente informação para nossa abordagem acerca do gênero solitário e sua implicação a vida cenobítica. Embora essa legislação omita toda e qualquer consideração de juízo à vida anacorética, ela parece nos proporcionar, ainda que em suas entrelinhas, o testemunho da existência de anacoretas nos mosteiros da região da Galiza, a região mesma em que se encontrava parte das fundações de Frutuoso. Antonio Yepes (1959, p.168) já observara que seu capítulo 12°, "Em que dias devem reunir-se os Monges em Conferência", deixa entrever a existência de anacoretas entre os monges que viviam em comunidade e em decanias. Esse mesmo capítulo referido por Yepes encontra-se em nossa tradução sob o número 13°. Assim, julgamos necessário, tal como temos feito comumente, citar aqui o trecho específico desse capítulo que dera margem a essa conclusão de Yepes, e que neste momento também será a nossa – "Todos os decanos hão de serem prevenidos por seus prepósitos de que todos os monges, do menor ao maior, se reúnam em um mesmo lugar, no mosteiro, aos domingos..." (*Regula communis* 13).

---

45 Como já se anotou neste mesmo trabalho, essa fora certamente redigida por uma coletividade de pessoas, provavelmente abades dos mosteiros da Galiza, que a utilizariam posteriormente para impor uma observância una entre os mosteiros desta região peninsular.

108 RONALDO AMARAL

Corroborando e contribuindo para a tese de Yepes, anotemos em primeiro lugar que o designo e a distinção dos monges "*a minimo usque ad maximum*" denotariam, segundo nosso ponto de vista, uma diferenciação não só hierárquica, mas também de maior ou menor submissão desses à vida regular e às autoridades normativamente estabelecidas. Pode-se fazer aqui, por exemplo, um paralelo entre esses monges "*maximum*" com aqueles encontrados na *Regula monachorum* de Frutuoso.[46] que também designados como superiores aos demais, conforme se vê pelos títulos a eles atribuídos, "mais espirituais", "mais experimentados", "mais observantes",[47] e exatamente por sê-lo, possuíam um estado disciplinar e físico caracterizado por uma maior autoridade, liberdade e individualidade em relação aos demais. Desse modo, os monges de vida essencialmente anacorética, possivelmente existentes nessas comunidades monástica regidas pela *Regula communis*, seriam equivalentes àqueles encontrados na *Regula monachorum* de Frutuoso. E esses "*maximum*" que viveriam em celas individuais e não necessariamente agregadas ao edifício comum se uniriam aos "*minimo*", os que estavam compreendidos pelo cenóbio e sua estreita normativa em um mesmo lugar no mosteiro. Note-se assim a necessidade de se precisar que a conferência fosse realizada "*in monasterio uno loco congregentur*", o que deixa entrever a existência de monges vivendo fora do âmbito do edifício monasterial e em partes distintas. Podemos, portanto, mais do que acreditar na existência de decanias separadas, conjeturar a existência de ermitas e reclusórios nas cercanias dessas construções cenobíticas.

---

46 Como informou ainda, e entre outros, Justo Perez de Urbel (1984, nota 19, p.437), a *Regula Monachorum* de Frutuoso deve ter sido utilizada para disciplinar outras de suas fundações de cunho comunitário, além do mosteiro de Compludo, para o qual fora composta. E como é sabido, será exatamente nessa região em que se encontrava a vigência intermonasterial da *Regula Communis* que se encontrará a maioria das fundações frutuosianas, de onde se depreende que o regimento interno de muitas dessas fundações da Galiza deveriam observar a *Regula Monachorum* e, portanto, possuírem em seu interior este regime formador e detentor de anacoretas, conforme demonstramos, quando tratamos particularmente de Compludo.

47 Essas designações podem ser encontradas na *Regula Monachorum* de Frutuoso, cap.4, 12 e 2.

A SANTIDADE HABITA O DESERTO    109

Sem pretendermos dar por definitivo aquilo que foi tão somente um panorama mais geral, sempre e necessariamente circunscrito a algumas fontes selecionadas e a abordagens específicas dessas, mas que, contudo, nos aclararam uma situação documentalmente comprovada, e agora sistematizadas e explicitadas nestas páginas, anotemos que a vida eremítica, ou ao menos ideias e práticas próprias dessa, fora uma situação de fato na Hispânia desde sua época romana e cristã.

Na época visigoda, e mesmo sueva para a Galiza, essa se fizera mais presente e mais bem definida, conforme nos provaria a documentação, em meio à qual as hagiografias, as legislações conciliares e as diversas traduções de textos relativos ao monacato oriental, servíveis à organização da vida monástica do local. Sua presença na Espanha sueva e visigoda se caracterizaria e se intensificaria assim pela influência da tradição monástica oriental, e não só por meio dos documentos relativos àquela, mas por práticas similares. O monacato da Galiza nos parecera ser a evidência mais preeminente desse influxo, pois assim nos revelaria aquela vida monástica promovida, nessa mesma região, por Martinho de Braga e, posteriormente, de certa forma como seu legado, a de Frutuoso, ambos fielmente arraigados, de uma ou outra maneira, à tradição oriental dos padres do deserto. Todavia e fundamentalmente a partir do século VII, ela perderá suas características mais singulares e mesmo será ameaçada de extinguir-se, primeiramente pelo cerceamento e submissão à Igreja e, posteriormente, pela organização cenobítica institucionalizada e normatizada, fortemente dirigida e influenciada pela primeira. Esse quadro e situação da vida anacorética diante da Igreja fora visto e aclarado aqui, especialmente, por meio dos concílios e seus cânones, ao passo que, por parte da organização cenobítica, a vimos por meio das regras de Leandro e Isidoro de Sevilha. Frutuoso, por sua vez, claramente condizente com o ideal demonstrado em sua *Vita*, irá fazer de sua organização cenobítica, por meio sobretudo de sua *Regula monachorum*, um lugar propício e fundamentalmente constituído para o desenvolvimento e a efetivação da vida solitária, não deixando, contudo, de desconsiderar as normas e disposições da organização

110 RONALDO AMARAL

eclesiástica,[48] uma vez que seu anacoretismo vigeria somente e após uma vida mais estreitamente comunitária e disciplinada, assim como no interior e sob a jurisdição do mosteiro.

Será esse o contexto da concepção e gênese da *VF*, que ao propagandear e exaltar a vida eremítica por meio de seu protagonista se esforçava por defender e fazer perseverar esse gênero monástico ameaçado e perseguido, especialmente ao identificá-lo com o respeitável e aceito modelo oriental, exatamente o mesmo que aborda e demonstra com veemência e panegírico, na medida em que identificaria Frutuoso, seus méritos e condutas, aos antigos padres da Tebaida.

Os capítulos seguintes, partindo sobretudo da *VF*, buscam aclarar a presença dessa vida eremítica na Hispânia visigoda e em sua região Noroeste particularmente, onde se desenvolveria a prática monástica de Frutuoso e a literária de seu hagiógrafo. Assim, tendo em mente essa *Vita* e o lugar dispensado por ela ao anacoretismo, intentamos sublinhar e aclarar, entre outras questões, em que medida teria razão o hagiógrafo de Frutuoso em grafá-lo como um anacoreta, senão precisamente ideal, de vivenciada experiência? Quanto à sua representação ideal, ou seja, eminentemente hagiográfica, de que lugares e de que formas lançaria mão o autor dessa hagiografia daqueles solitários anteriores, de sua espiritualidade, seus modelos, exemplos e circunstâncias, para a edificação do seu representante para a Hispânia?

O que haveria de apropriações hagiográficas e de imaginário, assim como de circunstâncias mais imediatas a realidade histórica da *VF*; qual o ponto de convergência dessas ocorrências, o mesmo que comporia e especificaria esse texto? Quanto à prática monástica no seu âmbito mais concretamente histórico do que hagiográfico, quais seriam as circunstâncias que a propiciariam e, além disso, quais seriam suas implicações, seus influxos e seus legados, especialmente para a vida social e religiosa dessa época e lugar? Qual, enfim, e dentro da realidade hagiográfica sobretudo, os lugares e as funções do imaginário, das estruturas mentais e religiosas, buscadas, processadas e transmitidas por essa hagiografia?

---

48 Veja-se fundamentalmente o cânone 5 do VII Concílio de Toledo.

# 2
# O IDEAL EREMÍTICO: APROPRIAÇÕES HAGIOGRÁFICAS E IMPLICAÇÃO HISTÓRICA

## O ideal anacorético: fontes e modelos para a *Vita Sancti Fructuosi*

Ainda que, nos demais capítulos que se seguem, tenhamos por problemática central a questão do monaquismo oriental na *Vita Sancti Fructuosi* e, por que não afirmá-lo, na conduta mesmo de seu hagiografado, quando munidos de outras fontes denotadoras dessa constatação, tomamos por bem reservarmos algumas linhas para tratar especificamente da hagiografia monástica oriental e algumas circunstâncias desse monaquismo em seus primórdios, pois, dado seu lugar de primeira e maior importância neste estudo, cobrará a necessidade de melhor entendê-lo e conhecê-lo. Assim, e ainda que não nos detenhamos por ora a estrita época e contexto de nossa hagiografia, deverá tratar-se de uma realidade e especialmente de uma tradição cujas importância e recorrência serão tão relevantes para *VF* quanto suas estrutura mais imediatas e locais, pois nos apresenta uma estrutura mental que fundamenta, embasa e modela nossa hagiografia, uma vez que foram essas apropriadas por seu autor, e muitas vezes, de alguma forma, exercitadas efetivamente por nosso próprio hagiografado. Ocupa um lugar preeminente nessa tradição e herança a Sagrada Escritura.

# 112  RONALDO AMARAL

A Bíblia pode ser considerada, ao mesmo tempo, e como estaremos demonstrando nas páginas seguintes, fonte e modelo para o surgimento e efetivação do modo de viver e conceber a realidade para os primeiros monges. A apreensão literal e radical do texto bíblico, entre outras circunstâncias, fundará, segundo a tradição monástica primitiva, esse fenômeno religioso cristão, como poderemos averiguar mais adiante quando tratarmos da *Vita Antonii*,[1] e mesmo no decorrer de todo este capítulo, na medida em que estaremos elucidando essa apreensão, tanto para as atitudes e realidades de Frutuoso e sua *Vita* como para outras fontes que aqui se utilizam, em sua maioria de natureza igualmente hagiográfica.

Conclui-se, portanto, que, se a Bíblia é a fonte primeira da vida monástica, ela o é porque nos apresenta um modelo de igual envergadura: Jesus Cristo. Sem nos atermos demasiadamente ao texto bíblico, embora fosse em grande medida necessário, pois os próprios monges afirmaram possuir por modelos outros muitos personagens desse mesmo texto, especialmente entre os veterotestamentários, centremo-nos na figura de Cristo. A respeito da proeminência da figura de Cristo como modelo para o monge afirma Garcia Colombás (1974, v.1, p.28): "mas o monacato cristão surge da doutrina e do exemplo de Cristo, quem não só formulou os princípios fundamentais da espiritualidade monástica, senão que os colocou em prática".

Assim, a vida monástica será, antes de tudo, a realização dos conselhos evangélicos, e o seu protagonista, a sua imitação, o ideal a ser perseguido. Como o farão os primeiros monges, Jesus se retirara ao deserto para um contato mais íntimo com Deus "Pai", e aí lutara com o demônio (Mt. 4,1-11; Mc. 1,12-13; Lc. 4, 1-13). Buscara a solidão e um lugar elevado, um monte, para contemplar ao Pai (Mt. 14,23; Lc. 22,39). Despojara-se e se fizera pobre (Mt. 8,20).

---

1 A edição por nós utilizada demonstra claramente em suas notas que a *Vita* de Antão teria como fonte principal a Bíblia, pois o seu uso é recorrentíssimo e fundamentaria quase todas as suas condutas. Assim, muitas de suas atitudes e falas atribuídas por Atanásio serão naturais do Evangelho, sendo ainda muitas vezes transcritas literalmente (Atanásio de Alexandria, 1988). Todas as demais referências a *Vita Antonii* deverão ser remetidas a essa edição.

A SANTIDADE HABITA O DESERTO  **113**

Isso posto, e uma vez que Cristo será o protótipo de todo monge, o evangelho o será de toda hagiografia posterior, ainda que legado a algumas dessas por meio da tradição dos padres, porque já contido em hagiografias precedentes que influenciarão àquelas confeccionadas posteriormente. Para citar um exemplo concreto, tenhamos em mente nossa fonte, a *VF*, que apesar de não conter nenhuma referência direta e explícita ao texto bíblico, o conhece e o emprega em grande medida, já que se utiliza de hagiografias anteriores, ou seja, do texto bíblico aplicado e adaptado as *Vitas* de outros e anteriores eremitas.

As primeiras hagiografias de eremitas constituirão, por sua vez, uma segunda categoria de fontes para o surgimento de novas manifestações dessa natureza, ainda que muitas vezes tão somente literais. É a autoridade e a força de verdade do antigo que justificará o novo, que terá sempre o anterior por modelo e prova de veracidade, pois o novo texto narrará um acontecimento já realizado e aceito, podendo ainda superar aquele pelo acréscimo de maiores virtudes e milagres. Esta última característica encontra-se literalmente explicitada nos *Diálogos* de Sulpício Severo (1987a, p.189-242), sendo até mesmo sua razão de ser, conforme expusemos na introdução.

Assim, e obrigados a um recorte, elegemos tratar rapidamente de duas hagiografias de eremitas: A *Vita Antonii*, e a *Vita Paulii* (Jerônimo, 2002a) Poderíamos, no entanto, citar tantas outras fontes, as quais já pontuamos em nossa introdução, contudo não o faremos aqui, pois embora se constituam igualmente em modelos para o ideal solitário e ascético de Frutuoso, o foram de igual forma à *VF*, também resultado de apropriações daquelas primeiras *Vitas* orientais, ou ainda, as hagiografias escritas por Atanásio e são Jerônimo, entre outras. Desse modo, mais do que um estudo de maior abrangência, tornar-se-ia uma análise, de alguma forma, redundante.

A razão pela qual a *Vita Antonii* gozará de um lugar privilegiado em nossa exposição acreditamos já precisada devidamente na introdução. Vamos aqui cuidar especificamente de enfocá-la em seu conteúdo mesmo.

A *Vita Antonii*, escrita por volta dos anos 357, por Atanásio (295?-373), patriarca de Alexandria desde 328, constitui-se em um texto

# 114 RONALDO AMARAL

cuja complexidade, tanto linguística como teológica, nos impõe serias restrições para sua abordagem. Mas o que nos interessará aqui será apresentar um esboço da intenção de sua escrita. Como já colocamos anteriormente, e se constitui em um lugar consensual para a historiografia, a *Vita Antonii* será a primeira e mais importante hagiografia a relatar e teorizar sobre a vida eremítica, constituindo-se, assim, na fonte de onde beberam praticamente todos os hagiógrafos posteriores que cuidaram de relatar seus anacoretas. Dessa forma, a *Vita* desse anacoreta copto, mais do que apresentá-lo em sua existência estritamente histórica, terá por preocupação constituir-se em um manual, um guia para a vida eremítica. Nesse sentido, há que dar novamente a palavra a Colombás (1974, v.1, p.56): "Os monges possuem desde a publicação da *Vita Antonii*, além de uma defesa e justificação de seu estilo de vida, um programa e um exemplo, uma teoria e uma prática, que milhares deles se esforçaram em cumprir e imitar".

Assim, e seguindo as observações desse mesmo autor em uma de suas obras mais recentes (Colombás, 2001), a *Vita Antonii* deverá se constituir antes de tudo em um itinerário e uma doutrina para praticamente todos os anacoretas posteriores ou, pelo menos, para eles serem atribuídos, tal qual acontecera ao próprio Antão, ou mais precisamente à sua *Vita* a partir do texto evangélico.[2]

Poderá se averiguar no decorrer de nossa exposição a respeito da *VF*, tendo em mente o itinerário monástico observado por Garcia Colombás, a sua assertiva. A chamada divina para a vida no deserto, com o imediato desprendimento dos bens; a consciência da necessidade de educar-se ante um monge ancião e experimentado; o adentramento contínuo e cada vez mais estrito ao deserto e a sua solidão; a luta contra o diabo e a paternidade espiritual, entre outros, encontram-se na *Vita Antonii*, assim como se encontrará, reservadas

---

2 Um ressoante exemplo do que afirmara Colombás encontramos, por exemplo, na leitura das Confissões de Agostinho de Hipona (1955, t.2, *Confissões* 8,6). O bispo dessa localidade nos narrara como a leitura dessa hagiografia teria convertido imediata e convictamente à vida ascética e solitária dois altos funcionários imperiais, assim como o haveria impressionado significativamente, corroborando sua própria conversão.

A SANTIDADE HABITA O DESERTO    115

suas especificidades, na *VF*, e em tantas outras *Vitas* anacoréticas desses primeiros séculos.

Quanto à doutrina atribuída a Antão – práticas ascéticas, tentações demoníacas, aquisição das virtudes, poderes taumatúrgicos –, será essa a clássica de toda tradição monástica e, consequentemente, a mesma atribuída ao nosso hagiografado visigodo.

Dessa forma, a realidade mental – que, como sabemos, não se contrapõe grandemente com a realidade material, do cotidiano, pois chega mesmo a originá-la, na medida em que se constituirá muitas vezes, e de algum modo, a partir da primeira (Le Goff, s. d.) –, vivenciada pelo hagiógrafo de Frutuoso, e insistimos, pelo próprio hagiografado, e pelo menos nesse âmbito monástico, será aquela não precisamente de seu tempo e de seu lugar, pois a demonologia, as circunstâncias da busca e vivência do deserto, entre outras ocorrências que encontramos nessa *Vita*, seriam sobretudo próprias e fundamentadas a partir da realidade e experiência do monge oriental, particularmente os dos séculos IV e V, embora encontremos particularidades inerentes à realidade e à experiência ocidental, à época e ao contexto em que vivera Frutuoso. Assim, estudar e compreender aquela experiência anterior e sua época, reservadas algumas adaptações e naturalizações espaço-temporais ao Ocidente e à Hispânia de Frutuoso, tem-se constituído perfeitamente relevante e necessário para compreendermos o ideal da *VF*. Ver-se-á, por exemplo, que as representações, formas e manifestações demoníacas encontradas na *VF* estão mais em sintonia com os demônios dos padres do deserto, do que com aqueles apresentados um século antes por Martinho de Braga nessa mesma região peninsular.[3]

Uma segunda hagiografia que não podemos deixar de citar é a *Vita Paulii* de são Jerônimo, cuja utilização textual pelo autor da *VF* (p.28) já fora percebida e demonstrada por Manuel C. Díaz y Díaz.

A *Vida de Paulo, primeiro eremita*, escrita por volta de 374-379, apesar de muito dever à história por seu influxo posterior, apresenta-

---

3 Estamos nos referindo ao *De Correctione Rusticorum*, cuja edição é a revisada e traduzida por Rosario Jove Clols. Sermon contra las superticiones rurales (Martinho de Braga, 1981).

# 116 RONALDO AMARAL

se faltosa com aquela de seu contexto mais imediato e factual. Sua função última e maior parece ser rivalizar com a *Vita Antonii*, apresentando Paulo – o primeiro eremita, como o "verdadeiro" precursor dessa prática, pois teria se retirado ao ermo antes de Antão e aí o excederia em virtudes. E, como muito bem observou Jacques Lacarrière (1996, p.72), a *Vita Paulii* só faria retomar a vida e a ascese encontráveis na *Vita* de Antão, o que denota mais uma vez a função preeminente da hagiografia nesses primeiros séculos – edificar pelos exemplos retomados e apropriados de personagens anteriores que, se não imitados efetivamente pelo hagiografado, serão quase sempre a ele atribuídos por seu hagiógrafo, no intuito de equipará-lo ou mesmo elevá-lo pela superação daquele modelo anterior. A respeito da natureza eminentemente, senão totalmente fabulosa da *Vita Paulii*, escreve Jacques Lacarrière:

> Aliás, este não é o problema. Digamos mesmo que a ausência de toda realidade histórica torna ainda mais apaixonante a empresa de são Jerônimo, pois assim podemos pegar pela raiz a gênese de um mito e de um santo ideal. A fabulação criadora se exprime ali em estado puro, e podemos, com toda justiça, considerar a vida de Paulo de Tebas como o modelo mais teórico, mas também o mais perfeito, de uma vida de santo do deserto... (ibidem, p.72)

Pode-se averiguar uma vez mais a complexidade do texto hagiográfico e do seu uso no campo da história, uma vez que, retomando nossa problemática nuclear, podemos vislumbrar que a "realidade" fictícia da *VF* é muito mais presente do que poderíamos pensar, pois, se o seu autor corrobora com uma figura fictícia de Frutuoso, na medida em que lhe atribui características e circunstâncias originalmente da *Vita Paulii*, o faz de dupla forma, pois o dado concreto desta última já é por si só fabuloso.

Para não nos estendermos mais na análise dessa literatura hagiográfica oriental, acrescentemos somente que será pelo seu substancial conhecimento que poderemos selecionar o factualmente histórico do histórico maravilhoso em nossa hagiografia visigótica, embora a

A SANTIDADE HABITA O DESERTO    117

prática anacorética e muito de suas circunstâncias, por mais mítica ou excêntrica que nos possa parecer na atualidade, e por isso ainda duvidosa e ininteligível em muitos de seus aspectos, tivesse sido indubitavelmente uma realidade prática e de fato entre e para esses radicais cristãos dos primeiros séculos.

A prática anacorética ou ainda o monacato mais característico desses primeiros tempos cristãos nos introduz em uma realidade em que o mental se mistura com o "real", a ponto de a separação e a distinção de ambos ser mesmo impraticável, empobrecedora e inviável. Dessa forma, deve-se antes de tudo tentar compreender e apreender aquela realidade, mergulhar no universo desses ascetas, tentando vislumbrar a suas concepções de mundo, do real, do verdadeiro, do efetivamente relevante e vivenciável, e sobretudo os porquês de suas atitudes e ideais, que certamente condizem muito pouco com nossa época e sua compreensão.

Entre essas atitudes e ideais, e pela necessidade premente de discuti-la ante as demais, caber-nos-ia perguntar sobre as razões e as causas do surgimento da *fuga mundi*, da anacorese, nesses primeiros séculos do cristianismo. O que levaria esses homens a retirarem-se para o deserto, desprover-se do século, e muitas vezes de si mesmos pelas austeridades ascéticas que se impunham? Para além das razões religiosas, assentadas nas estruturas mentais, haveria outras, como as surgidas das vicissitudes da vida material, do social, do econômico, do político?

Tais questões já foram colocadas para o fenômeno monástico primitivo de uma forma mais geral e principalmente para aquele surgido no Oriente. Há uma considerável bibliografia dedicada a elas e que demonstraram que as interrogações aqui colocadas possuem sua razão ser.[4]

---

4 Para citar apenas algumas obras, pode-se ver no que respeita às razões mais estritamente religiosas e de um ponto de vista sobretudo monástico a obra de Garcia Colombás (1974), particularmente o capítulo primeiro "Los orígenes del monacato cristiano", e ainda do mesmo autor, *La tradición benedictina* (Colombás, 2001), capítulo segundo. Da mesma forma, Spidlík (2004). O livro de Peter Brown (1972), "O fim do Mundo Clássico", que dispensa apresentações,

# 118 RONALDO AMARAL

## Algumas considerações sobre as estruturas materiais, mentais e religiosas propiciadoras da vida eremítica na Hispânia do século VII. Frutuoso e sua prematura vocação

Bem, se temos um fenômeno análogo na Espanha visigótica, como temos procurado demonstrar por meio da *VF*, as mesmas questões se impõem, não obstante, acrescidas de uma mais: até que ponto se efetivaram realmente tais atitudes na Espanha dessa época e sob o arbítrio de Frutuoso em particular, ou estamos tão somente defronte de um texto cuja característica mais relevante, segundo nosso ponto de vista, o ideal anacorético, não passara de uma apropriação literária hagiográfica, portanto de uma prática somente atribuída a esse santo? Se haveria efetivamente a vida eremítica praticada, e para além das incitações da literatura hagiográfica e monástica tão bem conhecida de Frutuoso e seu ambiente monástico, podemos contar com causas imediatas a realidade hispânica, sobretudo as de natureza material e mental, para o surgimento da prática anacorética?

Tais questões, no entanto, poderão ser respondidas, ainda que tão somente no campo das hipóteses e dentro do que nos poderão oferecer os autores e fontes até então consultados. Isso posto, será a partir do contexto político, econômico, social e religioso de nossa hagiografia, assim como e, especialmente, por meio de outros documentos mais ou menos contemporâneos a ela que nos informam igualmente sob seu hagiografado que poderemos lançar as considerações seguintes.

A prática anacorética fora certamente uma realidade de fato na Espanha tardo-antiga, sobretudo nos seus primeiros séculos, como

---

colabora grandemente em nos apresentar um panorama geral das mudanças ocorridas em quase todos os âmbitos da sociedade tardo-antiga, que em maior ou menor grau acabarão por corroborar o surgimento da *fuga mundi*. A primeira parte do livro, e mais precisamente o seu segundo capítulo, respeitará particularmente a nossa abordagem. Pode-se consultar, ainda, para se conhecer as mudanças ocorridas na sociedade da Antiguidade Tardia a partir do aparecimento do cristianismo, particularmente o monástico e ascético, o livro de José Maria Blásquez (1998).

A SANTIDADE HABITA O DESERTO    119

acreditamos ter evidenciado em nosso primeiro capítulo. Para o século VII, além da *VF*, contamos com os inúmeros escritos Valério do Bierzo (1942),[5] que também atestam a vigência dessa prática religiosa, especialmente em ambientes marcados pela presença de Frutuoso. Acrescentemos aqui, ainda, que encontramo-nos providos de outros documentos que, excetuando a *VF* e Valério do Bierzo, nos atestam e testemunham o estado eremítico de Frutuoso e o seu ambiente propício para o desenvolvimento desse, cuja utilização se realizará no decorrer de nossa abordagem.

Valério do Bierzo, discípulo indireto e grande admirador de Frutuoso, nos apresenta em inúmeras passagens de sua obra, e em mais de uma delas, as construções e os lugares geográficos caracteristicamente eremíticos fundados e ocupados por Frutuoso. Dessa forma, em *Ordo Querimoniae Prefatio Discriminis 7*, Valério do Bierzo (1942) nos descreve o *monasterium* de Rufiana ou são Pedro de Montes então habitado por ele, e que fora o mesmo que Frutuoso construíra para si, e que não passava de um habitáculo escavado na rocha, localizado no pico de uma alta montanha. Em outra parte, e obra distinta, nos testemunha mais uma das localidades solitárias de Frutuoso utilizada para a oração e encontrada no pico de uma rocha escarpada para o alto (ibidem, *Replicatio Sermonum a Prima Conversione 9*). Em *De Superioribus Querimoniis Residuum 1* (ibidem), volta a nos falar da habitação anacorética localizada no cume de um monte e ocupada por Frutuoso para orar.

O testemunho mais ressonante a esse respeito, entretanto, o qual já temos explorado, parece-nos ser o encontrado no *De Celeste Revelatione* (ibidem), em que Frutuoso seria louvado por Valério em razão de sua escolha pela vida própria do anacoreta. Apontando seu gosto pela solidão, suas estadas no ermo e em lugares humildes e montanhosos, assim como suas virtudes e realizações diversas, afirmara que facilmente lhe pudera igualar aos antigos padres da Tebaida, passagem análoga a encontrada na *VF* em seu capítulo introdutório.

---

5 Toda vez que nos referirmos a alguma produção de Valério estaremos nos referindo a essa edição citada.

120  RONALDO AMARAL

Outro documento, aliás, muito pouco ou quase nada explorado como fonte para o conhecimento do ambiente anacorético de Frutuoso constitui-se em sua correspondência com Bráulio de Saragoça (1975), que nos será frequentemente requerida por suas informações valiosas sobre a mentalidade e os hábitos de Frutuoso. A epístola de Bráulio enviada a Frutuoso, em resposta a uma anteriormente enviada por este, faz clara referência à profissão eremítica vivida por este e seus discípulos. Bráulio louva o seu estilo de vida, os "ócios santos", o desprezo pelas coisas do mundo. Em outra passagem, igualmente elogiando, faz direta referência à sua estada no deserto, na solidão, que agora se encontrava ocupada de *habitaculis*[6] e de monges reunidos por ele (ibidem, *Epístola* 44).

Por ora, nos bastarão essas rápidas referências à correspondência com Bráulio, uma vez que ela será explorada com maior acuidade em itens posteriores e que tratem especificamente do tema que cada um encerra.

Certamente, e apesar de ser um dos mais documentados, Frutuoso não se constituíra em um exemplo único do eremitismo visigodo. O florescimento desse modo de vida deveu ser ainda mais significativo entre as gentes humildes, como atestara, entre outros, sua própria *Vita*, quando nos informara sobre seus discípulos primeiros. E, ainda que não possuamos documentos que nos informem sobre a anacorese da grande maioria, ou seja, da parcela mais humilde da população, podemos, no entanto, conjeturar sobre as causas que os incitaram, e que por certo não somente se restringiram às vicissitudes do ambiente escatológico próprio desses primeiros séculos cristão e da busca da atualização de uma tradição monástica anterior. Assim, recorrendo a autores como José A. Garcia de Cortazar (1985) e Luis A. García Moreno (s. d.), entre outros, veremos que esses nos apresentam um

---

6 O termo utilizado por Bráulio para designar a morada de Frutuoso e de seus discípulos nos denuncia com clareza a natureza dessa sua fundação, constituída de inúmeras e pequenas habitações. Luis Riesgo Terrero, imprudentemente traduz o termo *habitaculis* por *cenobii*, os quais definitivamente não concordam com uma mesma natureza, pois ambos os termos designam lugares físicos e de disciplina distintos, como expusemos em nosso item quarto "A ermida: viver em segredo no pleno segredo do deserto", no capítulo deste mesmo número.

A SANTIDADE HABITA O DESERTO    **121**

quadro socioeconômico da Hispânia dos tempos de Frutuoso nada inibidor à adoção da *fuga mundi*, particularmente para essas pessoas menos favorecidas, ou seja, a maioria da população, constituída, não obstante, pelo campesinato.

Como nos escreve Garcia Cortazar (1985, p.16), as estruturas socioeconômicas vigentes nos séculos VI e VII, como a agricultura, o comércio e a indústria, se constituíam em uma prolongação direta dos últimos tempos do Império Romano, e assim "se inscrevem na decadência já apontada naquele desde meados do século III". Ante a debilitação do comércio e da indústria só se fazia significativa a agricultura, sendo essa ainda de tecnologia de baixo nível e rendimentos pouco suficientes. Somados a uma prática agrícola que atenderia basicamente às primeiras necessidades, acrescentam-se ainda os dados climatológicos, que junto a pestes e pragas só fariam acirrar um panorama de escassez alimentar e, consequentemente, uma baixa qualidade e expectativa de vida.

A Hispânia, no período que nos ocupa, tal como praticamente todo o ocidente tardo-antigo e alto medieval, assistira, no que respeita à sua principal atividade socioeconômica, um quadro pintado com as mais negras tintas. Luis Garcia Moreno (1986, p.171-87),[7] certamente o estudioso que mais se detivera na análise da economia hispânica em época romana e visigoda, nos demonstrara que sua principal atividade econômica, a agricultura, em especial a cerealística, que se constituía ainda em uma atividade de estrita subsistência, assistira a dificuldades tais, que não conseguiria, na maior parte das vezes, nem mesmo provir o campesinato do estritamente necessário. O período e a região em que encontramos Frutuoso se inserem, mesmo em épocas mais ou menos recuadas ou avançadas, nessa mesma realidade, ao ver de Garcia Moreno, tétrica e instável.

---

7 O presente trabalho de Garcia Moreno nos dá, além das informações factuais, a sensibilidade necessária para compreendermos uma situação de escassez e dificuldades que não só se circunscreviam às causas e consequências materiais, mas, e em decorrência dessas mesmas, à vida e às condições humanas, desprovidas, muitas vezes, mais do que de bens e alimentos, de uma existência digna e por vezes suportável.

122 RONALDO AMARAL

A agricultura pouquíssima rentável, e isso no que respeitaria a seus já parcos frutos, sempre deixara a desejar. Com uma técnica agrícola rudimentar que não permitia a exploração do solo em sua mais extensiva e intensiva capacidade de produção, aliada a uma terra pouca propícia a um cultivo mais rendoso, e à falta de mão de obra humana e da força de trabalho animal, a agricultura hispânica só poderia produzir menos graças às instabilidades climáticas, as epidemias e pestes frequentes nessa mesma época. O mesmo autor citado nos lembrara ainda que o regime alimentar, obedecendo a uma certa necessidade de dieta, por vezes em razão mesma de hábitos culturais, fazia que se cultivassem alguns cereais pouco propícios a um determinado tipo de solo. Haveria também que contar com propriedades de cultivos não próximas umas das outras, que junto à dificuldade de transporte e seu alto custo as obrigavam a uma policultura e, portanto, mais uma vez, a plantios pouco adequados a este ou aquele tipo de terra, o que redundava claramente em um baixo poder de cultivo. As mesmas sementes, provenientes de grãos de colheitas anteriores, poderiam se degenerar geneticamente e se encontrar em mal estado diante de inapropriados e ausentes sistemas de conservação, ficando ainda esses grãos à mercê de pragas que poderiam consumi-los ou de algum modo desprovê-los de sua capacidade germinativa (ibidem, p.172).

Haveremos que considerar agora, como motivo dos baixos rendimentos agrícolas, as pragas e as catástrofes naturais, cíclicas ou ocasionais. Dentre as incidências de caráter natural que viriam a prejudicar significativamente a atividade camponesa, contamos com as secas, muito frequentes, segundo a documentação hispânica pouco posterior ao século VI. Garcia Moreno nos recorda uma fonte hagiografia merovíngia do VII século, a *Vita Sancti Audoini*, que testemunhara uma seca de sete anos que assolou a Hispânia, causando fome e como consequência dessa uma epidemia de peste (ibidem, p.174). As *Vitas Sanctorum Patrum Emeritensium* (1956; 5, 14,2) nos testemunha igualmente frequentes secas na região de Mérida em princípios do século VII, quando à frente do episcopado dessa cidade encontrava-se Inocêncio. Essa mesma hagiografia também recordara a crescente do

## A SANTIDADE HABITA O DESERTO    123

Rio Guadiana, nessa mesma localidade, que não possuía seu nível elevado a pelo menos quinze anos, o que nos deixara entender um período relativamente grande de algum grau de seca (ibidem, 2,21).

A ocorrência de tais catástrofes naturais, como as secas, implicaria consequências muito graves para a produção agrária como: perda das colheitas, morte de animais e pessoas, além de sua perduração por anos seguintes, já que daquela colheita anterior dependiam os novos plantios, pois seus grãos seriam convertidos em sementes.

Se não bastassem as catástrofes naturais de razão climática, haveríamos de acrescer, e por vezes como consequência das primeiras, em particular das secas, outras como as pestes, dentre elas os gafanhotos, que segundo Garcia Moreno (1986, p.175) seriam um mal frequente para as colheitas da época.

Colheitas malogradas por razões climáticas extremas acompanhadas ainda por ataques de pragas levavam a uma situação de penúria que se estendia por mais de um ciclo de produção agrária, uma vez que as secas, por exemplo, seriam pertinazes, além de escassear ou desqualificar as sementes para as colheitas seguintes. Disso resultava uma má alimentação que facilmente se traduziria em fome e tornava o camponês mais suscetível às doenças endêmicas e epidêmicas. O século VII fora, segundo suas fontes mesmas, assolado por graves crises de fome. Valério do Bierzo (1942, *Ordo Querimoniae Prefatio Discrimines* 9) em sua "autobiografia" nos descreve vivamente as escassezes e penúrias vividas por ele e pelo campesinato de sua localidade. Para além de sua topografia montanhosa e clima próprio desse lugar que dificultavam o plantio e seus rendimentos, o Bierzo assistia a frequentes intempéries que prejudicariam sua agricultura. Valério nos fala assim da chuva de granizo que destruíra uma plantação, disseminado miséria e fome. O medo e a frequência do mau tempo fora tão grande que um discípulo seu, Saturnino, ao ver que seu plantio dava bons frutos, benzeu um ramo sob o altar e o comeu em meio ao campo como sinal de proteção. Nessa mesma ocasião, e diante do medo de todos ficarem sem alimentos em razão dessas possíveis intempéries, o plantio do sacerdote Saturnino fora invadido por um personagem que vorazmente comeu muitos dos frutos. No entanto, uma serpente,

124    RONALDO AMARAL

enviada pela providência de Deus, pois nunca mais se vira tal animal naquelas localidades, o picou fazendo vomitar tudo o que havia comido (ibidem, *Replicatio Sermonum a Prima Conversione* 11). Valério insiste em outras passagens de seu texto que vivia naquele lugar em constante pobreza e miséria pelos parcos e pobres frutos. Essa escassez econômica da maioria da população, ou seja, dos camponeses fragilizados pela má colheita, também estivera, por essas mesmas épocas, testemunhada por Bráulio de Saragoça (1978) na *Vita Aemiliani* (20,27). A hagiografia produzida por Bráulio nos informara de um tropel de mendigos que acorriam a Emiliano para pedir-lhe as esmolas costumeiras. Estaríamos talvez diante de camponeses minguados pela fome, transformados em miseráveis mendigos, e cuja situação seria bastante natural, pois solicitavam ao santo a "esmola costumeira". As *Vitas Sanctorum Patrum Emeritensium* (1956) nos testemunhara, por sua vez, que nos últimos decênios do século VI a Lusitânia se vira prejudicada por doenças, pestes e escassez de comida, ocasião essa em que por interseção da santa virgem Eulália seria o povo provido de saúde e muita abundância. Bráulio de Saragoça (1975, *Epístola*, 3,5) novamente, em correspondência a Isidoro de Sevilha, nos informaria da frequente fome que atingia a Hispânia do século VII.

Tal fora, em maior ou menos grau, a situação daquele campesinato que Frutuoso conhecera e, humana ou sobrenaturalmente, o auxiliara. No caso primeiro, deve ter-lhe auxiliado na medida em que o acolhera em suas fundações e aí ajudara a desenvolver uma agricultura, senão tão rendosa como qualquer outra, ao menos desprovida de encargos e mais generosa em extensão de terras e qualidade dessas, pois, por exemplo, seu próprio patrimônio, que se convertera no mosteiro de Complado, deveria assistir a uma qualidade melhor para o cultivo já que provinha de uma possessão nobiliárquica, portanto provida de melhores solos e meios para o cultivo destes. Quanto ao auxílio sobrenatural aos camponeses, e a seu único meio de sobrevivência, a agricultura, temos na *VF* (5, nota 3), em uma de suas versões, a do chamado códice O, o relato de uma intensa estiagem que abrasava a terra e causava uma forte e crescente indignação por parte da população. Ante as dificuldades causadas

A SANTIDADE HABITA O DESERTO    125

por essa, Frutuoso, que fora demonstrado por esse trecho debilitado pelas mortificações, interviria orientando seus monges para práticas de piedade, no intuito de serem beneficiados por Deus. Todavia, os monges, não obtendo sucesso, necessitariam da intervenção direta do santo que alcançará imediatamente o favor de Deus com uma imediata e torrencial chuva.

Este último episódio nos elucida ricamente duas questões que nos são muito relevantes. Em primeiro lugar, o testemunho, ainda que envolto no maravilhoso hagiográfico, de uma estiagem. Esse dado corrobora aqueles aqui anteriormente citados, e muitos outros que poderíamos recolher do denso estudo de Garcia Moreno. Faz-se valoroso ainda, pois demonstra, por meio de um exemplo prático e bastante elucidativo, que ante uma economia agrária de subsistência, fragilizada e ameaçada por fenômenos naturais, como já apontamos, que são, por sua vez, nada acessíveis à intervenção e manipulação do homem, o sagrado ganharia uma força e uma importância singulares, assim como o seu representante mais imediato do meio rural: o anacoreta.

Assim, estando o camponês pouco habilitado e provido de meios eficazes e razoáveis para gozar de um considerável bem-estar, ou ao menos para obter o imprescindível para sua subsistência, não encontrará maiores problemas em se entregar ao despojamento e à árdua ascese do monacato anacorético, pois suas condições materiais não serão nesse novo meio tão discrepantes do que o foram até então. Ao abraçar a vida monástica, e caso possua algo, deveria se desprover voluntariamente agora desse pouco que lhe restara, uma vez que o século já se incumbira de fazê-lo, por si só, um despojado. E mais, poderá obter na comunidade monástica uma garantia não dada pela vida mundana: a certeza da finalização de suas penúrias pelo merecimento do paraíso cristão reservado aos mais perfeitos.

Se os dados materiais referentes à Espanha dos tempos de Frutuoso foram de certa forma justificadores para a existência do camponês que adotaria sem grandes dificuldades uma profissão monástica tão austera e exigente quanto à vida do anacoreta, as informações sobre sua condição social, advindas igualmente e de certa forma

126 RONALDO AMARAL

daqueles dados primeiros, o serão ainda mais. Tal a relevância dessa constatação que Garcia de Cortazar já se antepôs a nós ao afirmar explicitamente que as condições sociais em que se via emergida a maioria hispânica, especialmente a dos séculos V e VI, a teriam suscitado para a adoção de estilos de vida que as colocaria à margem da estrutura social vigente e, entre eles estaria a vida eremítica. Assim, descrevendo sobre o processo da vida social hispano-goda anota:

Mais bem parece que o processo é uno e uniforme: o engrandecimento em riqueza e poder social de uma minoria e o debilitamento paralelo de uma maioria. O desaparecimento de escalões intermediários que puderam dar flexibilidade leva a redução do espectro social a duas cores dominantes, possessor, possuído... (Cortazar, 1985, p.20)

E acrescenta como um agravante ao estado dos menos afortunados, a maioria, a ausência do direito e da segurança dispensadas pelo Estado:

Tal processo pode caracterizar-se como a ruptura dos laços de relação – de direito publico – entre súdito e o poder do Estado Romano, simbolizado na pessoa do Imperador. Tal ruptura, unida ao paulatino desaparecimento de uma civilização de cidades, veículo das decisões de governo e garantia da relação política entre súdito e Imperador, deixa aquele em um completo afastamento, enfrentando um clima de arbitrariedade e injustiça, afetado por uma legislação confusa e mutável e, em qualquer caso, opressiva... (ibidem)

Dessa forma, assistir-se-á a uma sociedade cada vez mais bipolarizada, caracterizada por uma minoria que deterá tanto o poder econômico – terras – como o político, pois em suas possessões esses senhores exercerão os privilégios tanto fiscais como os de justiça, anteriormente reservados ao Estado Romano, primeiramente enfraquecido, e em particular para nossa época, o século VII, extinto. O pequeno proprietário em busca de segurança entregará suas terras e muitas vezes sua própria liberdade ao proprietário de grandes

A SANTIDADE HABITA O DESERTO   127

extensões de terras, passando esse então a açambarcar mais poder e riqueza e aquele a deixar seu *status* de possuidor e livre para se constituir em camponês dependente ou escravo, submetido à terra e/ou ao arbítrio de outrem.

Isso posto, se fará relativamente simples e fácil compreender que tanto o afastamento mais estrito, como o submetimento a uma comunidade religiosa, como a monástica serão um meio alternativo e talvez mesmo mais ameno para se viver, pois se estará à margem de uma sociedade pouco convidativa a uma existência humana digna e justa, segundo a entenderá o novo humanitarismo cristão que se impõe, e que se fizera mais praticável e sentido nessas primitivas comunidades monásticas, que isentas ainda do *status* institucional e de tudo o que esse compreenderia – regras e autoridades que as interpretarão e as aplicarão, hierarquias e bens, tanto materiais quanto humanos (*servus*) – virão a prezar mormente pela vida evangélica e seu estrito seguimento, como estaremos pontuando abundantemente no decorrer deste trabalho. Serão essas comunidades, lembremo-nos, as mais características do Noroeste peninsular e às quais estamos aqui dispensando nossa atenção particular. Esse humanitarismo cristão, em maior ou menor intensidade vigente nessas comunidades de solitários, se contraporá ao século marcado por uma sociedade servil e arbitraria, e o camponês "converso" que se faria monge passaria, socialmente falando, do *status* de *humilitas* – colono dependente ou mesmo servo – ao de *fratres*.[8] Dessa forma, poderá se encontrar no capítulo segundo de nossa hagiografia a circunstância que ora nos tem ocupado; pois, como nos narra essa, Frutuoso receberá em seu retiro anacorético, como alguns de seus primeiros discípulos, as "gentes que estavam a seu serviço". Esses passarão a partir de agora da categoria de *servus*, uma vez que a *VF* em capítulo posterior nos informa sobre a existência destes últimos manumitidos pelo santo, à categoria

---

8   Essa designação já era um lugar-comum, como pudemos averiguar, nas fontes visigóticas. Desse modo, a encontraremos mesmo com bastante frequência nas regras monásticas visigóticas e, pelo menos uma vez, na própria *VF* (13,15), que chama por "irmãos" aqueles que acompanhavam Frutuoso em sua devota peregrinação.

128 RONALDO AMARAL

de "irmãos" do possessor dessas extensas terras do Bierzo, as quais mais tarde se constituirão nos domínios do mosteiro de Compludo.

Se o panorama socioeconômico aqui exposto propiciaria uma realidade convidativa a *fuga mundi* à maioria da população desprovida de bens e direito, não deveria por sua vez se constituir na causa, pelo menos não a mais significativa, da opção monástica, sobretudo a eremítica, de um nobre como Frutuoso. Dessa forma, há que colocar mais uma interrogação: para além das razões religiosas haveria causas materiais e sociais que teriam levado um nobre godo, herdeiro de bens e dignidade nobiliárquica,[9] a abandonar "o mundo" para se entregar a ascese eremítica?

Uma vez que buscaremos a resposta para essa questão – ainda que nos movamos aqui mais do que em qualquer outro lugar, inteiramente no campo das conjeturas –, somente nos restará aclarar que, nas décadas que vão do nascimento de Frutuoso à sua opção pela vida monástica, o reino visigodo assistirá a uma instabilidade política, que certamente conhecida por esse não deveu agradá-lo e convencê-lo a se manter nesse discordante e mesmo belicoso meio.

Segundo Díaz y Díaz, Frutuoso deveria ter nascido entre os anos 600/610, e sua retirada solitária ao Bierzo, com a posterior fundação de Compludo, deve ter acontecido por volta dos anos 640. Sabe-se ainda, e não necessitaremos aqui retomar toda essa extensa e abundantemente tratada cronologia política, que as relações internas de poder no reino visigodo desses mesmos anos foram sempre caracterizadas por lutas intestinas, divergências entre facções aristocráticas, particularmente no que respeitava à sucessão real, terminando quase todos os governos pela deposição e morte de seus soberanos.

Essa conjuntura política e seus trágicos acontecimentos não deveriam ser estranhos a Frutuoso, que certamente teve que fami-

---

9 O pai de Frutuoso, pelo que sabemos da própria *Vita*, fora membro da nobreza visigoda, pois será identificado por esse mesmo documento como duque do exército de Hispânia. Assim e atendendo a uma prática própria daquele momento, a da vitaliciedade e da hereditariedade das dignidades e funções, deveria Frutuoso suceder seu pai nessa posição nobiliárquica e nesse cargo militar. Sob este último aspecto, ver entre outros, Garcia Cortazar (1985, p.24).

A SANTIDADE HABITA O DESERTO    129

liarizar-se com tais acontecimentos, pois, além de ter seu próprio pai emergido na política e no exército visigodo, o último desses reinados conflituosos fora conduzido por um parente próximo, Sisenando (631-636). Como veremos, Frutuoso, por meio de uma carta enviada a Recesvinto e aos bispos em concílio, pedindo-lhes pela misericórdia aos opositores da anterior monarquia que se viam castigados e presos, esteve implicado diretamente nesse ambiente de instabilidade política, e por que não dizer espiritual, dada a natureza sagrada das decisões e suas revogações por parte daqueles.

Poderíamos acrescer a esses dados políticos e sociais contemporâneos a Frutuoso outros que, lembrados e herdados por seus pais e conterrâneos, lhe teria provocado ainda mais dissabores em relação a sua expectativa como homem do "século". Fazemos aqui referência ao reino suevo, extinto no ano de 585, pela invasão e destruição dos visigodos, então conduzidos pelo ariano Leovigildo (569-586). Como anota Justiniano Rodríguez Fernández (1966), Frutuoso deveu se impressionar fortemente com os sinais da destruição daquela localidade em que vivia e se constituíra anteriormente na pátria de seus pais, pois em seus dias "ainda perdurava em todas as consciências a memória e a consternação desta tragédia" (ibidem, p.77).

Assim, e salvo alguns exageros literários por parte desse autor, somadas as anteriores informações sobre seu presente político, ficara-nos de certa forma evidente que o ambiente social e político de Frutuoso deveu relegar sua dignidade e comodidade econômica a uma posição definitivamente não determinante de sua opçao e piufissão de vida.

E ainda, todavia, que seja imprescindível para um trabalho historiográfico precisarmos as razões materiais de um determinado fenômeno, a vida eremítica nesse caso, as estruturas mentais, marcadas nesse momento por uma religiosidade cristã nascente e pujante, deverão igualmente ser suscitadas, dado seu papel e importância singulares, pois justificaria e estimularia, em grande medida, as atitudes e circunstâncias investigadas pela primeira abordagem. Dessa forma, espreitarmos, dentro do possível e do que podem nos oferecer as fontes, o mundo mental de Frutuoso, sua apreensão da experiência cristã e da tradição literária oriunda desta, especialmente da Sagrada Escritura, será de grande valia para a compreensão dessa sua conduta religiosa.

Os primórdios da vida monástica; os considerados célebres anacoretas e seus ensinamentos espirituais e edificantes; a geografia dos desertos povoados por anacoretas e mosteiros, particularmente no Egito e Palestina, lugares em que, como na Síria, o florescimento monástico se deu de forma mais significativa, seja por sua antiguidade, seja por sua doutrina e modelos, e que virão por sua vez se constituir na inspiração para praticamente toda experiência anterior da vida monástica, particularmente sob seu modo anacorético, foram certamente conhecidos por Frutuoso, dado que sabemos ser um amante dos padres do deserto e de seus escritos. Tivemos a oportunidade de expor em outro momento (Amaral, 2003), assim como em grande medida no primeiro capítulo deste texto, que sua obra monástica, de modo particular sua *Regula monachorum*, fora confeccionada tendo por inspiração e fontes diversos escritos e regras orientais, que teriam assim influenciado fortemente sua disciplina e práticas ascéticas, as quais firmadas em sua regra monástica nos explicitaram seu modelo e ideal de perfeição monástica: o anacoretismo.

Em sua epístola a Bráulio de Saragoça (1975, *Epístola* 43), entre outras questões, as quais em boa parte serão aqui abordadas, Frutuoso lhe pedira, como vimos quando tratávamos do influxo das fontes relativas ao monacato oriental, algumas conferências de João Cassiano que ainda não possuíra, assim como as "vidas" de são Honorato, são Germano e de são Emiliano. Pode-se ver claramente que todos os escritos solicitados por Frutuoso estão relacionados à vida e a experiências de eremitas. As colações ou conferências de Cassiano (1955), por exemplo, transmitiriam, reiteremos, em suas páginas as entrevistas e os ensinamentos dos padres do deserto de Egito e Palestina. São ao mesmo tempo, e acima de tudo, um manual, um tratado de espiritualidade, cujo objetivo seria levar o monge à perfeição, ou ainda à vida contemplativa, à ocupação reservada àqueles que se encontraram entregues a vida solitária.

As "vidas" citadas por essa correspondência tratam da vida de anacoretas, sendo as primeiras de monges ocidentais, irlandeses, o

A SANTIDADE HABITA O DESERTO 131

que nos aclara que Frutuoso também conhecia essa experiência monástica, que era por sua vez, um dos exemplos da adoção no Ocidente do ideal anacorético oriental, pois, como se sabe, Honorato, monge do século III, fundador e abade de Leríns, fora um solitário que praticou a mais rígida e austera ascese, assim como a infundiu em sua comunidade monástica, cujos monges eram, como seu fundador, anacoretas.[10] A *Vita* de Emiliano fora já tratada por nós na primeira parte deste texto, e como sabemos trata-se da vida de um anacoreta visigodo do século VI.

Ainda em relação às causas religiosas que teriam conduzido Frutuoso à vida solitária, devemos acrescentar, para além dessa sua identificação com os padres do deserto, outras causas próprias da religiosidade e das crenças de seu tempo. A mesma epístola escrita por Frutuoso ao bispo de Saragoça nos deixa entrever que o monge visigodo realizava leituras e interpretações do texto bíblico de forma factual, ao pé da letra, se nos for permitido uma expressão mais coloquial, pois colocara a Bráulio questões e interrogações mais adequadamente solucionáveis por meio de uma leitura exegética, que exigira uma atitude mais crítica e menos fundamentalista das passagens em questão, sendo essas aliás referentes ao Antigo Testamento, o que tornaria obviamente mais dificultoso o ato interpretativo (Bráulio de Saragoça, 1975, *Epístola* 43). Acreditamos relevante chamar a atenção para esse fato, pois cremos que o texto bíblico, sua leitura e interpretação factual, teria contribuído definitivamente para a "vocação" eremítica de Frutuoso. Nossa conjetura está embasada em um trecho dessa mesma epístola, em que Frutuoso nos explicita sua crença no fim próximo e imediato do mundo (ibidem, *Epístola* 43,17). As palavras do santo anacoreta a Bráulio de Saragoça são, a nosso ver, claras a esse conceber "Sem cessar louvamos ao Senhor, nosso Rei e Criador porque, ao acercar-se já o fim do mundo, és um bispo..." (ibidem). Frutuoso vivera assim, conforme nos parece,

---

10 Garcia Colombás (1974, p.253-65) oferece-nos uma suficiente exposição desse monacato e de suas principais características e costumes em *El monacato primitivo*.

132 RONALDO AMARAL

como os primeiros cristãos, e um pouco posteriormente como os padres do deserto, à espreita de um fim repentino e imediato, pois assim o próprio Cristo apresentou e advertiu sobre o fim da existência terrena. As palavras de Jesus são enfáticas e categóricas, sua vinda será surpreendente, é necessário estar preparado:

> Cuidado para que vossos corações não fiquem pesados pela devassidão, pela embriaguez, pelas preocupações da vida, e não se abata repentinamente sobre vós aquele Dia, como um aço; pois ele sobrevirá a todos os habitantes da face de toda terra. Ficai acordados, portanto, orando em todo momento, para terdes a força de escapar de tudo o que deve acontecer e de ficar de pé diante do Filho do Homem... (Lc. 21, 34-36)[11]

Assim como observara Jacques Lacarrière (1996, p.23), e concordamos com ele nesse aspecto e para esse contexto, o cristianismo concebido por esses primeiros cristãos, ou ao menos a leitura que dele se fazia, não tinha de modo algum o objetivo de conquistar o mundo temporal, mas de pregar o advento próximo do reino dos céus, e o findar-se da história. Dessa constatação, como acrescenta esse mesmo autor, surgirá o grande mérito, primeiramente do mártir, depois do asceta e posteriormente do anacoreta, pois são cristãos que conseguiram se desvencilhar deste mundo corrompido e condenado por Deus (ibidem, p.29).

O asceta solitário, mesmo nesses séculos mais posteriores, como o século VII, convencido do iminente final do mundo, ou pelo menos de sua brevidade e inconsistência, de sua natureza decadente e corruptora para a alma humana, desejava ocupar-se desde já e sem mais titubeios do mundo que havia de vir, eterno e repleto de gozo. Buscando ler e meditar sobre os tempos vindouros tornava mais presente e urgente os tempos findáveis. Podemos afirmar, assim, e com alguma segurança, que este ambiente mesmo que o envolvia

---

11 Outros textos dos evangelhos referentes a esse tema poderiam ser citados, como Mt. 24, 29-31 e Mc. 13, 14-27, ainda que não o façamos para não nos estendermos demasiadamente.

A SANTIDADE HABITA O DESERTO 133

propiciava uma leitura dirigida e satisfatória ao cumprimento de seus desejos e aspirações, levando-o a recortar e selecionar, ainda que de forma nem sempre consciente, aqueles trechos das Sagradas Escrituras que mais interessavam a sua "causa". E, para além da leitura, havia certamente uma forte e constante meditação do que se lera, fazendo assim que essa "realidade escatológica" fosse atualizada e exasperada. E o tempo escatológico, seria, para esses homens, verdadeiramente próximo e atual.

Essas crença e concepção deveram sobreviver até os tempos de Frutuoso, assim como sobreviverão posteriormente, ainda que em períodos bastante específicos, como quando dos acontecimentos políticos e sociais de grande envergadura e repercussão, especialmente aqueles que redundariam em ambientes catastróficos e belicosos, causando grandes mudanças, podendo se acrescentar ainda, e para uma periodização temporal mais próxima da atualidade, os períodos que marcam os términos de séculos e milênios.

Vindo a corroborar nossa observação anterior, Francisco Javier Fernández Conde (s. d.) demonstrara que crenças de índole escatológica e apocalíptica deveriam ser uma realidade de fato para o século de Frutuoso, e particularmente para a Espanha de seu tempo, assim como tiveram causas e razões múltiplas. Javier reserva um grande número de páginas em sua obra "La religiosidad medieval en España" (ibidem), para tratar desse tema, e mesmo um capítulo inteiro para demonstrar sua natureza e vigência em ambientes eremíticos.

Primeiramente, numa abordagem mais ampla, o professor da Universidade de Oviedo se preocupará em apontar algumas correntes apocalípticas existentes no século VII na cristandade medieval, fechando posteriormente seu foco na Espanha. Assim, indica, entre outros, a crença judaica na Sexta Idade, que, ao insistir no findar-se dos tempos por volta do ano 700, previa para essa data a vinda do Messias libertador. Embora o cristianismo, como se sabe, não comungasse dessa crença da vinda do Messias, pois esse evidentemente já viera na pessoa de Cristo, comungaria muito provavelmente dessa crença escatológica, pois, como observa o próprio autor, a Bíblia, fonte de toda crença e de toda literatura presumivelmente escatológica, em especial as veterotestamentárias, era-lhes um livro comum, assim como a convivência dessas duas comunidades favorecia influências e processos de aculturação intensos e constantes. A vigência dessa crença judaica na segunda metade do século VII na Espanha, e em ambiente cristão, está atestada pela obra de Juliano, arcebispo de Toledo, *"De sextae aetatis comprobatione adversus judaeos"*, na qual defende a natureza messiânica de Cristo e refuta todo o sentido transcendente dessa data.

Particularmente rico para nosso intento será o seu capítulo V "Mentalidade apocalíptica em ambientes eremíticos" (ibidem, p.255-73). Francisco Javier nos demonstra que o apocalipse de João gozou de grande interesse por parte da cristandade ocidental, pois muitos comentários a esse texto bíblico foram confeccionados durante os primeiros séculos cristãos e mesmo posteriormente. A Espanha goda conhece no século VI, por exemplo, o Comentário ao Apocalipse de Apringio de Beja. Mas, como sublinhou esse mesmo autor, o pensamento apocalíptico deveria se prender com maior facilidade em ambientes rigoristas como os eremíticos. O século VII parece não ter assistido a personagens e textos que, embasados nesse livro bíblico atribuído a são João, demonstrassem com tanta claridade essa mentalidade escatológica em meio monástico-eremítico, como o realizou o monge Beato de Liébana em seu Comentário ao Apocalipse, no já adentrado século VIII. Todavia, para esse século de Frutuoso e em ambiente precisamente anacorético, Francisco Javier aponta em pelo menos uma obra de Valério do Bierzo conteúdos que encerram temas de índole escatológica, pois tendem a depreciar a realidade imediata ao descrever, por exemplo, visões reconfortantes de um além sumamente preferível ao *saeculum*, assim como questões relativas ao juízo final e à revelação do céu, como o descreveu a Valério o monge anacoreta Baldario. A essa obra de Valério do Bierzo acrescenta-se, a partir de agora, e de modo muito mais contundente, a epístola de Frutuoso a Bráulio, como um testemunho do clima escatológico vigente no século VII na Espanha.

Haveremos de atentar, no entanto, esquivando-nos ainda de um provável anacronismo, que a natureza escatológica, ou pelo

A SANTIDADE HABITA O DESERTO 135

menos seu entendimento e seu impulso provocado, não residiria nesse momento, no avançado século VII, em uma crença de um imediato fim do mundo, ao menos não com a mesma intensidade e homogeneidade que se dera nos primeiros séculos do cristianismo. Ainda que Frutuoso, em trecho antes aqui transcrito, acreditara no fim repentino do mundo, temos que considerar que para a maioria dos ascetas e solitários de sua época essa preocupação com o advento escatológico estava mais acerca do fim próprio de cada indivíduo do que do mundo propriamente. O asceta, portanto, estaria atento e preparado para deparar, mais do que com o fim da humanidade e seu julgamento, com o seu fim próprio e sua individual prestação de contas com Deus. Desse modo, a fuga do mundo secular deveria como que anteceder a fuga do mundo de forma definitiva e absoluta, ou seja, aquela provocada pela morte, a escatologia do indivíduo. O asceta solitário se adiantava e vigiava, ao buscar viver afastado da dinâmica do século, a sua particular finalização mundana, que poderia se dar a qualquer momento, pois o seu chamado ao além poderia ser tão repentino e surpreendente quanto o seria o chamado de toda a humanidade, como acreditavam os primeiros cristãos. E o próprio Frutuoso, na mesma correspondência, dizia se encontrar em um mundo envolvido por uma tempestade, cheio de maus humores e contrariedades, portanto, nada estável para um monge em busca de sua salvação pela negação dos pecados deste mundo. Dessa colocação do monge visigodo podemos nos assegurar que sua opção pela vida eremítica fora com grande probabilidade, e por certo, uma realidade mais do que hagiográfica.

As fontes e reflexões que temos apresentado margeiam e confirmam de certa forma todo o ambiente material e mental apresentado por nossa hagiografia, ainda que essa, assim como todo texto hagiográfico, encontre-se imbuída e mesclada pelo maravilhoso, o maravilhoso cristão mais precisamente, o qual, como nos poderia parecer à primeira vista, não se constitui em um empecilho, uma distorção do que se pode considerar precisamente a história, mas, às vezes, contra ela própria, no-la apresenta. O maravilhoso, investigado e criticado adequadamente, constitui-se em um rico testemunho do mundo mental de uma época, no qual, e particularmente importante para nós, se encerram as crenças e concepções religiosas, ou ainda, a religiosidade, que se cristalizando no social por meio das relações, representações e condutas humanas, tornam-se ainda mais sensíveis e suscetíveis de serem apreciadas. Daí que, ao abordarmos os aspectos eminentemente hagiográficos de nosso texto, como as situações e lugares do santo e suas façanhas, de maneira alguma estaremos relegando o histórico a um lugar secundário ou mesmo inexistente.

Isso colocado e voltando à nossa hagiografia no encalço do tema que nos propomos a tratar neste item, a *fuga mundi*, vejamos como ele se apresenta, ou agora mais propriamente será apresentado pelo autor da *VF*, nos primórdios da "vida" de sua hagiografado.

O autor da *VF*, seguindo de perto, por exemplo, a *Vita Martini* e a *Vita Antonii*, para nos restringirmos a essas, cujo paralelismo é extremamente sensível, atribui à infância de Frutuoso características e situações que deseja para seu hagiografado e, portanto, deixa claramente antever sua opção pela vida solitária.

Assim, encontramos algumas ocorrências – a morte dos pais, quando ainda jovem; linhagem nobre e família abastada; gosto e apreciação de lugares ermos para se retirar, ou edificar mosteiros; comportamentos virtuosos – que são lugares-comuns a outras *Vitas*, em especial a *Vita Antonii* anteriormente citada, e que lhes darão os atributos e as condições para se fazer anacoretas. Veja-se, por exemplo, que só se faz exemplar e relevante despojar-se dos bens quando esses existem efetivamente, e em particular quando são quantitativamente significativos, daí os famosos candidatos à vida eremítica serem sempre ricos e de alguma forma nobres. Vejamos a passagem correspondente na *Vita*:

> Este santo, pois, nascido de uma família abastada vinculada com reis, descendente de muita ilustre linhagem e em concreto de um duque do exército da Hispânia, enquanto ainda menino vivia com seus pais, sucedeu em certa ocasião que seu pai que o tinha consigo passou a cuidar de seus rebanhos nos arriscados vales da região do Bierzo. Seu pai ia registrando os rebanhos e discutindo as explicações

A SANTIDADE HABITA O DESERTO    137

de seus superiores, o menino, entretanto, por inspiração do Senhor, só apreciava aquele lugar por vê-lo apto para a edificação de um *monasterii*... (*VF* 2, 1-7)

Apoiado ainda nesse trecho que transcrevemos, vê-se que o hagiógrafo de Frutuoso quer atribuir à sua vocação solitária um *status* sobrenatural e sagrado, na medida em que demonstra seu hagiografado almejar a solidão por inspiração divina. Tendo ainda afirmado essa vocação já em sua infância e por desejo de Deus, viria dessa forma a justificar e enaltecer todas suas realizações posteriores, pois quando adulto "volta-se à solidão acima mencionada, atingindo a devoção que temos atrás, de menino havia elegido" (*VF* 3, 1-2).

E, a partir dos capítulos e itens próximos, movendo-nos eminentemente na *VF*, tentaremos aclarar seu objetivo quase obsessivo, o de demonstrar Frutuoso como um anacoreta ideal, ao mesmo tempo que apresentaremos um eremitismo efetivamente vivido e praticado por Frutuoso e seus correspondestes em profissão monástica, ainda que esse não tenha que se contrapor necessária e veementemente ao primeiro.

## A escola de Palência e sua significação monástica. Uma escola catedralícia forjadora de anacoretas

Ainda que o episódio sobre a inserção e a permanência de Frutuoso na escola de Palência, uma escola catedralícia dirigida pelo bispo dessa localidade, Conâncio, ocupe um lugar textualmente reduzido em nossa hagiografia, ela nos merecerá todo um item, pois acreditamos que sua ocorrência e seu significado ocupam um lugar singular no intento de nosso hagiógrafo.

Se a razão primeira do autor da *VF* residira no propagandeamento e justificação da vida eremítica como ideal de vida religiosa, ou mais precisamente, como a forma ideal de vida monástica, seu protagonista e modelo, Frutuoso, tivera por sua vez que ser demonstrado como um anacoreta igualmente ideal. E segundo a tradição monástica, como

138 RONALDO AMARAL

se obtinha um anacoreta ideal? Vejamos o que nos respondem três importantes teóricos do primeiro monacato cristão.

João Cassiano, tantas vezes aqui já citado e figura conhecidíssima de Frutuoso e de seu ambiente monástico,[12] portanto muito provavelmente do autor da *VF*, daí oriundo,[13] nos responde essa questão: "Entretanto, como disseste, é na vida em comunidade que tem início a saúde, é só podem ser sadios na solidão os que foram antes curados pela medicina do cenóbio" (Cassiano, 1955, *Conferência* 19,13).

E em outro momento e obra, em suas *Instituições cenobíticas*[14] se referindo aos anacoretas do deserto de Dioclos no Oriente, nos aclara novamente João Cassiano (1965) a importância da vida comunitária para o candidato a vida solitária:

> Estes monges começaram a vida monástica permanecendo longos anos nos mosteiros de cenobitas. Em seguida, instruídos a fundo no que concerne à paciência e à descrição, tornados mestres na humildade e no despojamento, purificados de todos os vícios, penetram nas profundezas secretas do deserto dispostos a enfrentar os rudes combates como o demônio, ou mesmo: os demônios.

O anacoreta de Belém, são Jerônimo (1993, *Epístola* 125), também viria a insistir na necessidade da vida comunitária e do aprendizado oferecido por esta para aqueles que desejavam abraçar a vida solitária, uma vez que esta, por sua própria natureza de relativa autonomia e independência, subtendia um amadurecimento anterior tanto humano quanto espiritual. Em alguns casos, como no monacato palestino, a vida comunitária só existia por estar em razão da vida solitária, essa sim ideal e definitiva.

---

12 Ver antes, no item primeiro do primeiro capítulo.
13 De acordo com Manuel C. Díaz y Díaz, o autor da *VF* (p.22) seria muito provavelmente um monge proveniente do ambiente monástico de Frutuoso, das zonas de Braga, o qual ainda a confeccionaria em data pouco posterior a morte deste.
14 JOÃO CASSIANO. *Institutions cénobitiques*. Edição e tradução Jean-Claude Guy, S.J. Paris: Du Cerf, 1965.

A SANTIDADE HABITA O DESERTO    139

Essa concepção do cenóbio como "escola" obrigatória para o eremita, ou pelo menos para aquele aceito pela tradição monástica dos padres do ermo, encontra-se ainda em Bento de Nursia (2006):

O segundo gênero é dos anacoretas, isto é dos eremitas, daqueles que, não por um fervor inicial da vida monástica, mas através de provação diuturna no mosteiro, e, bem adestrados nas fileiras fraternas, já estão seguros para a luta isolada no deserto, sem a consolação de outrem, e aptos para combater com as próprias mãos e braços, ajudando-os Deus, contra os vícios da carne e dos pensamentos.

Desse modo, para são Bento, ou mais precisamente para a regra beneditina, o próprio eremita será definido em razão e a partir dessa prática, a da obrigatória passagem pela vida comunitária. Constituía-se assim, na segunda categoria de monges, ou seja, aquele que invariavelmente teria passado pela primeira experiência: a vida comunitária e regular ou a vida cenobítica.

As hagiografias de eremitas também têm como um de seus lugares recorrentes o demonstrar que seus solitários possuíram uma formação disciplinar e espiritual, senão no seio de uma comunidade monástica, ao menos sob os auspícios de um anacoreta mais experimentado. Dessa forma o próprio Antão, considerado o fundador do monacato cristão, submeter-se-ia à autoridade de um ancião asceta que viveria, senão no deserto, nas cercanias de sua aldeia. Se não bastasse esse orientador asceta, Antão procurará se orientar por tantos outros solitários extraindo desses os exemplos e virtudes nas quais fossem mais pródigos e insignes (Atanásio de Alexandria, 1988, 3 e 4). Martinho de Tours, cujo paralelo é ainda mais sensível à nossa *Vita* visigoda, também entregaria sua formação a um bispo egrégio, Hilário de Poitiers, antes de viver a seu alvedrio a sua vocação de monge e asceta (Sulpício Severo, 1987b).[15]

Temos insistido nesse ponto, pois acreditamos que a escola de Conâncio ganhara uma função e natureza em nossa hagiografia que não

---

15  *Vita de Martin* 5, 1: estamos utilizando a edição dessa hagiografia realizada por Carmen Codoñer Merino.

140 RONALDO AMARAL

corresponderia, necessariamente, à sua verdadeira razão de ser, na medida em que viera a se constituir eminentemente nessa experiência monástica comunitária, na escola do cenóbio, tão cara a Frutuoso, ou mais particularmente a seu hagiógrafo, pois aquele, logo após a sua estada nessa escola de Palência, viria a abraçar a vida eremítica nas solidões do Bierzo, e a engendrar discípulos para essa mesma causa.

Assim, o hagiógrafo de Frutuoso, revestindo a escola episcopal de Conâncio de uma significação monástica, e localizando-a exatamente no momento antecedente à sua fuga para o ermo, quisera demonstrar que esse trilhara os tradicionais e necessários passos que o habilitará para uma responsável e frutífera vida solitária.

Nesse sentido, acreditamos ser necessário transcrever a passagem correspondente:

> Pois bem, depois do falecimento de seus pais, jogando longe de si as roupas do século e tonsurada a cabeça, como havia iniciado um caminho monástico, confiou sua formação nas disciplinas do espírito a um homem exemplar, o bispo Conâncio [...] Posteriormente, voltou-se à solidão acima mencionada e a devoção que tempos atrás de menino havia elegido, já de adulto, pode satisfazê-la. (*VF 2*, 8-10; 3 1-2),

Pode-se notar que a própria escrita do hagiógrafo pretende-se seletiva e não desprovida de intenções. Segundo a tradução de Díaz y Díaz, a qual utilizamos, o autor da *VF* sublinha que seu protagonista havia iniciado um "caminho monástico" (*quum religionis initia*) e para tanto havia confiado sua formação nas "disciplinas do espírito" (*spiritalibus disciplinis*) ao bispo Conâncio. Isso posto, e a partir do que nos oferece essa escrita, fica-nos difícil refutar a natureza não monástica da escola de Conâncio, pois assim a deu a entender claramente o autor da *VF*. E, entre outros, Mário Martins (1950a, p.318), em um artigo muito utilizado pelos estudiosos de Frutuoso, chega a concordar abertamente com a natureza monástica da escola de Palência.

Nós, todavia, estamos convencidos de que a escola de Conâncio fora certamente uma escola episcopal ou catedralícia, não defen-

A SANTIDADE HABITA O DESERTO 141

dendo nem mesmo hoje a hipótese de essa poder ter se constituído, em alguma medida e circunstâncias, em uma escola monástica, tal como o fizemos em outro momento e trabalho (Amaral, 2003, p.110). Nossa posição atual a esse respeito está embasada em uma série de documentações que serão cotejadas com nossa fonte, assim como a partir de autores com os quais concordamos, dentre esses, Francisco Martins Hernández (1970), Manuel C. Díaz y Díaz (1993, p.9-32) e Teodoro Garcia Gonzáles (1979). No mais, acreditamos virmos aclarando a razão pela qual o autor de nossa hagiografia lhe dera um significado e valor distinto do que precisamente o fora.

A descrição que nos dá a *VF* sob alguns aspectos dessa escola nos será suficiente para diagnosticarmos sua natureza, uma vez que possuímos pelo menos dois cânones conciliares, um dos quais parece fundar e organizar essa instituição, e uma hagiografia – todos os documentos mais ou menos contemporâneos ao nosso – que nos descrevem a estrutura e a disposição de uma escola episcopal, podendo desse modo, e a partir desse paralelo, ser cotejados com aquela descrição oferecida pela *Vita* de Frutuoso.

O Concílio II de Toledo (Concílios..., 1963)[16] do ano de 527, em seu cânone primeiro, preocupado com a formação do clérigo, instituirá, ou pelo menos precisará, essas escolas episcopais. Dera-nos a conhecer alguns de seus principais aspectos, como o seu funcionamento e organização interna, a idade e os requisitos para que seus alunos pudessem receber as ordens sagradas, entre outros. Todavia, fora a descrição interna e organizacional dessas escolas que mais nos interessara, cuja descrição se encontra no início desse cânone:

Daqueles os quais seus pais dedicarão ao ofício clerical desde a infância, se depois querem casar-se.

A respeito daqueles que foram consagrados a vida clerical desde os primeiros anos de sua infância por vontade de seus pais, decretamos que se observe o seguinte: que uma vez tonsurados e entregues ao ministério dos elegidos, devem ser instruídos pelo prepósito que

---

16 Remetam-se todas as demais citações de concílios a essa edição.

# 142 RONALDO AMARAL

lhes tenha indicado, nas coisas da igreja baixo a inspeção de um bispo... (ibidem, Concílio II de Toledo c.1)

Em 633, no IV Concílio de Toledo, presidido e conduzido por Isidoro de Sevilha, cuja preocupação com a formação intelectual e cultural do clero visigodo pode se averiguar não só por meio desse concílio, mas igualmente por muitas de suas obras, as quais teremos oportunidade de comentar mais adiante, voltamos a encontrar, em seu cânone 24°, uma nova descrição sobre as escolas episcopais, bastante correlata, aliás, à anteriormente citada:

> Por isso, convém estabelecer que se entre os clérigos há algum adolescente ou em idade da puberdade, todos habitem em um mesmo teto junto a Igreja, para que passem os anos da idade que comumente se incorre em faltas, não na luxúria, senão nas disciplinas eclesiástica [...] E se houver algum órfão, seja protegido pela tutela do bispo para que sua vida seja salva de qualquer atentado criminal, e seus bens das injustiças dos malvados... (ibidem, Concílio IV de Toledo c.24)

Transcritos ambos os cânones, ver-se-á que suas descrições condizem muito estreitamente com aquela a nós oferecida pelo autor da *VF* da escola de Conâncio, particularmente no trecho que se segue:

> Quando levava já algum tempo vivendo sob a direção deste (Conâncio), ocorreu um dia que, adiantando-se os camareiros de Frutuoso a uma possessão da igreja, preparando-lhe um aposento para passar um tempo, e nisto chegou um dos administradores de sua própria escola e perguntou: "Quem vai ocupar esta habitação?" Responderam-lhe: "Frutuoso"... (*VF* 2, 10-14)

Para que a citação do documento não se estendesse demasiadamente, não transcrevemos a continuidade do episódio que nos deixaria entrever que Frutuoso vivia nessa possessão da igreja com outros alunos, alguns dos quais se prestavam a orientar os demais.

Podemos, dessa forma, lançar algumas conclusões a partir do cotejamento desses documentos aqui expostos.

A SANTIDADE HABITA O DESERTO  143

Primeiramente, como nas escolas dos cânones anteriormente citados, temos nessa frequentada por Frutuoso igualmente a presença do bispo, Conâncio. Poderíamos, todavia, conjeturar sob seu estado monástico e, consequentemente, uma inclinação dessa natureza para sua escola. Entretanto, não possuímos nenhuma referência à sua possível profissão monástica, pois o documento que mais largamente se referira a ele, o *De viris illustibus* de Ildefonso de Toledo (1972), só nos chamara a atenção para sua posição episcopal e sua dedicação aos serviços próprios e requeridos por essa.[17]

Há que observar, ainda, que Frutuoso ocuparia um aposento na *possessionem ecclesiae*, o que nos deverá lembrar muito de perto as palavras do cânone 24° do Concílio de Toledo desse mesmo número último, "todos habitem sob um mesmo teto junto a igreja", *(in uno conclave atrii conmorentur)*. Outros dados, porém, que devem ser aqui acrescentados, como a presença do prepósito na função de diretor disciplinar desses estudantes e a tonsura a que eram submetidos assim que ingressassem nessas escolas, ambos mais ou menos explicitamente contidos em nossa hagiografia, somados ainda a essa vida comunitária que levariam em um mesmo recinto poderiam dar a essas instituições um caráter monástico, pois são características igualmente encontráveis na vida conventual. Mas como acreditamos ter demonstrado, até mesmo com alguma insistência, eram essas características e hábitos também próprios da profissão religiosa secular nessa época, como se pode averiguar pela documentação aqui arrolada.

Se tivermos que lançar mão de mais um testemunho dessas escolas clericais na Espanha visigoda, contamos com um relato que dela nos dá as *Vitas Sanctorum Patrum Emetetensium* (1956). Essa, no início de seu primeiro capítulo, nos narra a existência de um menino, Augusto, que vivia com outros companheiros de mesma idade na igreja da Santa Virgem Eulália em Mérida. Como nos deixa entrever o documento, esses jovens viviam em uma possessão agregada à igreja, onde serviam e participavam dos atos litúrgicos. Percebe-se

---

17 O capítulo décimo será o dedicado a Conâncio (Ildefonso de Toledo, 1972, p.131).

# 144 RONALDO AMARAL

ainda a existência de integrantes de maior idade e muito provavelmente ordenados a algum grau eclesiástico, como deveria ser o caso do próprio diácono pretenso autor desse texto, que vivendo junto a esses integrantes mais novos deveria lhes orientar (ibidem, p.140).

Nosso intento de distinguir as escolas monásticas das escolas episcopais, todavia, só se tem realizado pela necessidade estrita de aclarar a exclusiva e interessada natureza monástica dada pelo autor da *VF* à escola de Conâncio. Acompanhando as reflexões de Jacques Fontaine, E. Sánchez Salor (1989, p.27), como nós mesmos tínhamos sentido, não se deveriam estabelecer distinções tão incisivas entre as escolas monásticas e episcopais, pois tal atitude seria mais válida a épocas posteriores à visigótica. Ambas as escolas muitas vezes encerrariam, como nós mesmos tomamos o cuidado de considerar, estruturas tanto organizacionais como educacionais análogas. Contudo, acreditamos que a distinção de ambas seja ainda válida e necessária especialmente aqui, na medida em que nosso próprio trabalho tem assistido à necessidade de aclarar a demasiada atenção, ou mesmo a atenção única, dada aos aspectos de caráter monástico a uma escola efetivamente episcopal.

Temos procurado demonstrar assim que, se a escola de Palência não fora um mosteiro, como muito desejara o autor da *VF*, muito menos ela se prestou a oferecer a Frutuoso uma formação única e essencialmente ascética, de valor ímpar para a formação e a instrução do monge anacoreta.

Outro ponto que queremos sublinhar, pois nos aclara igualmente esse intento de dar à escola de Conâncio uma conotação mormente monástica, será a ocorrência do termo *perfectus* para designar Frutuoso exatamente no momento em que deixaria essa escola e se internaria na solidão dos vales do Bierzo. Como observou Manuel C. Díaz e Díaz, o termo poderia ser substituído por *adultus*, denotando assim a maioridade de Frutuoso no momento em que se faria anacoreta (*VF* 3, nota 1). Contudo, a ocorrência do primeiro termo não nos parece gratuita, pois será utilizado pelo hagiógrafo de Frutuoso para nomeá-lo exatamente no momento em que se entregaria à vida eremítica. Acreditamos que denota assim, para além da maturidade

A SANTIDADE HABITA O DESERTO    145

biológica (o ser *adultus*), a maturidade espiritual, a condição de detentor das virtudes adquiridas pela extirpação dos vícios anteriores na vida em comunidade, o que o habilitaria agora a vida solitária e contemplativa. Assim, a escola de Conâncio, conforme nos parece à primeira vista, não viria a se constituir em uma interrupção de seus planos de menino, a vida solitária, mas viria a corroborar essa, estando em sua função, na medida em que caberia a ela educá-lo para uma mais perfeita efetivação dessa prática anacorética, como mandava a tradição oriental, já por nós explicitada com anterioridade.

Haja vista ainda que, quando nos narra a estada de Frutuoso na escola de Conâncio, o autor de sua *Vita* somente se serve dela para nos certificar das virtudes monásticas de seu hagiografado, ao comentar um episódio em que dará provas de extrema humildade e paciência ante um colega maldoso que o submetera.

# 3
# O PAPEL SOCIAL E RELIGIOSO DO EREMITA

## Um anacoreta célebre: o fundador de circunstâncias

Frutuoso, segundo seu hagiógrafo, deixaria a escola de Palência para realizar aquele mesmo desejo que se revelara ainda em sua infância, a vida solitária nas terras do Bierzo, a que, segundo esse mesmo autor, se fazia propícia para esse gênero de vida monástica. E será nessa localidade e a partir de sua permanência nessas terras que, como ainda nos informa a *Vita Sancti Fructuosi*, fundará o primeiro de seus mosteiros: Compludo. Entretanto, diante da falta de maiores e pormenorizadas informações sobre sua origem e características, nos colocávamos: em que circunstância se realizaria essa fundação? Qual fora sua natureza e seu regime disciplinar? Por que Frutuoso, exatamente no momento em que conquistaria aquela solidão que sempre lhe fora tão cara e desejada, ocupar-se-ia então da fundação de um mosteiro e se envolveria com uma comunidade e com seu governo, acrescendo-se ainda o fato de se seguirem a essa muitas outras fundações?

Será necessário, todavia, realizar aqui uma leitura nas entrelinhas para podermos nos acercar de um juízo razoável para essas questões, pois o autor de nossa hagiografia nem sempre se utiliza de

148 RONALDO AMARAL

uma escrita e sequência lógica para suas ideias, já que a própria *VF* constitui-se em um texto cujo conteúdo contou com informações já anteriormente escritas e que, somadas àquelas da estrita autoria do seu hagiógrafo, nem sempre observaria e se prestaria a uma coerência dos fatos e uma cronologia mais acordada, dispensando, desse modo, muitas informações implícitas e pouco convergentes, uma vez que os episódios contariam com formas linguísticas e intentos díspares.[1]

Assim sendo, e tendo em mente o objetivo primeiro dessa hagiografia, muitas dessas questões só poderão ser aclaradas pela familiaridade e pelo cotejamento com outros relatos hagiográficos anacoréticos e pelo entendimento das estruturas e circunstâncias próprias da prática desse gênero monástico, especialmente para este item, sua gênese. Posteriormente, e neste capítulo em especial, tentaremos aclarar a repercussão e a importância da figura do eremita em meio à sociedade em que se encontraria envolvido, a qual legaria mudanças substanciais, tanto no campo religioso, como no social.

Voltando a nosso texto hagiográfico, consideremos com maior acuidade o episódio em que Frutuoso se retiraria as solidões do Bierzo e empreenderia sua primeira fundação, assim descrita pelo autor de sua *Vita*:

> Posteriormente voltou-se a solidão acima mencionada e a devoção que tempos atrás de menino havia elegido, já de adulto, pode satisfazê-la. Com efeito, construiu o cenóbio de Compludo e sem reservar-se nada para si segundo os preceitos divinos, oferecendo ali até o último bem de sua propriedade, o dotou com abundância e o encheu com um exército de monges tanto entre as gentes de seu serviço como de conversos que se uniram a ele espontaneamente de todas as regiões da Hispânia... (*VF* 3, 1-6)

Como notou Manuel C. Díaz y Díaz (1967), e insistiremos nesse aspecto a partir de agora, o mosteiro de Compludo deveria ser edi-

---

1 Essa questão fora percebida e tratada por Manuel C. Díaz y Díaz em sua edição e tradução da *VF*, a qual temos utilizado. Todavia, ele o fez anteriormente, e pelo que nos parece com maiores precisões, no trabalho que se cita (Díaz y Díaz, 1953).

A SANTIDADE HABITA O DESERTO  149

ficado no mesmo local onde Frutuoso certamente havia exercitado o seu anacoretismo. Essa observação está repleta de informações de suma importância para nossa abordagem. Ao se fazer anacoreta, Frutuoso não perduraria nesse estado puro, ou seja, como um solitário desvinculado de relações obrigatórias e coletivas, pois como um lugar comuníssimo na literatura monástica viria engendrar discípulos, "filhos espirituais" em função de seu estado de *monachi perfectus*.

O anacoreta, entre os quais o próprio Antão, protótipo do solitário "perfeito", nunca permanecerá em uma solidão total, afastada de toda e qualquer presença humana. Pensarmos no eremita em rigorosa e total solidão constitui-se mais em um modelo ideal que uma situação prática e recorrente. Tanto no Oriente como no Ocidente monástico, o eremita célebre que entrará para as páginas da história e, portanto, será conhecido e lembrado não só por seus contemporâneos, mas pelas gerações vindouras, o será não por sua solidão absoluta, uma vez que se isso ocorresse, certamente não teríamos nenhuma informação a seu respeito, mas por sua celebridade e capacidade de fazer-se "diretor de almas", acolhendo e fundando comunidades a sua volta e sob o seus auspícios.

A *Vita Antonii* parece-nos ser o exemplo mais eminente e o produto mesmo do que afirmamos, ou seja, de que o estado solitário do anacoreta e suas virtudes daí advindas só poderiam ser conhecidas a partir de sua relação com seus contemporâneos e, especialmente, a partir da fundação de mosteiros, onde se viveria mais ou menos intensamente com seus discípulos. Desse modo, Atanásio de Alexandria (1988) só pudera tomar razão de Antão e de suas façanhas uma vez que esse se dera a conhecer por seus atributos e benefícios legados a terceiros. Esse contato frequente e praticamente inevitável, entre o solitário e seus contemporâneos mais próximos, encontra-se uma vez mais nas páginas da *Vita* do "pai" do eremitismo. Assim, ver-se-á que Antão, apesar de desejar uma solidão cada vez mais rigorosa, buscando e adentrando continuamente o deserto, até chegar à sua "montanha interior", acabará por sucumbir diante de tão numerosa procura e insistência de seus admiradores e seguidores. Depois de

150  RONALDO AMARAL

viver nas cercanias de Faum, e mais tarde, deserto adentro, em um sepulcro, retirar-se-ia em direção a uma montanha, instalando-se um forte abandonado (ibidem). Aí se recluiria por vinte anos, dedicados à solidão e à ascese. Os curiosos e devotos que o buscavam, muitos dos quais para imitá-lo nesse gênero de vida, rodeavam e vigiavam sua morada, desejosos de sua pessoa. Certo dia derrubariam a porta e se acercariam dele (ibidem, 14). A partir de então, amadurecido e experiente pela ascese e pela vida contemplativa, os receberá como discípulos, fundando numerosos mosteiros e governando-os como um pai, iniciando-os, assim, em sua mesma profissão. Todavia, a celebridade conquistada a partir desses primeiros contatos trar-lhe-ia novamente o incômodo das pessoas que o procurariam e o envolveriam. Empreenderia, assim, nova fuga ao ermo, instalando-se na montanha interior, onde as relações com seus contemporâneos serão atenuadas, mas não findadas (ibidem, 49, 50 e 51).

Isso posto, deverá perceber-se que devemos novamente a Antão, ou mais precisamente à sua *Vita*, o ideal de eremita como aquele solitário que, por razões de solidariedade ou necessidade, coabitaria com discípulos na condição de "pai espiritual", e a partir sobretudo do momento em que, amadurecido por uma larga permanência na ascese e na solidão, se faria digno e notabilizado para tanto.

Estamos assim diante da gênese da primitiva comunidade monástica, fundada a partir da tradição e do costume do eremita ancião de converter-se em guia espiritual, em "pai espiritual" de "filhos espirituais".

A paternidade espiritual, tão cara a essas primitivas comunidades, possuiria sua origem e fundamento, como em nada há de nos estranhar, no mesmo texto bíblico. O vocábulo de origem aramaica *abba* prestar-se-ia no Novo Testamento a designar tão somente a Deus, pai de Jesus Cristo. Seria, pois, um nome divino, mas que passaria posteriormente, e sob uma mais comum terminologia – *apa* –, a designar, nessas primeiras colônias monásticas, o monge de maior autoridade e responsável pela formação dos demais, cuja prerrogativa dessa sua superioridade só se justificaria por sua experiência anterior, e pelo fato de ser o modelo por todos imitado. Dessa forma, e no plano

A SANTIDADE HABITA O DESERTO    151

religioso, o monge que passaria a encerrar esse *status* de "pai", assim o faria por estar representando e exercendo no deserto, ou em sua pequena comunidade, a paternidade que se deveria unicamente a Deus.[2] O *abba* ou *apa* daria origem posteriormente e, já nas comunidades monásticas devidamente organizadas e regulamentadas, ao abade, que exerceria a partir de então prerrogativas também institucionais.

Desse modo, todo anacoreta que se acreditasse possuir a experiência de uma formação anterior, o discernimento da origem e do sentido dos múltiplos pensamentos, o conhecimento dos modos de transmissão dos meios para se atingir as virtudes e desarraigar os vícios, além de ser aquele que havia alcançado uma autêntica maturidade moral, possuindo, não obstante, uma efetiva experiência pessoal e o conhecimento teórico e pratico da doutrina dos padres (Colombás, 1974, v.2, p.97-105),estaria revestido dessa condição de "pai" e formador de discípulos.[3]

Atentemo-nos, assim, às características então descritas, pois elas foram implicitamente legadas a Frutuoso, na medida em que sua *Vita* o demonstraria igualmente revestido das condições e circunstâncias próprias do anacoreta célebre e promotor da vida no deserto.

O trecho transcrito, no qual se narram as origens do cenóbio de Compludo, coloca-nos ainda diante de uma clássica narração da formação de núcleos de solitários ou colônias anacoréticas, próprias da lógica dos solitários preceptores. Compludo se constituiria assim em sua origem, e para utilizar-se de um elucidativo e poético termo de Domingos Mauricio Gomes dos Santos (1965), "em um maravi-

---

2 Para a paternidade espiritual, particularmente no que concerne à sua etimologia e sua evolução histórica e semântica, pode-se ver Colombás (2006, p.225-8).

3 Acrescentemos, no entanto, que, se, por um lado, teríamos as relações entre os solitários descritas em circunstâncias e formas ideais, uma vez que o caráter moral cristão e espiritual se imporia como um lugar definitivamente conquistado diante das vicissitudes e das vontades humanas, por outro, sabemos que tal situação pretendida não fora uma realidade de fato; pois, como nos demonstrou Ramon Teja (1994, p.19-31), a convivência entre esses homens muitas vezes podia suscitar ocasiões e pensamentos extremamente ilícitos para a ascética cristã, como o desejo carnal entre eles, como mostrara abundantemente muitos *apotegmas*, dos quais esse autor nos inventaria alguns.

## 152 RONALDO AMARAL

lhoso rosário de eremitérios". Esse dado nos aclara uma vez mais sob as características e as estruturas desses primitivos mosteiros da alta Idade Média e, consequentemente, sobre sua natureza e função. A partir da constatação de suas principais características, entendemos como pôde Frutuoso fundar tantos mosteiros como nos descreve sua *Vita*, uma vez que não estaremos diante daquelas abadias de fábrica grandiosas e complexas, como encontramos mais tarde na Idade Média central (XI-XIII), mas de moradas rudimentares e frágeis, cujo aspecto físico dessas fundações nos poderia ainda falar muito de sua disciplina, essa também bastante divergente daquelas vigentes nos grandes cenóbios posteriores.

A *Vita Martini* nos oferecera um rico relato sob as características tanto físicas como organizacionais desses mosteiros de vida solitária, ou ao menos de vida semicomunitária, ao descrever o mosteiro de Marmoutier fundado e residido por Martinho de Tours:

> Tinha uma cela feita de troncos. Também muitos irmãos; a maioria havia procurado resguardo escavando a rocha do monte que pendia sobre eles. Os discípulos eram uns oitenta e se comportavam segundo o exemplo de seu bem-aventurado mestre. [...] Era raro os que saiam de sua cela, salvo quando se reuniam para a oração [...] Muitos se vestiam com pele de camelos; considerava-se ali um delito uma roupa mais delicada... (Sulpício Severo, 1987b)

Lembremo-nos ainda da descrição dada pela *VF* do mosteiro de são Pedro de Montes que, conforme trataremos no capítulo seguinte, acreditamos nem mesmo se constituir em uma comunidade de solitários, mas em um restrito reclusório rochoso de Frutuoso. As obras de Valério de Bierzo, como vimos em alguns trechos no item segundo do segundo capítulo, serão igualmente pródigas em nos descrever esses mosteiros, muitas vezes tão somente moradas troglodíticas, acompanhadas ou não da construção de algumas pequenas ermidas.

Quanto à disciplina vigente, esses mosteiros anacoréticos estavam em plena convergência com sua natureza física. O superior deveria instruir mais pelos exemplos e conselhos do que pela imposição de

A SANTIDADE HABITA O DESERTO    153

uma norma codificada, ou seja, uma regra, já que seus discípulos, a exemplo do mestre, viveriam em um estado relativamente autônomo e independente, e ainda mais livres posteriormente, quando já formados por esse aprendizado. Cada discípulo possuía sua cela que se erigia nas cercanias do eremita ancião, e que se constituía comumente em uma choça de madeira ou uma cova rochosa natural, quando se aproveitava uma gruta, ou artificial, quando escavada na rocha. As atividades comunitárias geralmente se circunscreviam a orações comuns pouco numerosas, muitas vezes apenas semanais e à refeição única e frugal. A consulta e o aconselhamento do ancião aos discípulos ficavam mais a cargo da necessidade e do arbítrio dos últimos, obedecendo assim a essa ausência de normas e comportamento regulamentados e impostos. Dessa maneira, os monges ficavam ainda bastante livres para decidir sob sua permanência nessas comunidades, pois não estavam obrigados e presos a votos ou qualquer tipo de pacto ou contrato com o superior ou com o mosteiro, como se verá recorrente nos mosteiros institucionalizados e organizados hierarquicamente.

Essas colônias solitárias poderiam, no entanto, dar origem, algumas vezes, a verdadeiros cenóbios. Tal processo se daria quando o afluxo de candidatos à vida monástica tornar-se-ia demasiado numeroso e heterogêneo, exigindo assim a edificação de instalações mais amplas e complexas, além da codificação de algumas normas por parte do fundador, ou pelo menos de sua adoção de uma regra já existente. Compludo deveria ter seguido essa lógica, embora tenha perseverado, e insistido em grande medida, na continuidade da vida anacorética, ainda que, necessariamente, adaptada agora às novas exigências da vida comunitária, como expusemos em nosso primeiro capítulo. Outras fundações de Frutuoso talvez não tivessem chegado a uma vida comunitária mais efetiva, como acreditamos, por exemplo, para são Pedro de Montes em tempos em que lá esteve o santo.

Como anotávamos antes, muitas foram as razões religiosas, sociais, econômicas e políticas para o grande afluxo de pessoas que viriam a povoar essas fundações. A *Vita* nos descreve o "exército de monges", que forçará Compludo a deixar sua humilde estrutura

154 RONALDO AMARAL

de moradas de solitários para se constituir em um cenóbio com vida regular e conventual. Insistirá ainda nosso texto em muitas de suas passagens sob o sucesso e a celebridade de Frutuoso, que lhe custaria sua tão cara solidão:

> Mas no tempo em que, com a ajuda do Senhor, levava uma vida eremítica irreprochável e muitos o assediavam com abundantes e diligentes visitas, disse-se que o santo tinha domesticadas no mosteiro umas negras e pequenas aves, que se denominam vulgarmente grajos (sic), as quais por distinta partes dos bosques o buscavam revoando em velozes passadas até que, averiguado seu paradeiro, com vozes altas e agudas descobriam a quantos o buscavam seus santos esconderijos e os revelavam a todo o mundo. Então todos acabavam acercando-se ao santo varão com grande alegria... (*VF* 9, 1-9)

Vê-se que Frutuoso não permanecia nesses mosteiros por ele iniciados, especialmente quando se constituam em locais muito povoados. As paragens desérticas e escondidas, como os bosques e florestas – os desertos do Ocidente –, segundo a expressão de Jacques Le Goff, seria sua morada habitual e ideal. Aí, entregue à solidão e oculto dos olhos humanos, evitaria as frequentes visitas que viria a receber se estivesse fixado na comunidade do mosteiro, onde seria facilmente encontrado. A tranquilidade para a meditação e a contemplação era-lhe, no entanto, pouco duradoura. Logo se via frequentado por devotos e admiradores, muitos dos quais dele se acercavam pela aspiração do discipulado. Todavia, o desejo pela solidão devia lhe falar mais alto. Fundava, ou mais precisamente, provocava a fundação de um novo mosteiro para acomodar esses novos discípulos, deixava-lhes uma regra para a instrução e disciplina, e partia em direção a seu anseio maior: a vida no ermo. Suas fundações devem ser entendidas, assim, não como empreendimentos intencionais, premeditados, mas impostos pelas circunstâncias. Haja vista que Frutuoso não permanecerá nessas fundações e, consequentemente, não se submeterá à à vida e à disciplina conventual, e nem mesmo ao governo dos irmãos.

A SANTIDADE HABITA O DESERTO    155

e depois se dirigiu ao deserto, onde fundou numerosos mosteiros nos que consagrou ao Senhor muitas almas de monges por sua norma de vida e sua santa disciplina. Ele, enquanto estabeleceu para todos os que residiam neles um modelo de reta vida segundo os princípios cenobíticos, e vivera ali um certo tempo, para evitar a freqüente concorrência de gente, buscou as mais recônditas paragens do deserto... (*VF* 8, 15-16)

A admiração que gozava o eremita, e que lhe custaria sempre e exatamente o seu bem maior, a solidão, deveria ser um lugar bastante comum não só para Frutuoso, mas para tantos outros contemporâneos de igual opção de vida monástica. Isidoro de Sevilha, em sua regra monástica, já advertia aos monges que almejavam fazer-se solitários do seu intento falido, já que esses seriam sempre honrados, vindo a atrair assim a presença de muitos "Pois na realidade todo aquele que se aparta da multidão para descansar, quanto mais se separa da sociedade, tanto menos se oculta".[4]

## Transformação e auxílio social

Frutuoso, proveniente de um meio nobre e abastado, deveria ter impressionado fortemente as pessoas de seu tempo ao se entregar à renúncia e à solidão. A sua radical atitude de desprendimento, uma vez que havia realmente muito do que se desprender, e a partir daí seu próprio gênero e estado de vida religiosa viriam a se constituir em uma prática pastoral conversora, na medida em que apresentaria a seus contemporâneos, particularmente ao rústico homem do campo, a doutrina cristã e as exigências evangélicas não por meios subjetivos e teóricos, como predicações e obras exegéticas, mas por sua vivência prática e efetiva. Daí a grande admiração pelo eremita. Era ele o ho-

---

4  Cf. Isidoro de Sevilha, *Regula Monachorum*, 19. Estamos utilizando a edição de J. Campos e I. Roca. *Santos Padres Españoles* (1971b, 2v.), tanto para a *Regula Monachorum* de Isidoro, como para as demais visigóticas, ou seja, a *Regula Monachorum* de Frutuoso e a *Regula Communis*.

mem que, mortificando-se e despojando-se de tudo e de si mesmo, dedicando-se somente à contemplação de Deus e das coisas divinas, conseguiria se desvencilhar do "mundo", onde residia o pecado e o prazer corruptível, os quais desviariam e inabilitariam o homem da obtenção do verdadeiro e perene bem: o reino dos céus, e isso ao menos as vistas de seus admiradores e adeptos. Conseguiria doravante se excluir do mundo que se antepunha ao espírito, antecedendo-se assim na vida celeste, pela única e exclusiva dedicação a Deus e às coisas espirituais. O anacoreta era, assim, capaz de converter e convencer o homem de seu tempo da possibilidade de viver as propostas e exigências evangélicas, ao demonstrá-la praticável e praticada. Falava à sensibilidade do simples, a seus olhos, a seus ouvidos; fazia-se sentir. Não apenas falava dos insignes personagens das Sagradas Escrituras e da tradição dos padres, mas procurava imitá-los. Mais que falar do Cristo, objetivava vivenciá-lo; mais do que dar a conhecer os apóstolos e mártires, os imitava pela renúncia, pela familiaridade com o Senhor que contemplavam, e pelo martírio voluntário das mortificações e flagelações que se impunham.

A caridade deveria ser mais um dos traços comuns a esses eremitas. Lembremo-nos de que, especialmente no Oriente, terras de peregrinações, muitos anacoretas dedicariam seus bens à fundação de hospitais, albergues e à distribuição de esmolas.[5] As *Vitas* de anacoretas, como demonstraremos mais à frente, exploram com grande recorrência, embora constituam-se em grande medida um lugar-comum hagiográfico, a renúncia dos bens de seus nobres e abastados hagiografados em favor dos pobres, quando de sua opção pela vida no ermo.

As regras monásticas visigodas nos demonstrariam, contudo, que a prática da *caritas*, mais do que um tópico hagiográfico, deveria ter sido uma realidade de fato entre os monges da Hispânia de Frutuoso, dado ser ele próprio o nosso exemplo mais enfático e explorado. As comunidades monásticas, particularmente as do Noroeste peninsu-

---

5 Ver, a esse respeito, os testemunhos recolhidos e tratados por Blásquez (1998, p.246).

A SANTIDADE HABITA O DESERTO    157

lar, teriam sua gênese, quase sempre a partir de centros solitários, como temos visto. Assim, daquela realidade primeira deveriam herdar algumas circunstâncias e exigências que lhe seriam próprias. Esse seria o caso da necessidade estrita que se impunha ao futuro monge de desfazer-se dos seus bens em favor dos mais necessitados quando de seu ingresso na comunidade monástica. A *Regula comunnis*, de tradição fructuosiana, tanto por sua redação como pela região em que vigeria, o Noroeste hispânico, estabeleceria que o converso não deveria se agregar à comunidade sem antes desfazer de seus bens, os quais teriam por único e exclusivo destino os pobres, pois não deveriam ser doados a qualquer outro que não aos necessitados, nem mesmo à Igreja e, pelo menos não explicitamente, à comunidade monástica:

> quem dize tudo (Cristo), mandou não reservar-se nada para sua propriedade; e não o entregou a qualquer, senão tudo aos pobres de Cristo; e não o deu ao pai, nem a mãe, nem ao irmão, nem ao conhecido, nem ao consangüíneo, nem ao filho adotivo, nem a mulher, nem aos filhos, nem a igreja, nem ao príncipe da terra, nem aos servos, depois de apresentadas as provas de sua liberdade. E uma vez interrogado desta forma, como temos indicado, se lhe admitirá logo no último posto. Mas, se deixar a alguns dos acima citados, com falsa renúncia, um só denário a título de piedade, mandamos que sem demora se o expulse fora, por que consideramos ao tal não entre os apóstolos... (*Regula communis* 4)

A *Regula monachorum*, de Isidoro de Sevilha (1971b), também estabeleceria que o converso, ao compor as fileiras dos monges, deveria se desfazer de seus bens, que seriam entregues aos pobres ou à mesma comunidade em que se agregaria.

> Quem, depois de deixar o século, se converte com piedosa e saudável humildade a milícia de Cristo, primeiramente deve distribuir todos seus bens aos necessitados ou agregá-los ao mosteiro. Neste momento, pois, entregam aos servos de Cristo sua liberdade a milícia divina, porque então se dessaraigam todo vínculo de esperanças mundanas... (*Regula communis* 4)

158  RONALDO AMARAL

Interessante seria aqui notar que tanto a *Regula comunnis* quanto a *Regula monachorum* de Isidoro de Sevilha estabeleceriam essa exigência da renúncia dos bens aos conversos a vida monástica, pois assim a vemos nos capítulos redigidos, dentre outros, para esse fim – "Da ordem dos conversos" e "Dos conversos", em ambas as regras, em ordem respectiva. A *Regula monachorum* de Frutuoso, em capítulos similares, "Dos conversos. Como devem ser admitidos" e "Da profissão do converso", assim como em qualquer outra parte da regra, não nos legará nenhuma notícia da exigência do seu monge ingressante se desfazer de seus bens. Isso se daria porque Frutuoso não acharia necessário explicitar textualmente essa renúncia, dada sua obviedade, ou por que seu converso continuaria possuindo seus bens? Certamente, a segunda indagação não encontraria nenhuma possibilidade de assertiva, pois dado o rigorismo dessa regra, seria quase inconcebível uma concessão desse gênero. Diríamos mesmo, e em relação à primeira, que essa não menção textual provavelmente não se daria pela não necessidade de explicitar essa renúncia, pois apesar de óbvia, Frutuoso não a deixaria implícita, já que para uma regra tão detalhista quanto às exigências e ao caráter de seus monges, um dever dessa envergadura deveria ser claro e estar explícito e definitivamente estabelecido. Desse modo, sobra-nos constatar uma realidade não muito difícil de apreender – o monge ingressante na primitiva comunidade de Frutuoso, a qual encontraria seu reflexo exatamente em sua *Regula monachorum*, não assistiria à necessidade de se desfazer dos bens, pois, muito provavelmente, não os possuía para assim realizar. Lembremo-nos de que a região em que se encontrara Frutuoso seria bastante pobre, de subsistência rural, que, como vimos, sendo bastante instável, não legaria àqueles camponeses muitos regalos. Humildes homens do campo, muitas vezes socioeconomicamente dependentes de grandes senhorios, dos quais contamos as mesmas propriedades de Frutuoso, esses conversos, pelo menos os que ingressariam na primeira das comunidades estabelecidas por aquele, deveriam, mais do que oferecer aos pobres seus bens, como os fariam os monges urbanos de Isidoro de Sevilha, receber dessa as condições necessárias para a sobrevivência. Tornar-se-iam

A SANTIDADE HABITA O DESERTO    159

monges, nesse aspecto específico, não para se desvencilhar dos bens oferecidos pelo século, mas exatamente para adquiri-los, pelo menos o necessário para subsistir. Essa nossa observação última encontra seu correspondente documental na mesma *Regula monachorum* de Frutuoso, que, ao regular a entrada do converso na comunidade monástica, nos aclararia sua condição e estado precedente denunciando, dessa forma, sua origem humilde e as razões, em grande medida materiais, para a inserção em um meio onde o espiritual deveria ser o fator proeminente.

> Todo converso, quando chegar ao mosteiro e solicitar ser admitido, posto primeiramente em presença de toda comunidade, será interrogado pelo abade se é livre ou servo, se trata de ingressar por reta e livre vontade ou talvez forçado por alguma necessidade... (*Regula communis* 21)

No que se refere ao trato mais íntimo com seu discípulo, o fato de o acolher, ouvir, aconselhar e mesmo repreender com algum juízo deveria ser uma grande atitude de consideração para com esses homens que estavam acostumados às disparidades sociais, à incompreensão e à injustiça desses tempos. A *Regula communis* (8), vigente nos ambientes frutuosianos, fala-nos, por exemplo, dos conversos de idade avançada, que quase sempre procuravam a vida monástica por encontrar nessa um ambiente que os acolhesse e os resguardasse de sua debilidade, oferecendo-os, assim, a comodidade e o bem-estar que comumente não encontrariam lá fora, e que a regra demonstra oferecê-los com extrema exigência e atenção.

A profissão religiosa do eremita que falava e instruía seus seguidores não pela imposição e pela exposição teórica dos deveres e exigências do evangelho, mas pelo exemplo de quem o pratica, mostrando assim a sua igualdade humana perante eles, deveria justificar para muitos o desejo de se entregar e compartilhar desse estado religioso.

Como anotávamos com anterioridade, os primeiros discípulos de Frutuoso deveriam ter sido seus servos e, desse modo, ao abraçar a vida de despojamento e desprendimento, e fazer-se como mais

160 RONALDO AMARAL

um deles, Frutuoso promoveria uma nova rede e um novo modo de sociabilidade, pois repartiria com aqueles os seus bens e o seu estado de liberdade, na medida em que se entregariam todos a um mesmo modo de vida, compartilhando, mais ou menos, uma mesma realidade e um mesmo modo de vivenciá-la. Assim, ao acolher o homem simples ao seu lado, camponeses dependentes e muitas vezes mesmo recém-libertos, o eremita lhes daria no ermo a dignidade que não alcançariam no século, e talvez mesmo a celebridade de um santo.

O anacoreta preceptor deveria ainda, mesmo diante de algumas severidades, geralmente de ordem ascéticas, legar, junto à comunidade que fundara, um meio de convivência alternativo e, talvez, bem mais convidativo do que a vida no século. Como vimos, nessas comunidades as disparidades sociais e econômicas eram, senão nulas, bastante atenuadas. Os parâmetros, a medida da justiça, seriam em grande medida outros, pois se procuraria viver aí, e é claro, sempre dentro de seus limites e de suas possibilidades, uma maior coerência com o evangelho. Assim, o anacoreta que acolhe, deveria, em razão dessa proposta evangélica, promover maiores possibilidades de igualdade social, pois todos deveriam ser irmãos diante de um mesmo e único pai. Isidoro de Sevilha, por exemplo, e ainda que em uma comunidade já devidamente organizada, nos elucidara esse mesmo pensamento característico dessas primeiras comunidades monásticas:

> Quem ingressa antes no mosteiro será o primeiro em todo o grau e ordem, nem há que perguntar-se se é rico ou pobre, servo ou livre, jovem ou velho, rústico ou instruído. Nos monges, pois, não se pergunta a idade nem a condição, porque entre a alma do servo e do livre não há diferença alguma ante Deus... (Isidoro de Sevilha, 1971b, *Regula monachorum* 3)

Assim, o anacoreta promoveria não só um novo modo de vida, mas também e sobretudo um novo modo de concebê-la e apreendê-la. Se a vida monástica seria uma vida de renúncia, de *fuga mundi*, ela deveria criar uma nova realidade, assentada sobretudo na antítese daquela que renunciou. Seria uma experiência que almejaria em

A SANTIDADE HABITA O DESERTO   161

grande medida escapar da sociedade e de suas estruturas e costumes. Inaugurar-se-ia uma nova forma de viver, que se basearia sobretudo em hábitos e práticas que viriam a negar e a rechaçar a vida secular.[6] Muitas vezes a oposição à vida secular se daria não somente por sua marginalização e rechaço, mas por seu ataque prático e ideológico. Abundam nesse sentido, entre os séculos IV e V, tanto nas legislações civis quanto nas eclesiásticas, reprimendas a monges que promoviam verdadeiras celeumas contra a ordem pública e intervinham na justiça secular, uma vez que se consideravam porta-vozes da justiça divina na terra, a única permissível a julgar, o que os aprovaria mesmo de subtrair do braço secular condenados sem mais direito de apelação (Teja, 1988, p.20-5). Essa característica última para a Hispânia visigoda, guardadas suas especificidades, encontra-se entre as atitudes de Frutuoso, que, como se verá, intervém com admoestações evangélicas e escatológicas em questões de caráter civil e canônico ao se dirigir em correspondência ao rei Recesvinto e os bispos em concílio (Vega, 1941).

A proposta monástica de uma vida estritamente evangélica implicaria, num primeiro momento e como parte dessa atitude de *fuga mundi*, a renúncia daquela estrutura social mais comum e característica a todos: a família, entendida como uma estrutura composta e compreendida pelo parentesco "natural", consanguíneo ou conjugal, ou ainda pelas relações de indivíduos, geralmente dependentes, que formariam e compreenderiam a população de um *dominium* (Guerreau, s. d.).

---

6  E, no entanto, como nos lembrara Juan Gil (1994, p.15), as regras monásticas não deixariam de respeitar algumas conveniências sociais, as quais não estariam certamente em plena convergência com as exigências do Evangelho, como a aceitação e mesmo a adoção da prática escravista, pois os conversos de proveniência servil só seriam admitidos nos mosteiros cenobíticos como *"fratres"* se manumitidos por seus donos, e alguns cenóbios os possuíam encarregados dos serviços mais pesados, como o Honorianense, conforme estabelece Isidoro de Sevilha seu fundador (*Regula Monachorum*, 17). Insistamos, no entanto, que essa conformidade com as conveniências sociais se fariam mais graves a partir desse monacato cenobítico institucionalizado, portanto igualmente partícipe dessa rede de conveniências da sociedade secular.

162 RONALDO AMARAL

Dessa forma, o ingressante na vida monástica, rompendo ou marginalizando esse "modelo" de família no qual se vira inserido, na medida em que adotaria um novo "modelo" fundado exatamente pelas palavras do próprio Cristo "Quem é minha mãe e meus irmãos? [...] Eis minha mãe e meus irmãos. Quem fizer a vontade de Deus, esse é meu irmão, irmã e mãe...", passaria a compreender essa nova "família" justificada pelo "parentesco espiritual",[7] cujas relações de afinidade e laços de solidariedades se dariam em maiores extensões e em proporções mais amplas, uma vez que o núcleo familiar se estendera a toda comunidade de "irmãos" de Cristo, e a filiação de um mesmo e só "Pai". O próprio Cristo, não obstante, ao se constituir no mesmo Pai, porque consubstancial a ele, exercerá o papel de chefe dessa grande família, e não só o espiritual – *sacerdos* –, mas também o de provedor que saneia as necessidades mais imediatas, que dispensa o necessário por sua providência. Além disso, e como um reflexo dessa grande "família de Cristo", pois os monges passariam a adotá-la como modelo para sua realidade e estrutura mais circunscrita e imediata, unir-se-iam então sob o *status* de *fratres*, e o ancião da comunidade, ou seja, o anacoreta célebre, revestindo-se da autoridade antes de tudo espiritual e moral, o papel de pai, cuja gênese e justificativa dessa prática já discutimos anteriormente.

Estamos, contudo, e em razão sobretudo dessa nova concepção e estrutura "familiar", diante de uma realidade muito mais ampla e complexa: a renúncia sexual, que cobrou do cristianismo e de seu ascetismo um lugar de fundamental e primeira importância. Sua origem e seu fundamento remontam, como não podia deixar de ser, ao próprio texto Bíblico. Em sua primeira epístola aos Coríntios, Paulo pediria que todos os homens permanecessem celibatários (1Cor. 7,8). O evangelho de Mateus apresenta o próprio Jesus nos dando a

---

7 Sabemos que esse conceito compreende significados e situações mais amplas, como o parentesco artificial, cuja origem se deverá também a partir do espiritual, mas que, diferentemente do nosso caso, estará assentado sobretudo nas relações do parentesco que se inaugura pelos atos sacramentais, destacando-se sobretudo o batismo e as relações por esse inauguradas entre o neófito, seus pais e padrinhos. Ver, com mais pormenores, Guerreau (s. d.).

A SANTIDADE HABITA O DESERTO    163

conhecer aqueles que se fazem castrados, não pelo ato físico em si, mas porque se abstêm das relações carnais pela causa do Reino dos Céus (Mt. 19,12). A vida monástica, mais uma vez herdeira do ideal evangélico e apostólico, exigira daqueles que a adotassem a abstenção das relações sexuais e tudo o essa vida implica: o matrimônio e a família "natural", como já colocávamos. O desejo e o ato sexual chegariam mesmo a ser considerados pela tradição dos padres do ermo como uma das manipulações mais frequentes do demônio, constituindo-se muitas vezes no próprio, como afirmará, por exemplo, João Cassiano (1965) ao falar do "espírito da impureza". Atanásio de Alexandria, por sua vez, e muito mais explícito que Cassiano pelo que nos parece, nos apresentaria o desejo sexual, a incitação a esse ato, como o próprio demônio, ou como uma de suas "categorias". Assim, tendo aparecido um menino negro a Antão, esse perguntaria sobre sua identidade e aquele responderia "sou o amigo da fornicação que me acerco dos jovens com meus atrativos; me chamam o espírito da fornicação" (Atanásio de Alexandria, 1988, *Instituições* 5). E anteriormente o diabo já havia se disfarçado de mulher, "imitando seus gestos" para persuadi-lo a deixar essa vida de renúncia (ibidem). O alimento frugal, a abstinência da comida, se prestaria também e em grande medida a colaborar com a virtude da castidade. O jejum, tão caro a esses radicais ascetas solitários, deveria ser posto em prática, entre outras circunstâncias, em razão de que "somente o homem temperante é capaz de enfrentar a luta contra as concupiscências da carne e os movimentos desordenados das paixões da alma" (Cassiano, 1965, *Instituições* 5,13).

A renúncia sexual, para além de suas causas e consequência ascéticas e espirituais, e em razão delas próprias, legaria, portanto, um profundo câmbio nas relações sociais. Tenhamos em mente que muitos daqueles que abraçarão a vida ascética e solitária não só se absterão da vida conjugal por sua não adoção, mas também por seu abandono. O casamento será, nesses primeiros séculos apologéticos à virgindade e à continência, mais um estado de concessão àqueles que não conseguiam se abster de todo da relação sexual, do que um estado realmente recomendado pelos Padres. Encerraria em seu seio, em razão do ato sexual que supõe, a dor, a morte, a corrupção da carne,

164  RONALDO AMARAL

pois, promovendo a procriação, por meio de um "ato pecaminoso", viria a corroborar ainda com a perpetuação da existência terrena, a mesma que, em maior ou menor grau, se pretendia extirpar pelo ideal da castidade. Segundo Peter Brown (1990, p.183), esse estado de continência entre os cristãos casados fora uma forma de abstinência, tão ou mais anterior à renúncia operada pelos solitários ascetas do deserto. Muitos exemplos poderiam ser aqui citados, pois esses abundam na literatura monástica, tanto a oriental como a ocidental. A *VF* nos traz, por sua vez, um interessante exemplo a esse respeito. Conta-nos o seu autor que uma "santa donzela" chamada Benedita, de posição nobre, fugindo de sua família e do compromisso conjugal com um oficial régio, para o qual estava prometida, adentraria o ermo, acercando-se do mosteiro onde estava Frutuoso. Pediria ao santo que a acolhesse e a instruísse na vida religiosa. Esse, por sua vez, recomendaria que sua nova seguidora construísse naquele mesmo deserto um pequeno refugio, o qual receberia posteriormente um grande número de jovens, convertendo-se, dessa forma, em uma congregação de santas virgens, depois de levantado um outro mosteiro nessa mesma solidão. Entretanto, e para o infortúnio de Benedita, seu prometido viria a reivindicá-la como sua mulher. Não obteria, todavia, seu intento, pois a nova superiora "inspirada pelo Senhor" conseguiria inibi-lo e fazer que o compromisso fosse anulado, permanecendo, assim, nesse estado religioso (*VF* 15).

Ver-se-á que a vida monástica adotada por Benedita, se temos que crê-la real, poderia ter por causa primeira não tanto o estar "inflamada pelo ardor de sua fé e pela chama do desejo da santa profissão religiosa", segundo as mesmas palavras da *VF*, mas a sua recusa a um compromisso socialmente estabelecido, o casamento, que aliás se daria por vias de imposição, uma vez que prometida à vida conjugal foge dessa e ocultamente de seus parentes para ocupar-se da vida ascética e solitária. Dessa forma, o estado monástico legado a ela por Frutuoso a ajudaria a invalidar e se desvencilhar desse compromisso mais que pessoal, socialmente estabelecido.

Como dissemos antes, muitos daqueles que abraçariam a causa eremítica provinham de camadas sociais bastante humildes, até mes-

A SANTIDADE HABITA O DESERTO 165

mo servil. Todavia, parece-nos que houve grande número de "conversões" entre ricos e nobres, apesar de essa informação se constituir na maioria das vezes, especialmente no caso do texto hagiográfico, em um tópico para uma maior exaltação do santo que possuía uma grande quantidade do que se despojar. Poderia, assim, o autor da *VF* afirmar com grande relevância: "Assim pois dito, são Frutuoso se mostrou muito caro ao Senhor desde primeira idade. Logo jogadas longe de si todas as vaidades do mundo, distribuiu entre as igrejas, seus libertos e os pobres todo o capital de seu esplêndido patrimônio..." (*VF* 8, 9-12).

Informar-nos-ia do mesmo modo a *Vita* do santo visigodo da existência de muitos nobres e ilustres personagens que, além de seu próprio hagiografado, e exatamente por se constituírem em seus discípulos, viriam abraçar a causa monástica: "Crescendo e fazendo-se cada vez mais freqüente o rumor de sua eximia santidade, muitos distinguidos e nobres personagens, inclusive da corte, deixando o serviço do rei, fugiram com sede de perfeição a sua santa disciplina..." (*VF* 8, 1-3).

Temos, não obstante, informações e testemunhos bastante numerosos e consistentes a respeito da adoção à vida solitária e ascética por nobres e abastados, especialmente nos primeiros anos do surgimento dessa forma de vida religiosa (Blázquez, 1998, p.232-8). Podemos tão somente a título de esclarecimento arrolar alguns personagens. São Jerônimo, que se dedicara à vida monástica na Palestina, e a defendia e louvaria com grande ardor, nos lembrara de suas discípulas, dentre as quais Paula e Marcela, que, oriundas de família nobre e tradicional romana, desfizeram-se de seus bens, custeando até mesmo a fundação de mosteiros (ibidem, p.233). Poderemos acrescentar Sulpício Severo (1987a, p.11) e seu amigo Paulino de Nola que, provenientes de meio culto e abastado, se desfizeram de todos os seus bens para entregar-se à vida ascética no deserto. A doação de bens e dinheiro por parte desses nobres pela vida eremítica, ou simplesmente para sua causa, provocaria ainda a transferência e a evasão de posses e riquezas das mãos dessa pequena camada, cada vez mais privilegiada, ante a grande maioria de despossuídos e dessa dependente, que passaria então a sustentar obras e ambientes de auxílio social.

166 RONALDO AMARAL

Pagamento de dívidas para a liberação dos encarcerados, fundação e direção de hospedarias e hospitais, sobretudo nos desertos orientais terra de peregrinos, defesa dos pobres ante graves dificuldades econômicas e opressão política compunham este quadro de ajuda e defesa por parte de alguns solitários.[8] Assim e segundo a expressão de José Maria Blázquez (1998, p.236), teremos a dilapidação dos bens dessa pequena camada privilegiada em benefício não só da causa monástica, mas dos pobres e de sua assistência. Vimos que algumas vezes a doação de bens dos que renunciavam ao século deveria se dar única e exclusivamente em benefício dos pobres, como exigira dos ingressantes a prática monástica a *Regula communis* (4).

Voltando às hagiografias de anacoretas, encontraremos inúmeros relatos de préstimos e doações de bens aos menos favorecidos, pela causa do evangelho e da vida eremítica. Como já indicamos, esses piedosos doadores hagiografados seriam sempre de origem nobre e abastada, obedecendo, assim, àquele comuníssimo tópico, há muito já observado por André Vouchez, da procedência aristocrática dos santos da Antiguidade tardia, dentre os quais Frutuoso não seria uma exceção.

Podemos, desse modo, anotar aqui o nome de Antão novamente, que, proveniente de uma abastada família de camponeses, doaria seus bens aos pobres, segundo seu mesmo hagiógrafo Atanásio de Alexandria (1988).[9] Também será essa a medida tomada por outro famoso anacoreta, Hilarião, cuja *Vita* devemos a Jerônimo (2002b).

---

8 Ainda que essas informações provenham sobretudo de textos hagiográficos e de outros relatos devidos à escrita desses mesmos solitários, como a *Historia lausíaca* de Paládio e epístolas de diversos outros autores de época e circunstância mesma, esse ato de atenção e ajuda aos pobres e sua mazelas deveria, pela intensidade e quantidade da ocorrência, se constituir não de todo em mais um lugar comum hagiográfico, como aqui temos considerado. Sobre esses testemunhos, os reuniu, embora pouco criticamente, José Maria Blásquez (1998, p.245-6).

9 Se tal atitude de Antão se realizara de fato, os receptores desses seus bens, os pobres dessa sua época e lugar, seriam igualmente de ambiente rural, uma vez que, segundo Jacques Lacarrière (1996, p.98), a maioria dos camponeses vivia em estado de total dependência e escassez, não obtendo nem mesmo, muitas vezes, o mais imprescindível para uma suportável existência.

A SANTIDADE HABITA O DESERTO    167

Muitas vezes a adoção dessa atitude de renúncia assistiria à oposição por parte de amigos e parentes do desprendido, como ocorrera, por exemplo, com Paulino de Nola e sua esposa (Blázquez, 1998, p.236). A *VF* também nos informa sobre uma realidade semelhante no que respeitara ao despojamento operado por Frutuoso quando optava pela vida eremítica. Assim, nos daria a conhecer esse texto que, posteriormente à sua retirada ao ermo, construiria o mosteiro de Compludo "e sem reservar-se nada para si segundo os preceitos divinos, oferecendo ali até o último bem de sua propriedade, o dotaria com grande abundância" (*VF* 3, 3-4). Essa atitude de Frutuoso, no entanto, causaria forte indignação e repreensão de um seus familiares. Seu cunhado passaria a exigir o pagamento da parte que lhe cabia em herança pelas terras do mosteiro de Compludo. Contudo, esse não conseguiria obter a tão desejada parte na herança, pois, curiosamente e pouco conveniente com a bondade deifica cristã, e pela intercessão de seu santo parente que orava ao Senhor, Argelate, seu cunhado, deveria deixar de se constituir em uma ameaça às posses complutenses, uma vez que seria levado desta vida pela vingança divina, deixando com estranhos seus bens; pois não deixaria descendência, e só levaria consigo a perdição, conforme conclui o hagiógrafo (ibidem). Essa passagem nos indica quão recorrente deveria ser essa atitude de repreensão aos piedosos doadores de seus bens para a causa cristã, sobretudo por sua radicalidade, como não nos deve ser difícil apreender.

O eremita, em sua pequena comunidade, que possuía não obstante alguma irradiação, fora ainda o disseminador primeiro da sabedoria e cultura cristãs. Entenda-se essa, sobretudo, como o saber, o campo de investigação e conhecimento que se voltaria tão somente às obras de natureza cristã, como a Bíblia e a literatura dos padres da Igreja.[10] Como sabemos, a partir do século IV, essa viria

---

10  Desde os autores cristãos tardo-antigos, como Jerônimo – ver Blázquez (1998, p.211) – até à época que mais estreitamente nos ocupa, e fora de dúvida, ainda posteriormente, a Bíblia e a tradição dos padres comporão se não o total, o

168  RONALDO AMARAL

paulatinamente a conquistar e a viger como cultura predominante durante praticamente toda a Idade Média. A cultura clássica, como veremos com maiores pormenores no quinto capítulo, fora muitas vezes, e ainda que mantido seu conteúdo mesmo, obliterada de sua razão e natureza primeira em razão de fazer-se adequada às necessidades do cristianismo. Os textos somente se justificariam enquanto auxiliassem a entender e a transmitir a nova literatura cristã, sua história, suas concepções, seu uso e ensino, que, ocorrentes eminentemente no seio da Igreja, deveriam a partir de então estar em conveniência com as novas "verdades" da fé. Assim, praticamente tudo o que se ensinaria, senão já da natureza mesma do cristianismo, se cristianizaria. Dessa forma, o estudo das Sagradas Escrituras e de todas as matérias que a circundavam e a respeitavam constituir-se-iam na preocupação mais eminente desses pensadores e estudiosos.

O estudo da Bíblia e da tradição dos primeiros padres, quando não propriamente da construção mesma dessa tradição, dever-se-ia assim a esses primeiros monges. Veja-se o papel de singular importância que exerceram anacoretas como são Jerônimo.

Os núcleos eremíticos hispânicos, e particularmente os visigóticos, não estariam desprovidos de solitários estudiosos e que se dedicassem a distintas matérias da vida e da religião cristãs. Como se verá mais adiante, Frutuoso e seus companheiros, em pleno ermo, preocupavam-se com a interpretação da Bíblia e com o entendimento daquela realizada por um anterior padre. (Bráulio de Saragoça, 1975, *Epístola* 43) Valério do Bierzo nos deixou uma abundante obra e nos

---

essencial do ensino e do conhecimento disposto e adquirido pelo cristão, particularmente o de profissão religiosa. Ver, por exemplo, que a educação visigótica, tanto em âmbito monástico como clerical, e mais estritamente em relação ao primeiro, dispensava um programa de cunho mormente cristão, e mesmo quando se utilizava de algumas obras que não comportavam propriamente o conteúdo e as ideias cristãs, o faria da mesma maneira na medida em que essas obras viriam a corroborar de alguma forma seu entendimento, como quando se utilizaria dos gramáticos para iniciar os monges e clérigos no conhecimento da língua, pois dessa forma os habilitaria à leitura e à exegese do texto bíblico e da tradição desse advindo.

A SANTIDADE HABITA O DESERTO 169

descreveu as capacidades intelectuais de alguns de seus discípulos.[11] A *VF* (8, 4,5) uma vez mais nos dera a conhecer o influxo de Frutuoso na vida e formação de seus discípulos, provendo-os, muitas vezes, de sabedoria e reverência, como fora o caso de seu discípulo Teudisclo que teria alcançado, como muitos, a dignidade episcopal e "um distinguido grau de saber e conhecimentos".

Será nesse último século visigodo e nas regiões mais setentrionais, portanto em tempos e localidades familiares a Frutuoso e sua labuta monástica, que o eremitismo primeiro e particularmente, e posteriormente as comunidades monásticas já organizadas disciplinar e institucionalmente, essas quase sempre surgidas do primeiro ou paralela à sua perduração, viriam a exercer um papel de suma importância nessa sociedade eminentemente camponesa, tanto no que concernia aos aspectos religiosos como aos sociais, políticos e econômicos.[12]

Sabe-se que as regiões do Norte peninsular sempre assistiram a um déficit no que concerne a um maior impacto da romanização e mesmo se fizeram menos permeáveis à cultura da época visigótica. Estamos, pois, diante de uma localidade predominantemente rural, desprovida por isso mesmo e em grande medida de um maior influxo das "novidades", tanto no que concerne à "nova" religião cristã como às culturais de uma forma mais genérica, as quais, privilégio quase sempre de centros mais urbanizados, se circunscreveriam e atingiriam, no mesmo período, as suas mesmas regiões mais urbanizadas, ou ainda as regiões meridionais da península. Uma demonstração explícita do tardio influxo cultural religioso cristão nessas regiões nórdicas em relação às meridionais será a obra do evangelizador dos suevos Martinho de Braga (1981), o *"De Correctione Rusticorum"*, assim como os seus *Capitula Martini*, que em pleno século VI viriam a combater as crenças e práticas pagãs que sobreviviam e insistiam em preservar-se mesmo em meio já relativamente cristianizado.

---

11 Pode-se ver em relação a essa questão a sua *Replicatio sermonum a prima conversione* (Valério do Bierzo, 1942).

12 Para as comunidades monásticas já devidamente organizadas, normativa e institucionalmente, e seu influxo socioeconômico, temos relevantes trabalhos publicados, dos quais citamos os de Pablo Diaz Martinez (1988, p.47-62).

Em contraste com essa região setentrional, e ainda que por demasiado sabido, não poderíamos deixar de lembrar e anotar aqui que, por essa mesma época, já possuíamos nas regiões meridionais da península, particularmente nos meios urbanos e em ambientes mais cultos e intelectualizados, um cristianismo já em grande medida amadurecido e edificado, com uma Igreja em franco processo de consolidação e com pensadores cristãos de grande envergadura para a Península. Lembremo-nos, por exemplo, dos padres visigóticos de Toledo, Saragoça, Sevilha, e toda sua considerável produção intelectual e cultural, em que demonstraram até mesmo o acesso e um considerável conhecimento das obras clássicas e da cultura greco-romana. Sublinha-se aqui a figura de Isidoro de Sevilha.[13]

Se no século do nascimento de Isidoro já possuíamos nos centros urbanos da península Hispânica uma Igreja em vias de solidificação institucional e política, e que se firmará plena e efetivamente em ambos os aspectos a partir do século seguinte, o meio rural aguardava ainda personalidades como Martinho de Braga; monges, sobretudos anacoretas, que por sua própria escolha da vida no ermo iam ao encontro daqueles "esquecidos" rústicos. Ao adentrar o ermo, ao ocupar lugares descampados e recônditos, que se achavam precisamente no meio rural, o eremita acercava-se do homem do campo. A partir daí, e ainda que a seu contragosto, a vida ascética viria quase sempre a ser conciliada com a prática pastoral. O eremita se convertia assim em evangelizador e moralizador, quando não promotor de novos e verdadeiros povoamentos com administração e economias próprios. Desse modo, não só formava novas comunidades, a partir de seu núcleo anacorético, mas reorganizava as já existentes, as quais não precisavam necessariamente se constituir em centros estritamente

---

13 Ver o grande número de concílios que teremos a partir de finais do século VI e durante todo o VII, destacando-se o IV de Toledo e seu conteúdo doutrinador e ordenador da Igreja. Esse, no entanto, não apenas nos indicaria que a Igreja visigoda já possuía uma estrutura relativamente complexa a que se deveria ordenar, mas que também e sobretudo, e a partir desse momento particularmente, passaria a exercer maior importância e arbítrio diante de outras realidades, como a política.

A SANTIDADE HABITA O DESERTO    171

religiosos, pois, se instalando nas cercanias da população rural autóctone, junto a seus discípulos, formariam necessariamente uma rede de solidariedades mais ampla, muitas vezes ainda estranha àqueles.

Veja-se, por exemplo, a *Regula communis* que nos informara sobre famílias inteiras que vinham viver no âmbito monasterial e sob a jurisdição do abade, não se investindo por isso necessariamente da qualidade de monges, mas de hóspedes e peregrinos, embora viessem a ter aí uma vida estável e permanente. Seus filhos doravante seriam educados e habituados à vida religiosa, constituindo-se ordinariamente em futuros monges (*Regula communis* 6).

Assim, inaugurar-se-ão entre esses rústicos, de forma particular àqueles que passarão a vivenciar a experiência monástica a partir de então, novas formas de relação pessoal, ou ao menos novas formas de vivenciar e conceber as já existentes. Podemos pensar aqui na nova relação de parentesco espiritual, como já comentamos antes.

Devemos ainda a esses eremitas, particularmente àqueles que passaram a expandir e a organizar seus núcleos monásticos, impondo-lhes normas regularmente estabelecidas, e um verdadeiro poder de autoridade e domínio sobre seus monges e sua realidade, a aparição das relações que virão posteriormente a se cristalizar naquelas que serão próprias das primeiras formações senhoriais. Particularmente elucidativo a esse respeito será a condição jurídica e o estado de dependência a que estarão sujeitas essas famílias agregadas ao mosteiro, uma vez que aí pertencentes "em primeiro lugar não hão de ter poder nenhum de seu corpo, nem preocupar-se do alimento e do vestido; nem pretenderam possuir em adiante bens ou casa de campo, que já abandonaram, senão que hão de viver no mosteiro, como hospedes e viajantes, baixo obediência" (ibidem).

O eremita fundador, e posteriormente o abade constituirão, por assim dizer, e a partir sobretudo dessas comunidades devidamente organizadas social e economicamente – centros de cultura agropastoris em busca de sua autarquia – os primeiros "senhorios", ainda que guardadas suas devidas particularidades, uma vez que essa realidade tivera por gênese e razão maior a vida fora do "século".

172    RONALDO AMARAL

A *Regula monachorum* de Frutuoso e a *Regula communis* nos deram a conhecer as atividades econômicas campesinas organizadas por esses núcleos monásticos. Ainda que se refiram às comunidades já devidamente organizadas sob o modo cenobítico, anotemos que essas tiveram na grande maioria das vezes sua origem em colônias solitárias e, portanto, deveriam adotar dessas seu regime laborial e de subsistência. A *Regula monachorum* (Frutuoso, s. d.) nos mostrara, por exemplo, que seus monges estavam envolvidos na cultura do campo, cujos frutos não só serviam para seu sustento, mas para o de hóspedes e peregrinos, além de doentes que vinham se refugiar nesse mosteiro. O regime alimentar dos monges de Compludo estava ainda constituído de legumes e verduras. Conheciam e consumiam, não obstante, bebidas como o vinho. A *Regula communis* (9) nos falara ainda da prática pastoril de ovelhas, e de sua importância, pois dessas não só se aproveitaram os monges, mas "Delas se sustentam os enfermos, delas se nutrem as crianças, delas se sustentam os velhos, delas se redimem os cativos, delas se atendem aos hóspedes e viajantes".

Deve-se atentar ainda, insistimos, ao fato de que muitos, senão a totalidade dos mosteiros da Alta Idade Média, particularmente da Hispânia e de suas regiões galegas, dos quais possuímos numerosas fontes e inúmeros estudos recentes, tiveram sua origem em refúgios eremíticos e colônias de solitários.[14] Disso se denota, como já anotamos, e pensando particularmente no Noroeste peninsular, que muitos centros monásticos posteriores, e mesmo tantos outros núcleos cristãos não necessariamente investidos dessa natureza, deveram sua origem e sua organização sociopolítica e religiosa a esses primeiros solitários e seus seguidores.

No mais, e mesmo quando essa realidade monástica não passasse de experiências quase individuais de solitários, que teriam somente ao seu lado alguns poucos companheiros de vocação, o contato entre

---

14  Essa questão da origem eremítica dos mosteiros galegos mais antigos tem sido uma abordagem recorrente entre os pesquisadores do monacato dessa região. Assim, pode se ver Fernández Conde (s, d,); Arias (1970, p.345-75); Camaniel (1998, v.2).

A SANTIDADE HABITA O DESERTO     173

esse, ou entre esses, e os moradores camponeses da circunvizinhança, seria um lugar mais comum do que poderíamos pensar, pois além de esse contato ocorrer com bastante frequência em razão do papel de conselheiros e verdadeiros oráculos que viriam a exercer esses eremitas para a população das cercanias, deveriam também frequentar as mesmas igrejas rupestres, como lugar de culto comum. O povo das comarcas, ou vilas já cristianizadas, afluiria às mesmas igrejas rurais para a participação das celebrações litúrgicas tal como o fariam esses solitários ao deixarem suas ermidas e montanhas. Podemos pensar ainda que muitos dos que estavam à frente dessas igrejas rurais eram eremitas, muitos deles sacerdotes.

A relação com os povos autóctones poderia se dar de forma ainda mais direta, pois muitos anacoretas, como é o caso de Frutuoso, retirando-se e dando início a comunidades monásticas em suas próprias terras, receberiam paulatinamente não só religiosos de profissão, mas pessoas leigas que estariam sub a jurisdição do anacoreta fundador, como se pode ver claramente por meio da *Regula communis*, que aceitaria, como já anotamos, famílias inteiras sob sua proteção e jurisdição. Esses núcleos monásticos teriam ainda suas terras e suas respectivas culturas enriquecidas por sucessivas e variadas doações. Essas poderiam provir de nobres, reis, e mesmo, embora pouco aceitável para a tradição fructuosiana, que como vimos consideraria lícita somente a doação aos pobres, daqueles que se entregariam à vida monástica, pois como estabelecera a *Regula monachorum* de Isidoro de Sevilha, em passagem também já anteriormente citada, o converso que deixara o século deveria entregar seus bens aos pobres ou agregá-los à comunidade monástica. A interação com a vida monástica se faria cada vez mais estreita e abarcaria o homem religioso, particularmente o professo, em quase todas as suas vicissitudes e conjunturas.

## Assistência e direção espiritual

O lugar de considerável importância que passara a exercer o eremita, na vida da população que o circundara, estivera atestado

174   RONALDO AMARAL

não só por essas relações de dependência ou de convívio em lugares e possessões comuns, mas, e também em decorrência disso, por relações mais particulares, como a direção moral e espiritual e o auxílio a situações de instabilidade que escapavam à imediata capacidade humana, fazendo-se necessária, assim, a intervenção divina, e do seu representante mais direto na terra, particularmente a do meio camponês: o santo anacoreta.

A *VF* nos relatará algumas situações e lugares em que Frutuoso, em pleno exercício de sua ascese anacorética, ou ainda, ocupado em seu trabalho de fundador, teria que lançar mão de seu poder intercessor para o auxílio divino diante de dificuldades que escapavam e extrapolavam o poder de juízo e manipulação humana.

Essa situação acusadora da relação do santo anacoreta com a população camponesa circunvizinha[15] estivera atestada por uma passagem da *VF*, a nós legada por uma de suas versões, a do chamado códice O, como já tivemos oportunidade de comentá-la com anterioridade. Temos nessa não só um rico e belo relato das práticas de austera ascese vivida por Frutuoso, mas a narração do importante lugar ocupado pelo eremita como santo patrono de uma população que o concebia como um intercessor capaz de resolver algumas dificuldades, só solucionáveis em algumas circunstâncias, pelo auxílio divino. Dessa forma, nos narrará esse referido texto que, estando Frutuoso em meio ao deserto, acometido de dores e úlceras por suas severas mortificações, e por isso mesmo bastante debilitado, seria

---

15 Convencemos-nos cada vez mais que a hagiografia se constitui em uma das fontes mais privilegiadas para podermos apreender a realidade camponesa alto medieval, especialmente no que respeita a sua mentalidade ligada às religiosidades. Sublinha-se ainda o lugar profícuo para deparamos com as relações entre monges e camponeses, uma vez que aqueles serão os agentes incursores e promotores da religião e da religiosidade cristã nesse meio, a que particularmente preferimos esta última. Dessa forma, um trabalho que se proporia a demonstrar a imagem do monge pelos camponeses durante a Idade Média, sobretudo por meio da história das mentalidades, utilizar-se tão somente de documentos legislativos e jurídicos monasteriais, e reduzir a relação entre ambos por circunstâncias de contendas socioeconômicas, assiste de nossa parte uma necessidade estrita de revisão teórico-metodológica (Castrillo, 1993).

A SANTIDADE HABITA O DESERTO   175

procurado por seus discípulos que, ante a "indignação crescente" da população, pediam o auxílio do santo, pois naquele dias "uma austera seca abrasava gravemente a terra". Frutuoso pediria que saíssem em procissão com as "santas relíquias rogando ao Senhor pelos lugares santos". Todavia, não conseguindo obter o favor de Deus por aquela prática e pedidos, voltariam a ele novamente:

> Depois de alguns dias, cansados pelas penúrias, voltaram-se a ele, ao não obter nenhuma solução a seus pedidos; mas ele gemendo é choroso lhes disse "levante minha mão sustentando a debilidade de meus membros. Larga é a misericórdia do Senhor, talvez concederá a seu tempo a chuva".
> Logo saiu e, levantada sua destra, sustentada pelos monges, não havia passado muito tempo quando tal tromba da água desatou que apenas puderam voltar-se ao lugar de partida: assim todos glorificaram ao Senhor misericordioso, admirando o mérito de seu fiel e santíssimo servidor... (*VF* 5, nota 3)

Vemos aqui, seguindo uma tendência já observada por André Vouchez (1987, p.291; 2002, p.199), que a população, por meio da comunidade de monges, se acercaria de Frutuoso para lhe pedir a solução de uma dificuldade que transcendia a capacidade humana, uma vez que viam no santo solitário uma certeza adquirida da intervenção divina, pois graças à sua familiaridade com Deus, conquistada por sua renúncia ao mundo – caracterizada pelo afastamento da dinâmica secular e pela autoflagelação, pela renúncia de si mesmo, enquanto a carne será parte integrante do mundo corruptível – e pela vida contemplativa, a união mística com o Senhor, poderia ele beneficiar e intervir em favor das dificuldades dos fiéis. Devemos perceber ainda que o milagre seria obtido, após os suplicantes se demonstrarem dignos deste ato sobrenatural, pois, antes de concedê-lo, o santo exigirá deles paciência e perseverança, pois primeiramente lhes indicaria um remédio, as relíquias, menos eficaz, como discutiremos melhor no quinto capítulo, que sua posterior e direta intervenção. Deveriam ser tão crentes e pacientes como o santo o seria em relação

176 RONALDO AMARAL

a seu dispensador de bens, a divindade cristã. Confiantes nas palavras do solitário, as quais estariam revestidas certamente de uma força transcendental, realizariam o ato de fé por ele pedido, a procissão com as relíquias, que mesmo diante de seu fracasso não o fariam desacreditar do santo, já que sabiam conseguir ainda que mais tarde, como o conseguiriam, a chuva tão necessária e desejada. Essa mesma passagem encerra um valor simbólico de particular importância se nos atermos, por exemplo, àquilo que se tem chamado metáfora do corpo na Idade Média (Le Goff & Truong, 2005, p.129-44). Se, por um lado, a debilidade física do santo anacoreta demonstrava sua fraqueza humana e mesmo o rechaço voluntário ao corpo material, por outro lado, suas mãos, e exatamente sua mão direita, como faz questão de sublinhar o hagiógrafo, denotaria o signo de força e autoridade diante da própria natureza, pois o santo em união mística com o Senhor participava de sua mesma autoridade. Poderíamos afirmar talvez, e nesse episódio em particular, que a mão do santo seria a mão visível e terrena da mão invisível e divina de Deus.

Esse milagre que trouxera a chuva amenizaria grandemente as dificuldades não só daqueles monges, mas de toda uma população, pois esse episódio se passaria em território camponês, portanto de cultura econômica agropastoril. Uma estiagem seria, assim, uma ameaça à própria vida de toda aquela população, já que colocara em risco a sua maior e mais importante forma de subsistência. A importância desse milagre para o meio em que ocorreria, uma vez que implicaria mesmo a salvação de vidas, poderia nos explicar talvez a sua reveladora existência nessa hagiografia, pois não só reafirmaria os poderes supranaturais do santo anacoreta, como também e sobretudo sua santa "humanidade", que o faria interagir e ajudar os demais em suas necessidades, nesse caso, nada mais característico para um santo, pela intercessão da intervenção de Deus.

Possuímos outro relato na mesma *VF* que nos legaria, uma vez mais, essa relação de assistência do solitário àquelas pessoas que viviam próximas à sua realidade e, nessa, de alguma forma, viriam a se inserir. A *Vita* narraria que, estando Frutuoso em meio ao um bosque de "denso arvoredo", fora vítima de um camponês possuído

A SANTIDADE HABITA O DESERTO   177

pelo demônio. O rústico incitado pelo espírito maligno o insultaria e o agrediria. Frutuoso, no entanto, num tópico monástico de demonstração de virtudes, como a paciência e a confiança, não retribuiria a agressão, e com muita serenidade diante daquele fato, vendo que o mal provinha não do camponês, mas do demônio que o retinha, o exorcizaria:

> mas no momento em que o santo fez o sinal da cruz, ao instante o demônio derrubou ao palurdo (sic) a terra e o fez retorcer-se com a boca para baixo ante os pés do santo varão e o golpeou e o maltratou até que, causando-lhe graves feridas o deixou meio morto envolto em seu próprio sangue. Mas o santo varão no mesmo momento fez oração e o restituiu sem nenhuma dificuldade de sua saúde anterior. (*VF* 11, 25-29)

O espírito maligno, no entanto, se voltaria contra seu próprio hóspede, que, caindo aos pés do santo, seria pelo demônio maltratado e ferido. Aquele, diante disso, oraria pelo possesso e restabeleceria sua saúde, tanto espiritual como física, segundo anotara o autor. Percebe-se assim que Frutuoso se prestaria uma vez mais a intervir de modo prático na vida e no meio social e geográfico onde se encontrava, deparando com pessoas e situações que o exigiam, e que seu ideal de solidão não o privaria de com elas se relacionarem, ocupando mesmo um lugar de certa importância em suas realidades.[16] O santo anacoreta se prestaria, nesse episódio, à cura de um mal espiritual, a possessão demoníaca, que por vezes seria a origem e a razão mesma de toda doença. Será mais correto afirmarmos, talvez, que ambos foram indissociáveis na Idade Média, pois toda doença, um mal físico ou psicológico, proveria necessariamente de uma mal espiritual. O pecado ou a ausência de Deus e sua proteção na vida do homem o tornava

---

16 O camponês *"rusticum ad plebeium uirum"* parece encerrar em si, em sua condição de *paganus*, um personagem "habilitado" para ser possuído pelo demônio, pois seriam esses marginalizados e ignorantes da fé cristã, apegados ainda as praticas pagãs (demoníacas), que seriam objeto fácil dos demônios, ou mesmo, de seus cultuados e revestidos deuses.

178 RONALDO AMARAL

suscetível da posse do demônio, e por consequência, das debilidades
físicas e psíquicas daquela advinda (Vouché, 2002, p.204). Daí que
todo exorcismo realizado, em razão de um mal espiritual, redundaria
igualmente na cura de todo gênero de doença, assim como essa só poderia ser curada por aquele ato de natureza essencialmente espiritual,
ou seja, pela expulsão do demônio, da doença-castigo provocada por
sua presença. Por isso podemos sem maiores dificuldades entender
o hagiógrafo de Frutuoso que nos afirmara, como já anotamos, que
após o santo orar sobre o possesso "o restitui sem nenhuma dificuldade sua anterior saúde" (*VF* 11, 28-29). Mas, particularmente
característico dessa ambivalência da doença, como um mal físico ou
psíquico, devido e inerente a um mal espiritual, ou ainda a posse do
demônio, se constituiria o episódio (*VF* 10) em que Frutuoso teria
seu animal de estimação, um cervo, morto por um jovem possesso.
Sabendo da identidade daquele que havia matado seu animalzinho,
o santo visigodo recorreria à justiça divina:

> Ele então dobrou seus joelhos com grande dor em presença do
> Senhor e se prostrou em terra. Mas, por vontade de Deus, não deixou
> a severa vingança da divina majestade de causar no mesmo instante
> o castigo imediato: tomado no mesmo instante o jovem de um grave
> ataque de febres começou a suplicar ao santo por meio de mensa-
> geiros que fizesse por ele oração ao Senhor para que não terminasse
> lamentavelmente sua vida castigado pela ira divina em proporção a
> sua péssima conduta. O santo então foi a vê-lo, e implorou a mise-
> ricórdia do Senhor, e pôs sua mão sobre ele, como qual instante não
> só devolveu ao enfermo sua anterior saúde corporal senão que ao
> tempo curou com sua sagrada oração as enfermidades de sua alma.
> (*VF* 10, 30-39)

Vemos que o hagiógrafo tomaria o cuidado de atribuir essa vingança não a Frutuoso, mas ao próprio Deus, pois o santo, prostrado
e suplicante, confiaria Àquele a medida da justiça. E o Senhor provocaria no jovem uma "santa" enfermidade, uma febre altíssima. Essa
atitude, no entanto, e pouco cristã, aliás, para um Deus novotesta-

A SANTIDADE HABITA O DESERTO    179

mentário, deveria, pelo que nos parece, redimir o jovem do mal que havia cometido, e ainda de modo mais significativo tornar evidente e necessária a milagrosa intercessão do santo, que viria a curá-lo de um mal anterior e ainda maior do que aquele provocado por suas súplicas, ou seja, a possessão do demônio. Frutuoso, desse modo, e ainda que não pessoalmente intencionado, infundiria no possesso, por meio de suas súplicas, um "mal menor e necessário" para que se pudesse realizar sua santa intervenção para a cura do maior e verdadeiro mal que o acometia: a posse do demônio. E diante do arrependimento do jovem penitente iria então o santo ao seu encontro para que, impondo-lhe às mãos, pudesse devolver não só sua saúde corporal anterior, mas igualmente e após algum tempo, por sua sagrada oração, a cura de sua alma (*VF* 10, 36-38), como vimos no caso anterior. Temos não ignorado, no entanto, que o próprio cristianismo, segundo e especialmente Gregório Magno (apud Russel, 1984, p.111), admitiria e justificaria que um espírito mal pudesse provir de Deus, pois o Senhor permitiria que o mal espírito operasse não por seus próprios propósitos maus, senão pelos bons propósitos de Deus.

A busca frequente de fiéis e devotos ao santo solitário pudera-nos indicar que esse possuiria uma importância capital na vida de seus circunvizinhos, particularmente e nesse caso, entre esses camponeses do Noroeste que conviviam em meio pouco pródigo, material e socialmente, como temos visto. Assim, não só as dificuldades de cunho material deveriam se acercar desses camponeses, mas, e de certa maneira também como sua consequência, outras de caráter moral e espiritual. A doença que advinha da fome ou da má alimentação, e de outras escassezes, redundaria, por sua vez, em outras desconcertantes situações, pois, pela já discutida indissociabilidade doença/ possessão demoníaca, criava-se um ambiente em que a percepção e a ingerência do "mal" tornavam-se ainda mais graves e sentidas. Desse modo, as doenças, se não bastassem suas razões mesmas, seriam tidas pelo cristianismo como males espirituais, a possessão do demônio, o que agravaria ainda mais as dificuldades dos crentes, pois infundia neles, além do mal físico ou psíquico já existente, um desconforto espiritual que viria a somar-se ao primeiro agravando. O santo ou seu

180 RONALDO AMARAL

hagiógrafo, como o vemos na *VF*, exorcizaria e curaria exatamente aqueles nos quais já havia, pela concepção cristã de enfermidade, infundido o demônio e por meio desse a doença.

Obter, assim, a cura, tanto física quanto espiritual, pois ambas indissociáveis, como já anotamos; uma colheita mais generosa; evitar as intempéries da natureza que fragilizariam ou mesmo destruiriam o meio mais elementar de subsistência, o cultivo do campo; e por fim fazer merecer o reino de Deus, o qual, neste mundo, o pecado e a ignorância da fé afastavam, fazia do solitário o meio mais imediato, e talvez único, a que se recorrer. Dessa forma, podemos ver que Frutuoso seria frequentemente perseguido e buscado em seus esconderijos eremíticos, e sua solidão se converteria em multidão.

Acreditamos relevante, ainda, citar mais uma passagem em que Frutuoso, dentro do que Jacques Le Goff chamou de "milagre técnico", propiciaria o auxílio divino para o salvamento de alguns códices seus que se perderiam nas águas de um rio.

Em uma de suas viagens que vinha realizando junto com alguns companheiros (*VF* 12), Frutuoso trazia consigo sua biblioteca, levada por um cavalo que vinha sendo conduzido por um menino. Esse, ao tentar superar no caminho seus demais companheiros, cairia em um rio e no fundo de um redemoinho. Após algum tempo, estando imerso no seio desse redemoinho, conseguiria se esquivar do perigo ao atingir a margem do rio. No entanto, tiveram que comunicar ao santo que vinha depois deles a pé, sem nenhum meio de transporte – estamos diante de mais um claro tópico hagiográfico, o de demonstração da humildade e penitência, práticas próprias da vida ascética – que seus códices haviam caído na água. Esse, no entanto, sem abalar-se em nada com o fato, mandaria que fossem tirados os códices dos alforjes, os quais se encontrariam intactos, sem nenhum tipo de estrago ou umidade.

Poderá parecer aos nossos olhos bastante estranha e faltosa de relevância nos dias atuais a necessidade de utilizar-se de um "verdadeiro" milagre, da atenção de um santo e da providência divina para salvar "livros", ou códices para aquela época. No entanto, colocando esse episódio dentro de seu contexto, preciso e geográfico, poderemos

A SANTIDADE HABITA O DESERTO    181

compreender que a raridade e a importância daqueles códices na época de Frutuoso, e particularmente em sua região, pois ele mesmo em correspondência a Bráulio de Saragoça reclamará da falta de escritos e de sua difícil obtenção no lugar em que vivera, mereceria até mesmo uma proteção sobrenatural, uma vez que seriam raros e importantes não só por sua parquedade e sua complexa obtenção, mas, e por ser exatamente do próprio santo visigodo, por conterem livros religiosos e sagrados. Salvar e proteger assim a "biblioteca" de Frutuoso seria, consequentemente, agir nesse mesmo sentido no que respeitaria a palavra de Deus que ela continha e a sua disseminação pelo trabalho ascético e evangelizador do santo anacoreta. Adiantemo-nos aqui ao quinto capítulo, ao chamar a atenção ao fato de Frutuoso possuir sua própria biblioteca, ou seja, "bens" e "culturas", pertences esses nada convenientes a um asceta solitário ideal, como nos daria a conhecer a tradição do deserto e o queria seu hagiógrafo.

Acrescentemos, enfim, que o santo eremita será o consolo ainda de todos aqueles que o procuravam, mesmo após sua morte, pois como anota ao final de seu texto o autor da hagiografia de Frutuoso, todos aqueles que buscavam seu "sacratíssimo sepulcro" obteriam o favor divino, "pois ali saram os enfermos e se afugentam os demônios, e quem desconsolado pede sua indefectível ajuda, ao ponto consegue do Senhor o pleno cumprimento de seus pedidos" (*VF* 20, *app.*).

Essa função de assistência espiritual, moral e até mesmo material dada pelo eremita a todos aqueles que viriam ao seu encontro, maravilhados por seu modo de vida, suas condutas e sabedoria, ainda que essa se restringisse tão somente ao conhecimento evangélico, será um tópico comuníssimo nas *Vitas* e demais testemunhos das realidades vividas pelos eremitas insignes.

Desse modo, curas, conselhos, milagres de diversas naturezas, exorcismos, intervenção na vida e desígnios de dignidades e autoridades se encontram presentes tanto na *Vita* de Frutuoso e em sua própria vivência histórica se pensarmos em alguma dessas atitudes concretas, assim como em outras tantas hagiografias anteriores e posteriores, além de outros textos monásticos de diversas naturezas, como diálogos, epístolas e apotegmas.

182  RONALDO AMARAL

A *Vita Antonii*, e mais particularmente seu protagonista Antão, poderia ser aqui novamente o exemplo e o modelo, tanto hagiográfico quanto de incitação a comportamentos efetivos, para o eremita que assistiria e se incumbiria do conforto espiritual, em dispensar palavras de ânimo e consolo ante as dificuldades do "século". Desse modo, "todos acudiam a ele desde as regiões mais afastadas, ele os instruía, e voltavam a seus lares sob o guia de tão bom pai. Por isso quando morreu todos ficaram órfãos e sem pai" (Atanásio de Alexandria, 1988, p.87). Antão ainda era reconhecido e solicitado para aconselhar sob o modo justo na aplicação da justiça, mesmo quando essa cabia às autoridades devidamente estabelecidas. No entanto, esses o procuravam, e ele "Ajudava muito aos grandes e aos juízes, exortando-lhes e persuadindo-lhes a amar sempre a justiça e temer a Deus, sabendo que serão julgados com a mesma medida que eles usem" (ibidem, p.84).

A respeito da relação entre o eremita e as altas dignidades, que se dará geralmente por aquele estar a serviço e a favor dos menos abastados e desprovidos de voz no que respeita à defesa e à busca de seus direitos e justiça, possuímos um documento que o demonstra também recorrente entre as práticas de Frutuoso, ainda que nesse caso em particular se tratasse de uma contenta política, entre a nobreza e a monarquia com seus respectivos interesses. Estamos nos referindo a uma das epístolas de Frutuoso que fora enviada a Recesvinto e aos bispos reunidos no VIII Concílio de Toledo. Entre outras questões de ordem política e precisamente eclesiástica, se discutia sobre as penas e as confiscações realizadas por Chindasvinto a partir de 642 quando de sua tomada do poder. O rei ancião havia reprimido fortemente os grupos nobiliárquicos que se opunham à sua tomada de posse no trono, assassinando, exilando e encarcerando a muitos nobres, incluindo os de grande envergadura dentro do reino. Também havia subtraído os seus bens, que em lugar de associá-los à coroa havia tomado para si, somando a sua riqueza privada. Seu filho Recesvinto que o sucederia, por ver-se obrigado então a ceder às pressões nobiliárquicas, especialmente porque os grupos espoliados por seu pai requereriam a devolução de parte de seus bens e a distin-

A SANTIDADE HABITA O DESERTO     183

ção entre os bens pessoais do rei e aquele da coroa, além do perdão ou atenuação dos castigos a que estavam submetidos encarcerados políticos, teria que tratar com todo cuidado dessas questões junto aos bispos desse concílio. No que respeitaria aos castigos infligidos pelo anterior rei, Recesvinto e alguns bispos haviam jurado solenemente a Chindasvinto que não perdoariam aos rebeldes e opositores de seu reinado.[17] No entanto, se revia essa disposição agora, e entre as dificuldades do rompimento do juramento real, também de algum modo sagrado, e o espírito cristão de perdão e benevolência que se pedia, além da pressão dos grupos prejudicados que queriam ver suas dificuldades atenuadas, encontramos a epístola de Frutuoso enviada a Recesvinto e ao VIII Concílio.[18] O concílio, por fim, acabaria por justificar e aprovar a suspensão do juramento feito a Chindasvinto em atenção à misericórdia requerida.

Nessa epístola observamos que o santo, apesar de escondido entre os desertos da Galiza, não se encontrava totalmente à margem da política e da sociedade visigoda, e se possuía alguma influência, como o vemos aqui, essa se deveria à sua linhagem nobiliárquica que, se renunciada por ele, não havia dele se renunciado. Esse contato com a corte visigoda, quando não com os mesmos reis, podemos perceber pela própria tinta de Frutuoso, uma vez que, no início da epístola dirigida a Recesvinto, afirmaria o temor de "que o contínuo aconselhar-lhe o causasse fastídio".[19] Devemos, no entanto, perceber que Frutuoso, em que pesem suas possíveis razões não necessariamente piedosas, insistiria até mesmo com alguma audácia, não temendo por isso colocar em risco seu prestígio político, que as sentenças e o espírito cristão deveriam se sobrepor aos temperamentos e leis que viriam em prejuízo da pessoa humana. Sua sinceridade e sua fidelidade aos conselhos evangélicos ao falar e argumentar em favor dos presos e castigados nos mostram que mais do que um intento político

---

17 Para uma síntese desses acontecimentos, entre outros, ver Collins (2005, p.80-9).
18 O texto dessa epístola encontra-se editado criticamente por Vega (1941). Igualmente em Amaral (1805).
19 Cf. Frutuoso, *Epístola a Recesvinto*. Vega (1941, p.337).

184 RONALDO AMARAL

ou de retórica, estaria efetivamente desejoso que o espírito cristão se impusesse, acima de qualquer justificativa, em favor daqueles:

Oh meu senhor piedosíssimo; eu miserabilíssimo e ignobilíssimo me atrevo a aconselhá-lo, que não se quebre em vós aquele sentimento vosso de bondade e justiça, e que, sólido e firme diante do Senhor faça eterno assim mesmo o lucro de vossa misericórdia e graça. Dê aos miseráveis a piedade de vossa benevolência àquilo que lhes convém. A ninguém exclua vossa clemência, por criminal que seja; senão que supere vossa benignidade as maldades dos homens, e perdoe os desgraçados quem sempre acostumou perdoar aos adversários, favorecendo assim o mesmo Cristo quem perdoou a seus inimigos para que nós a seu exemplo também perdoássemos. Nenhum terror de profanação feche as estranhas de vossa serenidade para outorgar o perdão: com ele lograreis apagar as penas de vosso pai e as máculas de vossos pecados se com a graça de Nosso Senhor Jesus Cristo impedis que se faça distinção entre os desgraçados e aliviais suas duras correntes [...] Não há fé verdadeira que não leve consigo o efeito das boas obras e o sentimento de misericórdia " Se não perdoareis a vossos irmãos, dize o Senhor, de todo vosso coração, tampouco vosso pai celestial os perdoará vossos pecados" [...] E se manda perdoar ao inimigos, muito me admiro que se insista com tanta severidade contra estes infelizes domados já pela impressão de seu largo retiro e encarceramento, os quais, se um ímpio crime de um juramento lhes priva do bem da misericórdia, ao menos é muito cruel que a clemência real e sacerdotal lhes exclua do amparo de vossa indulgência, máxime tendo em conta que, se baixo esta cruel sugestão, tanto tu, para mim depois de Deus sincera e especialmente amantíssimo e venerabilíssimo, como vos santíssimos Padres e vossos servos pontífices, direis a sentença de Deus, a vereis quando o Juiz do mundo vier a julgar o século pelo fogo. Que Ele piedoso os conceda nesta causa obrar com a equidade que por ela mereçais então não a pena da confusão senão a glória eterna... (Vega, 1941, p.338-9)

O monge visigodo, apesar de manter a reverência necessária ao rei e aos bispos, cuja epístola vai dirigida, não temerá condenar

A SANTIDADE HABITA O DESERTO    185

sem maiores amenidades o juramento imposto por Chindasvinto e reiterar sua desaprovação caso esse fosse confirmado por Recesvinto e esses pontífices. Se não bastasse, os ameaçaria com o testemunho evangélico de serem devedores de um justo juízo por falarem em nome de Deus, e de receberem no juízo final, a mesma sentença que viessem a proferir.

Martinho de Tours, por sua vez, negou-se a sentar à mesma mesa com o imperador Máximo, por sabê-lo faltoso com a justiça, especialmente quando e da forma em que conquistara o Império (Sulpício Severo, 1987b, 20,2).

O eremita, de um modo geral, que gravitava em meio aos mais humildes, constituindo-se em alguma medida como um deles, mas gozando de um certo prestígio ante o poder civil estabelecido, aproveitava dessa posição para inaugurar em meio à justiça terrena e humana a benignidade da justiça divina e cristã, especialmente em favor dos menos abastados, vítimas maiores da "justiça dos homens" ante sua desprovida condição socioeconômica.

# 4
# O LUGAR DO IMAGINÁRIO:
# O DESERTO, A MONTANHA E A ERMIDA

## O deserto oriental: um modelo. Antecipar-se ao paraíso

O deserto constitui-se, efetiva ou simbolicamente, no *locus* ideal do solitário. O eremita deverá a esse lugar sua própria terminologia etimológica, *eremus*. Desse modo, será aquele que, acima e antes de tudo, viverá no deserto.

O deserto, porém, mais do que um lugar físico e geográfico, poderá se constituir em um lugar mental, psíquico, como o veremos se apresentar de modo mais contundente quando tratarmos da morada, na maioria das vezes reclusória, do eremita, a ermida, que nos cobrará maior atenção no item quarto deste capítulo.

Dedicando-nos primeiro e mais precisamente ao deserto como um lugar concreto, de geografia e características físicas bastante precisas, apresentaremos sobre ele algumas considerações, particularmente em relação ao oriental, que embora estranho à vida eremítica do Ocidente por esses aspectos mesmos, estivera presente em suas fontes e documentos por meio sobretudo de seu ambiente imaginário e simbólico. Mais adiante tratamos do deserto ocidental, o bosque, na Hispânia.

Deveremos posteriormente, sobretudo para a abordagem que nos impomos, nos prestarmos à sua análise e ao seu significado simbólico,

188 RONALDO AMARAL

particularmente no que respeita à mística e ao maravilhoso cristão. Nessa mesma linha, contemplaremos ainda mais dois lugares: a montanha e a ermida.

A *Vita Sancti Fructuosi* (1974, *VF*) e o *De Celeste Revelatione* de Valério do Bierzo (1942) identificarão Frutuoso aos padres da Tebaida, assim como, e seguindo as linhas do primeiro documento, perceberemos que todo o seu ideal de afastamento e solidão nos remeteria necessariamente a circunstâncias e lugares, pelo menos simbolicamente, típicos dos desertos orientais, ainda que agora, e neste escrito, sob uma flora e um clima bastante singulares em relação àqueles.

Acreditamos necessário, assim, oferecer algumas linhas a respeito do ambiente desses desertos orientais, fonte e inspiração para praticamente toda vida solitária ocidental, se tivermos que lembrar alguns exemplos de peregrinos que os deram a conhecer ao Ocidente. Assim, entre muitos outros, tivemos na Gália João Cassiano com todo seu esforço em aproveitar as experiências orientais que trouxera consigo; e na Hispânia, lembremo-nos de Egéria e, especialmente, de Martinho de Braga. Esses, e muitos outros piedosos peregrinos, estiveram em algum momento de suas vidas entre os desertos do Oriente, vindo posteriormente a dar-lhes a conhecer para o Ocidente, por escritos, e mesmo os de seus próprios punhos, ou por promover o estilo de vida que naquele lugar se desenvolvia. Lembremo-nos, ainda, de que o autor da *VF* (17, 2,4) nos informaria sobre o desejo e o intento não obtido de seu protagonista de peregrinar ao Oriente para conhecer seus lugares santos.

O que foram, porém, esses desertos do Oriente, cujo nome mais expressivo parece ser a Tebaida?[1] O que possuíam de tão extraordi-

---

1 A Tebaida, região que compreenderia o alto e o médio Egito e que margeava o Rio Nilo, não corresponde nas fontes monásticas à sua estrita localização física. Mais que designar um lugar geográfico, o nome Tebaida virá a designar um lugar e um estado ideal de solidão, e poderia ser aplicado a qualquer outro deserto, ainda que possuíssem seus nomes e tradições particulares (1928). Talvez aqui entendamos por que Frutuoso fora intitulado como o fundador da "Tebaida Berciana".

A SANTIDADE HABITA O DESERTO     189

nário e cativante, a ponto de atrair "multidões" de solitários, segundo as inúmeras fontes dos séculos IV e V, particularmente? Jacques Lacarrière (1996), munido de fontes como as *Vitas* dos célebres anacoretas e os relatos de peregrinos, dentre os quais a *Historia lausíaca* de Paládio e a *Historia monachorum* de Rufino, demonstrara que o valor e o maravilhoso desses lugares, conforme pudemos mesmo concluir, deveria residir mais na concepção simbólica e mística desse ambiente, que vigeria mais estreitamente na época desses primeiros padres, do que efetivamente em suas características locais e físicas.

O deserto oriental, pensando particularmente nas regiões do Alto e Baixo Egito, que margeavam o Nilo, e que se chamou então de Tebaida, assim como tantas outras solidões dessas mesmas regiões, só poderia oferecer aos nossos olhos, ou seja, a olhos e sensibilidades estranhas a esses primeiros ascetas, um lugar inóspito, tórrido e ao mesmo tempo gélido, pouquíssimo atrativo, pois material e fisicamente deficitário em quase todos os seus aspectos. O que viam e procuravam aí senão aquilo que transcendia ao propriamente físico e real, e que escapa-nos aos olhos e sentimentos contemporâneos. Estariam, pois, exatamente em busca da ausência e da austeridade física desses lugares, na medida em que esses ofereceriam condições e uma realidade antagônica ao mundo que renunciaram, já que geográfico e materialmente distinto e contrário àquele, pois ainda não povoado e deturpado pela humanidade, poder-se-ia inaugurar assim um lugar de maior perfeição espiritual, uma vez que a realidade anterior fora corrompida pelo pecado. Poderiam, como insistiremos, promover aí sua parcela de paraíso, já que esse seria antes de tudo um estado de espírito, de perfeição, mais facilmente atingíveis no deserto, o lugar de maior ausência da matéria e sua dinâmica – o mundo e a vida social. Como nos mostrará a literatura hagiográfica oriental, e mesmo a nossa *Vita*, a realidade que atrairia e vivenciaria o solitário no deserto seria a do sobrenatural e do invisível, das aparições e da convivência com seres que, embora reais, estarão sempre imbuídos de características e condutas fabulosas, ou mesmo e mais comumente, seres por si só fabulosos, demoníacos ou angélicos, os quais esses solitários conviverão ou rechaçarão, dependendo de sua natureza e

# 190  RONALDO AMARAL

de sua origem. Desse modo, e tratando-se de demônios, fugiriam ou combateriam, e se o fizessem de acordo com essa segunda conduta, teriam a certeza de uma ajuda e uma presença tão efetiva e real no deserto quanto à do demônio: a presença de Deus.

Sendo o normal viver no deserto, também normal seria conviver com suas especificidades e com sua "população". Tratando primeiramente de seres reais, mas nem por isso não imbuídos de aspectos e características fantásticas, como demonstraremos, veremos que os animais seriam os mais próximos e dados companheiros do eremita.

O anacoreta, que viveria em meio ao deserto e seria envolvido por sua realidade e habitantes, acabaria por adquirir uma afinidade tão estreita com esses que Jacques Lacarrière (1996, p.115) anotará que se fariam muitas vezes "não-humanos", na medida em que vivendo em estreita relação com esses animais, concomitante ao afastamento dos homens, acabariam por agir e se assemelhar mais aos primeiros do que aos segundos.

E aqui teremos que nos dirigir à nossa *Vita*. Conta-nos o hagiógrafo de Frutuoso que, em certa ocasião, o santo se encontrava nas fendas de uma rocha, vestido com pele de cabras e prostrado em oração em sua parte mais elevada. Aí, e tanto em razão dessa sua vestimenta quanto de sua localização geográfica, Frutuoso seria visto e confundido por um caçador com uma presa, um animal das montanhas, e quase por esse atingido se não fosse ajudado pela atenção divina (*VF* 5). Parece que Lacarrière, que muito provavelmente não se referia a e não conheceria esse texto e passagem específicos, confirmara, o temos apontado, que as práticas e ideias vigentes, efetivas ou literalmente, entre os anacoretas do Ocidente, serão basicamente análogas às existentes entre as experiências e os escritos orientais, já que o ideal, como o de negação ao convívio social, nesse exemplo claramente presente, seria uma prática comum à vida monástica de uma forma geral.

Esse se assemelhar aos animais, ou melhor, ao seu estado ou à sua ambientação mesma, seria uma forma prática de renúncia à condição humana e de tudo o que essa implicava, particularmente a vida secular e a dinâmica social, lugar e estado esses que desviariam o homem da natureza, de uma condição mais simples e mais direta

A SANTIDADE HABITA O DESERTO 191

com a criação, e em consequência com o Criador. O asceta, em alguns casos extremos, estabelecendo-se na condição de um animal – morando na copa ou no interior das árvores, em grutas e buracos nos solo, comendo raízes e plantas diretamente deste –, buscaria talvez a pureza da criatura simples, já que a condição humana só o fazia pensar e se prender às realidades temporais corruptíveis e contrapostas às espirituais, as quais desde já e nesse tempo desejava atingir. Assim, especialmente entre os solitários orientais, se buscaria renunciar ou atenuar a lamentável condição humana pela adoção de estados e atitudes próprias dos animais. Esses seriam os casos dos monges chamados pastadores – em grego *boskos* – que viviam algumas vezes sobre quatro pés, e se alimentavam de ervas e gramas diretamente da terra. Outros, os dendritas, do grego *dendros*-árvore, se assemelhavam aos primatas, pois viviam sobre as árvores e alimentavam-se, muitas vezes, de seus frutos e folhas. Esses solitários ainda, como no caso dos estilitas, aqueles que viviam sob uma coluna – em grego: *stylos* –, buscavam desligar-se do mundo por sua separação com a terra. Ao deixarem de nela pisar, passariam a negar-se a interagir com este mundo condenado e agonizante, assim como o fizera Noé ao se instalar na arca. Outros ascetas conhecidos por estacionários[2] buscavam uma imobilidade total do corpo, ou seja, assemelhar-se talvez a uma pedra, imutável aos sentimentos e os burburinhos do mundo.

A vida no deserto quisera em primeiro lugar romper com o "mundo". Desse modo, o eremita que deixará o "mundo" também acabará por deixar a própria história, pelo menos enquanto circunscrita e dinâmica ao tempo secular, porque mundana e corruptível. O deserto passará a ser o lugar onde o tempo e o espaço profano, "histórico", serão relegados a um lugar secundário.

Se o eremita assiste condições de viver à margem da história no deserto, esse deverá conter uma realidade e uma natureza divergentes do "mundo histórico". Pode-se considerar aqui, e no que respeita

---

2 Esses diversos tipos de ascese encontram-se, entre outros, em Lacarrière (1996, p.175-92). Pode-se ver também, com uma relação mais extensa de tipos de asceses, Spidlík (2004, p.247-53).

# 192 RONALDO AMARAL

especificamente ao deserto dos solitários cristãos, que esse, entre outras circunstâncias, viria a ser concebido como a antecipação do paraíso, ou ao menos, a volta àquele perdido pelo pecado original, pois ao ter-se em mãos as fontes oriundas e concernentes a vida dos padres do deserto, pelo menos as mais conhecidas, veremos que o estado e as situações em que viveriam e se encontrariam inseridos não se demonstrariam nada naturais e coerentes com a vida "simplesmente" humana, secular. Mas, insistimos, ainda que essas fontes não remetam diretamente à época e à localidade mesma da *VF*, faz-se necessário conhecê-las para podermos demonstrar, no que respeitara à vida no deserto, suas circunstâncias e situações análogas, uma vez que essas possuem seu paralelo na *VF*. Há, dessa maneira, como precisar e perceber, uma vez mais, as apropriações realizadas pelo autor da *VF* daquela realidade e tradição.

A vida monástica fora vista, ainda que comportando muitos perigos por parte dos menos maduros e dos mais calorosos apologistas ascetas, como uma busca do céu na terra, o adiantamento ou a volta à vida celeste, a *apokastástasis*, em grande medida já efetivada.

Mesmo a ascese de renúncia e o esforço humano prestar-se-iam a inserir o monge nessa vida celeste, pois o afastamento do mundo, o jejum, a castidade, as vigílias, entre outros, o tornariam mais parecido com a natureza dos anjos, que, incorporais, não necessitavam e não dependiam das propriedades intrínsecas à sensibilidade e ao estado humano.

Assim, e tanto no que respeita à *Vita* de Frutuoso como à literatura hagiográfica tardo-antiga dos padres orientais, o deserto seria acima de tudo o lugar onde se tentava atingir a vida além da história, ou pelo menos de suas vicissitudes temporais, uma vez que nele se pretenderia antecipar ou recobrar o paraíso perdido. Talvez fosse mais certa esta última hipótese, pois o Éden já fora possível neste mundo, e por isso mesmo não cobraria mais a superioridade e a sublimidade do paraíso celestial que estava por vir.[3]

---

3 A discussão acerca de localização, estado e até mesmo de gradação dos paraísos, diante de sua multiplicidade, uma vez que abarcaria os bem-aventurados em

A SANTIDADE HABITA O DESERTO   193

Para os ufanistas da vida no ermo, contudo, o solitário cristão usufruiria um tal estado místico que pouco deixaria a desejar ao de Adão:

Nestes desertos onde se é feliz tão logo neles se estabeleçam não se medita mais que sobre as coisas que concernem ao reino de Deus, sem inquietudes e sem ocupar-se de outros bens que os da eternidade.

Conversa-se com os bosques, com as montanhas, com as fontes, com o silêncio, com a quietude, com a grande e perfeita solidão em que se vive e principalmente com Deus, a quem se busca e olha sempre em todas as coisas. A morada destes solitários está isenta de toda classe de tumultos e de transtornos. Sua alma esta livre das enfermidades e das paixões comuns. Esta desprendida de tudo o que tem de material e terrestre, de tudo o que podia gravitar sobre ela e aderi-la a terra É mais pura que o ar mais transparente e sutil. Enfim, suas ocupações são as mesmas de Adão no começo e da pureza de sua origem antes do pecado, quando se achava rodeado de glória, quando gozava da liberdade de falar com Deus e habitava nesta região, em que possuía abundantemente tudo quando pudera contribuir a sua felicidade [...] Ainda me atrevo a dizer que se tem uma liberdade para tratar com Deus maior que a do primeiro homem e que vivem em um estado que lhes permite o desfrute de uma graça maior que a sua, pela efusão e liberdade do Espírito Santo...[4]

---

estados de perfeição distintos, obedecendo assim igualmente à sua natureza mais ou menos elevada, fora uma constante entre os padres da Igreja nos primeiros séculos. O Éden fora tido, dessa forma, algumas vezes, como um paraíso que ainda se atingiria no fim da existência terrena, contudo como um lugar de espera, um paraíso menos sublime diante daquele que se obteria quando e tão somente da ressurreição dos eleitos. Uma síntese a esse respeito pode ser vista em *Dicionário de Patrística e Antiguidade Cristã*. Paraíso (Di Berardino, 2002, p.1091-2). O Éden, contudo, também se acreditaria possível de ser habitado neste mundo, pois Deus nesta terra o havia criado. Mas o percebemos aqui mais no seu sentido místico que geográfico, ainda que alguns aspectos deste último se fizessem presentes – os jardins de Antão e Paulo, como se verá – para denotar aquele.

4 *Patrologia grega* 57, 643. Esse documento de origem monástica oriental retirado do livro de Jean Bremond (1928, p.141) possui somente abreviaturas pouco precisas, de forma que não pudemos indicá-lo com maiores pormenores.

194    RONALDO AMARAL

São Jerônimo incitaria com veemência, e argumentos tão consistentes quanto poéticos, a um jovem residir no deserto, como ele próprio já o fazia, pois ante as dificuldades da solidão e da renúncia, haveria desde já um estado de espiritual recompensa: "Crê-me, aqui pode ver um não sei o que de mais luminoso. É possível deixar a carga do corpo e voar ao puro fulgor do céu" (Jerônimo, 1993, *Epístola a Heliodoro*). E mais adiante, "Aterra-te a imensidão infinita do deserto? Passeará em espírito pelo paraíso. Sempre que subas ali com o pensamento, deixarás de estar no deserto" (ibidem).

Assim, vigendo no deserto aquela parcela de paraíso pretendida, veremos que uma das causas mais denotadoras desse estado será o convívio edênico entre os solitários e os animais. A *Vita* de Paulo, o primeiro eremita, nos fala de um corvo que sustentava o anacoreta, trazendo em seu bico a metade de um pão, que provinha logicamente da providência de Deus. Quando Antão o visitara, nos informa são Jerônimo (2002a, *Vida de San Pablo 379*), o pássaro trouxera um pão inteiro para o alimento de ambos. Conta-nos ainda Jerônimo, nessa mesma hagiografia, que estando Antão em meio ao deserto em busca de Paulo, pediria ajuda a Deus para que soubesse onde encontrá-lo. E será novamente um animal, agora uma loba, que servirá ao anacoreta, conduzindo-o até a morada daquele que vinha buscando (ibidem, 378). Conta-nos, uma vez mais, que dois leões vieram a adorar o corpo de Paulo quando esse falecera, deitando a seus pés e rugindo, a ponto de pensar que choravam, como escrevera o hagiógrafo. Serão ainda esses dois animais que cavarão o lugar onde se depositaria o cadáver de Paulo, e posteriormente pedindo a benção a Antão voltariam à sua casa, o deserto (ibidem, 382). Vejamos, desde já, que essa afinidade e solidariedade entre os animais e os anacoretas só ocorreria por aqueles estarem a serviço dos segundos em circunstâncias nas quais seriam manipulados e dirigidos pela vontade de Deus, ou porque reconheceriam no anacoreta essa mesma natureza divina e de bondade. Macário de Alexandria, conta-nos a *Historia lausíaca* de Paládio (1991, p.79), prestes a morrer de sede em sua cela, tivera sua necessidade saciada por uma fêmea de antílope que rechaçando seu próprio filhote se dirigiria àquele dando-lhe de beber em suas

A SANTIDADE HABITA O DESERTO  195

mamas. Certo dia, ainda, uma hiena empurrara a porta da cela de Macário com a cabeça, e colocando-se diante do solitário, sentado à sua frente, lhe depositara a seus pés seu filhote cego. O solitário recolhera o filhote, e cuspindo-lhe nos olhos, junto à oração, recobrara imediatamente a visão do animalzinho. A mãe então daria de mamar à sua cria, e deixando o local, retornara no dia seguinte com uma grande pele de carneiro para Macário (ibidem, p.84).

No *Prado espiritual* de João Mosco (2005, p.41-296),[5] uma das fontes mais importantes para o conhecimento das "vidas" dos anacoretas orientais, como aquelas aqui já arroladas, abundam exemplos desse convívio entre os animais e os solitários nas mesmas circunstâncias que temos descrito. E aqui, alguns pequenos comentários de algumas dessas curiosas ocorrências. Encontramos um solitário que desejara ser devorado por um leão, pois, havendo pecado, se impusera essa trágica morte. Para tanto, perseguia e provocava constantemente o animal para ver efetivado o seu desejo. Contudo, o candidato ao martírio só recebia do leão uma grade indiferença, concluindo, portanto, que Deus o havia perdoado. Outro, ainda, carregava em seu manto dois filhotes de leões para demonstrar aos seus amigos de solidão o poder que Cristo consentiria àqueles que seguissem seus mandamentos. E havia o leão, que obedecia tão gravemente a um anacoreta, que deixava ser alimentado por esse, seguindo o regime dos padres e não mais seu extinto, pois se absteria de carne. Em outro episódio, contou-se de um solitário que, mesmo desnudo, não sentia frio durante a noite, pois um leão vinha lhe aquecer. Haveria ainda um anacoreta, que se encontrando cara a cara com um leão,

---

5 Como os hagiógrafos que vimos citando, dentre os quais Paládio, João Cassiano, Rufino e Jerônimo, que estiveram preocupados em "relatar" mais do que a "vida" de um monge em particular, toda uma pluralidade deles e os seus mais conhecidos territórios e desertos do oriente cristão, João Mosco também assim o fez. Nascido em Cilícia, atual Turquia, em meados do século VI, tornara-se monge em um mosteiro da Palestina. Peregrina e habita em mosteiros e eremitérios do Egito, Síria, Palestina durante os anos do século VI. Dessas andanças, muitas das quais provocadas pelas incursões dos persas, Mosco recolheria o material para escrever seu *Prado Espiritual* oferecido a seu amigo e companheiro Sofronio.

196 RONALDO AMARAL

pois ambos vinham em sentido contrário por um mesmo caminho, demasiadamente estreito pelos arbustos que o limitava pelos lados, teria sua passagem generosa e respeitosamente cedida pelo leão, que, ficando sobre suas duas patas traseiras e encostado nos arbustos, abria caminho para que pudesse passar aquele que era "justo" (ibidem).[6] Como pudemos averiguar, a afinidade e a fraternidade para com os animais foram um lugar-comum na vida dos eremitas. Na literatura hagiográfica oriental, leões, hienas, crocodilos e tantos outros animais viveriam em estreita harmonia com os solitários do deserto, e mesmo algumas vezes em condições de seus servidores, pois como acreditavam os padres do deserto, ou seus hagiógrafos, muitos desses homens haviam-se dado de tal modo à vontade de Deus, à sua obediência, e à ausência do pecado, que toda a criação poderia submeter-se a eles. Portadores dessa nova e reconquistada inocência, poderiam reconquistar o domínio sobre a criação, como o fora com Adão antes do pecado. E se quisermos nos apoiar em pesquisadores já anteriormente preocupados com esse ambiente e suas vicissitudes, poderemos citar Jacques Lacarrière (1996, p.222) e Mircea Eliade (1996, p.166), que afirmam, apoiados nessas mesmas observações que temos feito, que essa fraternidade e esse poder de submetimento dos animais denotariam esse retorno ao paraíso que se quisera demonstrar, e o anacoreta que o realizaria seria visto vivendo como o primeiro homem antes do pecado, como um novo Adão, que desfrutaria de toda criação de maneira harmônica e irrestrita. Poderíamos acrescentar que sendo ainda para a tradição cristã o próprio Cristo o novo Adão, estariam os solitários mais acerca daquele do que do primeiro homem do Gênesis, mesmo antes de sua culpa. Assim, não haveríamos de estar aqui, talvez, defronte mais uma forma da imitação de Cristo?

Os desertos da Galiza, ou se preferirmos seus bosques e florestas, não possuíam leões, hienas ou qualquer outro animal familiar à realidade oriental. Mas possuíam animais e anacoretas que viviam nesse

---

6  As passagens aqui citadas respeitam aos capítulos 101, 18, 163, 167, 181, respectivamente (João Mosco, 2005).

A SANTIDADE HABITA O DESERTO    197

mesmo estado de amizade edênica, ou pelo menos um anacoreta em particular, Frutuoso.

Enquanto caminhava pelo bosque, Frutuoso fora abordado por uma corça que via nele alguém capaz e digno de protegê-la, já que se encontrava ameaçada por caçadores que a perseguiam com alguns cachorros. Escondendo-se em seu manto, o animal ganharia sua proteção, entregando-se desse modo, e a partir desse momento, totalmente aos seus cuidados e companhia. Far-se-ia dócil e inseparável do santo, chamava por sua presença, sentia a sua ausência, deitava-se e dormia em seu mesmo leito a seus pés (*VF* 10).

Seria claramente de estranhar que uma corça, um animal selvagem, conseguisse discernir alguém pronto a defendê-la e rapidamente a esse se submetesse, passando então, numa atitude de gratidão pelo que nos parece, a viver em sua companhia e atenção constante. E, não obstante, em outra passagem da *VF* (9), encontramos o hagiografado em seu esconderijo no bosque sendo frequentado e buscado por algumas aves negras que o bem-queriam, e que de alguma forma chamavam por ele.

Parece, pois, bastante coerente considerarmos que ambas as informações teriam por objetivo alçar Frutuoso e seu ambiente eremítico a um lugar de primeira e sublime importância, assim como fazer dele um homem tão edênico quanto seus predecessores orientais, ainda que a presença desses animais e sua relativa docilidade devam ser igualmente acreditadas para o lugar e relações estabelecidas pelas pessoas que vivem e se interagem com relativa harmonia nesses meios.

Estando livres, os animais se dirigiriam com espontaneidade aos solitários, e ambos se entenderiam e se compreenderiam de forma una e harmoniosa, confirmando-se esse estado edênico que se quisera, o da dominação do espírito e do intelecto sobre os instintos e sentidos, o conhecimento da natureza mesma dos seres.

Os animais explorados pela *VF*, no entanto, encerrariam em si mesmos, pelo que nos parece, significados simbólicos que acreditamos necessário ressaltar. Assim, as aves negras contidas na *Vita* de Frutuoso, especialmente sob as circunstâncias em que se apresentam, e mesmo independente dessas, dever-nos-ão dizer muito mais do que

198 RONALDO AMARAL

sua simples ocorrência textual. O hagiógrafo conta-nos que Frutuoso possuía domesticadas em seu mosteiro algumas dessas aves pequenas e negras. Essas buscavam o santo mesmo quando embrenhado na mata e em solidão, revoando baixo e grasnando, e os devotos que o procuravam teriam indicado o lugar mesmo em que se encontrava o anacoreta. Isso posto, e restringindo-nos somente à tradição cristã, haveríamos que ver aí situações e lugares, especialmente ao identificarmos essas aves negras aos corvos, que nos lembrariam muito passagens bíblicas e as *Vitas* de monges anteriores. Os corvos, tidos por muitas tradições religiosas, entre as quais a cristã, como um pássaro de mau agouro, possuiria também, como quase todo símbolo, sua natureza benéfica. Para os povos germânicos, fora uma ave sagrada. Quanto à tradição bíblica e cristã, o pássaro seria beneficiado pela providência de Deus por três vezes, particularmente no Antigo Testamento (Jó 38,41; Sl. 147,9; Lc. 12,25). Fora ele ainda enviado por Noé (Gn. 8,7) para buscar sinais da terra firme quando do dilúvio, mas por não regressar à arca, fora tido por alguns padres da Igreja (Manfred, 1977) como símbolo do pecado, pois se apegara às futilidades do mundo não regressando à arca-Igreja. Ainda na Bíblia, e muito mais conveniente agora com nossa hagiografia, o corvo se encontrará no deserto e a serviço de Deus, já que por Aquele enviado a alimentar o profeta Elias (1Rs. 17,4-6) levando-lhe pão e carne. Também na *Vita* de Paulo, o primeiro eremita, como vimos, seria o corvo que no deserto e a serviço da providência de Deus o alimentaria todos os dias, e no dia em que Antão o visitara, a ave lhes levara uma provisão ainda maior. No Diálogo Segundo de Gregório Magno (1996), Bento alimentava todos os dias um corvo que morava em uma floresta. Na ocasião que o santo recebera um pão envenenado, o corvo a mando daquele levaria para longe o alimento sem que fosse contaminado apesar de carregá-lo no bico. Em algumas culturas seria por si só o símbolo da solidão, por isso talvez, e mesmo para o cristianismo, não devêssemos estranhá-lo continuamente no deserto (Chevalier & Gheerbrant, s. d., p.295).

Vemos, desse modo, que a ave seria uma figura muito cara ao cristianismo, pois assegurada pela providência de Deus com o alimento, também seria inúmeras vezes por esse escolhida para tornar-se men-

A SANTIDADE HABITA O DESERTO    199

sageira e provedora de sua mesma providência. Encontrada ainda com frequência no deserto como provedora e indicadora particular dos lugares eremíticos dos solitários, o autor da *VF* só teria que lançar mão assim de uma criatura que há muito já estaria confirmada para o lugar e estado por ele inserido.

O cervo igualmente apareceria na *VF* como um animal que não só pertenceria à fauna da Galiza, mas à "fauna" hagiográfica. Seus significados são bastante amplos, pois será um animal de grande recorrência nas mitologias e demais textos sagrados de inúmeros povos. Para a tradição celta, mesmo a já cristianizada, o cervo terá grande importância como símbolo positivo, encontrando-se até mesmo nas lendas de são Patrício e outros textos de natureza mais antiga. Talvez, haveríamos que ver precisamente aqui a importância dada a esse animal na *VF*, pois seria produzida em um ambiente marcado pela presença daquele povo, especialmente pela instalação na Galiza de comunidades monásticas célticas, como veremos no capítulo próximo. Contudo, o cervo possuíra também sua importância mística e simbólica para o cristianismo, além de ser representado como símbolo da melancolia por seu gosto pela solidão. Seria, assim como o corvo, um animal que representaria o estado da solidão, portanto próprio para estar ao lado de um anacoreta. O cristianismo, por meio sobretudo do Salmo 42,2, como fizera Santo Agostinho, identificaria o cervo à imagem da busca de Deus, e mesmo a água da fonte da vida, do batismo particularmente.

De todo modo, o hagiógrafo de Frutuoso deveria ter-se ocupado da escolha de animais que, além das circunstâncias mesmas em que apareceriam, deveriam auxiliar na santificação do mesmo ambiente do anacoreta, pois Frutuoso deveria conviver mais do que com animais, com animais-representações da solidão e da santidade, a qual, e ainda por meio desses, ele também, e sobretudo, possuía.

O deserto passará ainda a prefigurar ou refigurar como o paraíso na medida em que sinais, milagres, manifestações e intervenções diretas ou indiretas de Deus se tornariam algo corrente, do cotidiano, e porque não dizê-lo, banal. Apesar de a *VF* não nos legar testemunhos mais diretos de aparições sobrenaturais e seres fantásticos,

## 200 RONALDO AMARAL

especialmente os angelicais e deificados, a intervenção da divindade será algo sempre certo e recorrente na vida no ermo praticada por Frutuoso. Os milagres aí ocorridos obedecem, entretanto, a situações e necessidades precisas, pois todo milagre é histórico na em medida que se insere nessa e em seu contexto, para negá-la ou confirmá-la. O ato do milagre responde a soluções e circunstâncias próprias de um lugar e de uma época. E, em uma, de suas constantes peregrinações, Frutuoso não se fizera atrasar pelas chuvas frequentes, pois confiante em sua fé anteviu que essa cessaria assim que se colocasse a caminho em direção ao destino planejado (*VF* 14). Como vimos, o santo visigodo, em razão de seu poder sobrenatural, propicia a chuva em tempos de larga estiagem, ante os pedidos dos monges e das demais pessoas do campo. Há ainda que anotar que em duas ocasiões em que Frutuoso se encontraria em ambiente marinho, deveria aí realizar milagres. Esses se farão, sobretudo, em razão das dificuldades e restrições impostas pelas águas e seu meio. Recordemo-nos ainda, nesta mesma linha, da ocorrência do incidente com seus códices.

Os milagres aqui expostos denunciam, assim, o poder e a necessidade de se alçar acima da humanidade para se atingir situações e benesses a essa restrita. Vejamos um pouco mais detidamente dois desses casos.

No momento em que trabalhava Frutuoso e seus discípulos em uma ilha na construção de um novo mosteiro, a barca que os tinha conduzido até esse local, e se encontrava atracada em uma praia, fora levada mar adentro por uma tempestade realizada pelo demônio que revolvera fortemente as águas. O santo, no entanto, no intuito de resgatar a sua nau, irá se lançar ao mar, perdendo-se em seu seio e das vistas de seus discípulos:

E quando todos os seus discípulos, desesperados pela dificuldade, se sentiram aterrorizados pelo grave risco, então ele, tendo feito oração, se lançou só às longínquas águas do mar profundo. Eles com duplo luto e lamento se compadeciam amargamente temendo pela vida deste e deplorando sua própria perdição; quando já pela enorme distancia se escondeu às vistas deles, caíram em um total desespero.

# A SANTIDADE HABITA O DESERTO    201

Depois de um espaço de muitas horas, observando ao longe, vêem a barca aproximar-se pouco a pouco. Quando chegou mais perto, avistaram o santo nela que retornava com grande alegria... (*VF* 7, 10-18)

De modo surpreendente conseguirá o santo sobreviver e reaver aquilo que lhe havia tirado o antigo inimigo. Em outro momento, encontrava-se o santo atravessando o rio em uma nave. Ante o cansaço dos marinheiros e a necessidade de navegar com rapidez a seu destino, pois já se acercava a noite, Frutuoso, confiante no auxílio divino, novamente surpreenderia aqueles que o acompanhavam, particularmente àqueles que conduziam a nave:

> Ele lhes dize: "Os rogo que tomem um alimento e, como estais cansados, repouseis um pouquinho, enquanto eu termino de rezar o ofício. Mas os peço que agarreis com as mãos os remos da nave e assim dormis um momento". Obedeceram ao ponto e, segundo a ordem que lhes havia dado, agarraram os remos da barca e se entregaram ao sono; ao ponto enquanto o santo varão rezava e rematava o santo ofício com seus irmãos, sem que nenhum ser humano dirigisse a barca, senão com a só mão de Deus por governo, cruzou rapidamente a orla do rio. (*VF* 13, 9-16)

Sua confiança na ação de Deus fizera que Frutuoso deixasse de contar com os marinheiros que conduziam a nau. E para maior espanto daqueles, pediria que segurassem os remos, os instrumentos que moviam a barca, enquanto dormiam, para que fosse mais admirável e insuspeito o ato do milagre, a força da mão de Deus que levara a barca a seu destino tão somente com o poder da oração.

Dessas narrações depreende-se, portanto, que a existência levada por Frutuoso negava propriamente aquela do essencialmente humano e terreno, pois sua interação com a divindade e seus poderes sobre-humanos o locavam em um ambiente no mínimo sobrenatural, ainda que em meio à própria natureza. Pensemos aqui no caso do milagre em que Frutuoso resgataria a barca perdida nas águas. Sua atitude de adentrar-se no mar bravio e perder-se em suas águas durante horas e a uma distância bastante longa far-se-ia imprópria e pouco possível à

# 202 RONALDO AMARAL

natureza e à fragilidade humana. Frutuoso seria demonstrado, assim, possuir um corpo revestido e impregnado pelo espiritual, o que não quer dizer imaterial, desprovido de carne, mas provido de faculdades que o faria transcender, extrapolar a fraqueza e as limitações do humano, pois como bem observou Jacques Le Goff (s. d., p.59), na Idade Média o espiritual parece muito pouco dissociável do material, do corpo, pois na grande maioria das vezes seria por meio desse que se manifestaria, ainda que mesmo no além. Seu corpo gozaria nesse momento talvez, e seguindo agora as reflexões de Jean Claude Schmitt (2002), os mesmo benefícios legados ao corpo de Adão antes da queda, a purificação e a isenção de todas as enfermidades e a subtração a usura do tempo, pelo menos nesse momento, denotando sua inserção em um ambiente da mesma natureza, ou seja, aquele que como já temos colocado pretende-se a atualização do Éden. Mesmos para muitos dos padres da Igreja desses primeiros séculos cristãos, não haveria uma total oposição entre corpo e alma, chegando alguns a afirmar que o corpo teria a capacidade da imortalidade, e a alma, ou mais acertadamente, o corpo glorificado ou ressuscitado, mesmo desprovido da carne, continuaria composto pelos quatro elementos da natureza, portanto, material (Spidlík, 2004, p.145).

Se as ocorrências de situações sobrenaturais benignas serão uma constante na vida no deserto da *VF*, os seres e manifestações malignas, provenientes do "antigo inimigo da humanidade", o serão ainda mais, havendo até mesmo situações muito próximas, e talvez mesmas das *Vitas* dos padres orientais.

O deserto seria, assim, e antes de tudo, o lugar do paradoxo. Seria, ao mesmo tempo, o lugar onde residiria Deus e, portanto, o mais propício para o seu encontro, conforme nos dera a conhecer a própria literatura bíblica, mas também seria a morada do demônio, sua casa, conforme a mesma Bíblia e tantos outros textos da tradição dos padres.

Antes, porém, de tratarmos de sua natureza dualista, do seu lugar sobrenatural e de sua realidade maravilhosa cristã, ser-nos-á conveniente dispensarmos algumas considerações a respeito de sua natureza mais imediata, especialmente por estarmos tratando de um

A SANTIDADE HABITA O DESERTO    203

deserto eremítico pouco explorado até então, o deserto-floresta, ou como preferimos, o deserto-bosque do Ocidente, pois mais coerente à flora onde encontramos a ambientação da *VF*.

Na *VF* o deserto do solitário ganhará particularidades e especificidades próprias da geografia e do clima do Ocidente. O deserto será aqui, e antes de tudo, o lugar onde se ocultaria graças à sua natureza e vegetação exuberante, enquanto essa escasseava ou mesmo inexistia nas solidões orientais. Nesse caso, o deserto do Ocidente nada deveria àquele encontrado no Oriente, pois suas características físicas, geográficas e climáticas dele divergirão grandemente, apesar de ambos encerrarem, no que concerne ao simbolismo e à mística cristã, a mesma natureza e a mesma função.

Uma atenta leitura da *VF* nos mostrará que o termo bosque e suas possíveis derivações seriam evocados sempre e antes de tudo para designar o lugar de solidão, o sítio deserto. Desse modo, bosque (*silvam*) será uma recorrente metonímia de deserto (*deserti, heremi*), de solidão (*solitude*), não podendo, ou pelo menos não se devendo, tomá-lo por outro sentido senão esse. Assim, vejam-se alguns exemplos: "buscou as mais recônditas paragens do deserto, e tanto se cuidou de ocultar-se em frondosas e retiradas espessuras, escondendo-se já em lugares muito altos, já em densos matagais".[7] E em outro momento uma vez mais: "se separava da congregação e com os pés descalços se internava em lugares de bosques, cheio de densos arbustos, ásperos e escabrosos".[8]

A incidência do deserto, ou de sua significação mais corrente para a *VF*, o bosque (*silvam*) em suas características, dar-se-á mesmo de forma obsessiva, quando não redundante. Esse pleonasmo o entendemos, claramente, como um meio eficaz de o hagiógrafo de Frutuoso insistir e reiterar o seu gosto e desejo mais estrito pela vida solitária, que deveria se dar, segundo o desejo desse mesmo autor, em seu estado mais puro, chegando mesmo ao "ideal" da total solidão.

---

7  Cf. *VF* 8, 16-18: "*abditissima heremi loca petit ac fronduosis secrestic nemoribus ita se occuli studuit ut nunc altissimis locis, nunc densissimes siluis...*".
8  Cf. *VF* 4, 5-6: "*egrediebatur a congregatione et nudes uestigiis penetrabat loca nemorosa, argis dendissima, áspera et fragosa...*".

204    RONALDO AMARAL

Perceba-se ainda, por meio das passagens transcritas, que a hipérbole fora outro recurso que acompanhara o nosso autor no seu intento de perfeição desértica. Assim, no capítulo em que descreve o lugar em que se estabelecera Frutuoso, dando origem ao *monasterium* de são Pedro de Montes, anotara o autor que esse lugar se localizava "em uma solidão vastíssima e estreita, e separada do mundo".[9] Em outra passagem identificando o lugar onde Frutuoso fundara mais um de seus mosteiros, o Nono, descreve assim seu ambiente e as circunstâncias da fundação, "Finalmente em uma escondida solidão, vasta e separada de toda população fundou com o socorro divino um notável e extraordinário cenóbio".[10]

O lugar em que se encontrava Frutuoso, mesmo acompanhado de discípulos e ocupado em seu trabalho de fundador, será sempre o deserto. Assim, anota o nosso hagiógrafo, e mais de uma vez, que Frutuoso fundara seus numerosos mosteiros no deserto, e quando auxiliara um de seus discípulos na fundação de um mosteiro o fazia em uma "solidão escondidíssima".[11] Lembremo-nos de que, quando as aves negras denunciaram seu paradeiro para os devotos que o procuravam, conforme anotamos antes, se encontrava Frutuoso em seus "santos esconderijos" (*sanctas latebras*), ou nos refúgios do bosque. Em outro momento, pode-se perceber que um de seus mosteiros fora construído contíguo ao bosque (*VF* 10, 16), obedecendo perfeitamente a esse seu ideal tão caro e defendido por seu hagiógrafo.

Mesmo quando Frutuoso se encontrava em viagens[12] com seus discípulos, o ideal de solidão não o deixava. Vemos que no episódio

---

9   Cf. *VF* 6, 1-2: "*Post haec denique in uastissima et arta procul a saeculo remota solitudine...*".

10  *VF* 14, 20-22: "*Denique in abdita uastaque et a mundana habitatione remota solitudine praecipuum et mirae magnitudinis egregium fundaiut cum dei iubamine cenobium...*".

11  Cf. *VF* 8, 6: "*in abdissima solitudine in locum...*".

12  A peregrinação, que ocupara grande parte da existência monástica de Frutuoso, segundo sua mesma *Vita*, deverá ser aqui considerada como mais uma forma de anacorese. Significativo desse sentido parece ser a obra do monge palestinense João Clímaco (1990), contemporâneo ao santo visigodo, que consideraria a peregrinação uma atitude de renúncia ao mundo e das próprias vontades e paixões, em sua terceira escala ao Paraíso "que trata da verdadeira peregrinação".

# A SANTIDADE HABITA O DESERTO 205

em que seria agredido por um aldeão possesso, estava Frutuoso só, pois, enquanto seus discípulos se adiantaram, o santo, "retrasando-se, tendeu em oração por uns momentos em uma apartada e muito secreta paragem de um bosque de denso arvoredo".[13] Quando a virgem Benedita encontrara a fundação de Frutuoso, essa o fizera, pois "entrou-se só, em diversos desertos do ermo e assim vagando pelos lugares apartados e ignotos acabou por aproximar-se dirigida pelo senhor a santa congregação do cenóbio".[14]

As passagens citadas, ou mais particularmente alguns poucos recortes dessas, objetivam sublimar para enfatizar, pois muitas delas nos escapam aos olhos na maioria das vezes porque dissolvidas pelo texto. Atentemo-nos, embora muitas vezes próprio da língua e sua forma, às ocorrências hiperbólicas, "solidão vastíssima e ampla, e afastada de todo o mundo", e as redundâncias curiosas como "solidão escondíssima", "escondida solidão, vasta e separada de toda população". Consideremos ainda, lembrando-nos da prematura vocação de Frutuoso, que o que lhe instigara as suas possessões rurais fora exatamente sua aptidão para construir um *monasterium*, intento de solidão esse conseguido depois que deixara a escola de Conâncio e se dirigira a esses vales.

Essa recorrência frequente dos lugares e estados solitários de Frutuoso está atestada, uma vez mais, por uma correspondência enviada a ele por Bráulio. Suas palavras são claras e demonstrativas dessa sua estada em lugares desérticos e escondidos: "Feliz tu, que desprezando as coisas deste mundo, hás preferido os ócios santos!" (Bráulio de Saragoça, 1975, *Epístola* 44). E em seguida anota ainda:

Feliz deserto e vasta solidão essa que, até a pouco somente covil de bestas selvagens, esta agora repleto de habitações de monges reunidos por ti, que cantam os louvores de Deus, desterrados do mundo, cida-

---

13 Cf. *VF* 11, 11-12: "*ipse uero subsistens in abdito nemorum siluarumque densarum scretissimo loco paulisper orationi incubuit...*".

14 Cf. *VF* 15, 3-5: "*sola et ingressa est diuersa eremi deserta et sic per inuia et ignota errando loca tandem duce domino adpropinquauit ad sanctam cenobii congregationem...*".

## 206 RONALDO AMARAL

dãos de Deus! Babilônia dos cativos, Jerusalém de predestinados! Em Cristo, pois te engrandeço a ti e a os teus, cujo entusiasmo estabelece o deserto, não o deserto que os mais eruditos e eminentes dentre os homens, Jerônimo e Euquerio em outro tempo já embelezaram com as maravilhosas flores de suas palavras e pensamentos... (ibidem)

A concepção do ideal solitário como uma prática própria e originária do Oriente, que seria então transposta para o Ocidente e animaria a seus solitários, estava presente entre os próprios contemporâneos desses anacoretas, como aqui o vemos por meio de Bráulio, que entendia que Frutuoso e seus discípulos, guardadas suas particularidades, seguiam de algum modo as pegadas de solitários como Jerônimo e Euquerio. Lembremo-nos, ainda, de que além do autor da *VF*, Valério do Bierzo (1942, *De Celeste Revelatione* 1) se referia a esse como um exemplo dos padres da Tebaida.

Havia, pois, entre os próprios contemporâneos, insistimos, a consciência de que esse estilo de vida, apesar de ter razões e particulares próprias à época e região da Hispânia, devia sobremaneira sua origem e inspiração ao padres do Oriente e a seus desertos. Nesse aspecto, veja-se que Frutuoso trajava o melote, a pele de cabras, vestimenta comuníssima entre os padres do Oriente, e posteriormente entre os ocidentais. Assim, lançava-se a "moda" do deserto, que se adotaria entre os ocidentais, e é claro não poderia deixar de adotá-la Frutuoso, pois, se nos permitem um trocadilho, se o hábito não faz o monge, o melote parecerá fazer o eremita. Contudo, o melote, como outras vestimentas e acessórios dos monges orientais, encerraria mais do que um uso prático, um significado simbólico para a mística cristã. João Cassiano (1965) em seu primeiro livro das *Instituições cenobíticas*, nos daria a conhecer o significado do melote e de outros "acessórios" dos solitários do Egito:

As últimas peças do hábito dos monges do Egito são o melote ou pele de cabra e o bastão.

Com isso imitam os que, no Antigo Testamento, prefiguraram profeticamente o estado monástico. O apóstolo deles escreveu:

A SANTIDADE HABITA O DESERTO 207

"Foram vistos cobertos de peles de ovelhas e de cabras, andaram errantes, curtindo privações, perseguidos e maltratados – o mundo não era digno deles – vagavam pelos desertos, pelas montanhas, pelas cavernas e pelos antros da terra" (Heb 11, 37,38).

Todavia a pele de cabra ou melote significa além do mais, que o monge, após haver mortificado toda impetuosidade em relação às paixões da carne, deve se estabelecer numa soberana gravidade baseada em sólida virtude. Nada mais deve subsistir nele, do que outrora houve, devido ao ardor e a mobilidade da juventude.

Revestido pelo melote, Frutuoso estaria assim não só remontando a um costume e época próprios dos padres do deserto dos séculos IV e V, particularmente, mas também, e por meio desse, ao Antigo Testamento e àqueles que de algum modo o protagonizaram. E aqui poderíamos ver, talvez, o cristalizar-se de uma mentalidade por meio de uma roupagem, a longa duração de uma prática e de uma busca espiritual, de uma ascese e da virtude dessa advinda, promovida e conquistada pela perduração de uma mesma tradição – o trajar o melote. Deve-se ainda sublinhar que essa vestimenta, em razão de sua significação espiritual, não só equivaleria Frutuoso aos padres dos desertos do Oriente por uma mesma "moda", pela semelhança externa do traje, mas por ele estar como aqueles "estabelecido em uma soberana gravidade baseada em uma sólida virtude". Frutuoso estaria assim, pelo menos para seu hagiógrafo, vestido mais do que de uma peça de roupa, de um estado de perfeição, a maturidade espiritual pela castidade conquistada ao ardor e à mobilidade da juventude.

A hagiografia visigótica como temos percebido, em particular a *VF*, segue a mesma tendência já sentida por Le Goff (s. d.) em relação às hagiografias da Alta Idade Média, dentre as quais a merovíngia, como sublinha esse historiador. O fantástico, ou o maravilhoso, não se encontra instituído senão no maravilhoso cristão, no *miraculosus*. Todas as manifestações maravilhosas, sobrenaturais, serão oriundas e respeitaram a intervenção de Deus, ou do demônio, por meio de suas tentações e más condutas. Assim não se acham, pelo menos nomeadamente, heranças de cunho não cristão, ou de origem

208  RONALDO AMARAL

pré-cristã. Todavia, essas se encontram presentes nas hagiografias orientais da tardo-Antiguidade como na *Vita Antonii* e na *Vita Paulii*, enfatizando-se aqui, especialmente, os seres fantásticos, monstruosos, que habitariam e caracterizariam o deserto. Esses, entretanto, ainda que de origem não cristã, acabarão já nessa época por ganharem, senão aspectos, ao menos idealizações e naturezas caracteristicamente cristãs, como a necessária dualidade: seres do bem ou do mal. E sublinhemos que a frequente atribuição dos monstros ao demônio, como veremos, quisera mais do que "naturalizá-los" para o cristianismo, denotar que aquele apesar de sensível ao homem não teria verdadeiro Ser, nem um lugar coerente no cosmos cristão. Nessas fontes, portanto, se as criaturas do deserto não se devem à natureza cristã, ao menos não deixaram de ser tocados por essa, pelo rechaço ou pela conversão.

## O deserto: domínio de Deus e do demônio. Lugar e tempo da vida e da morte

Ambiente e lugar do sobrenatural, do maravilhoso, que podem ser benignos – os milagres, as aparições angélicas, os poderes taumatúrgicos dos santos anacoretas; ou malignos –, o atentado do diabo, suas aparições e peripécias, seus entraves à vida ascética e as obras de edificação espiritual e evangelizadora; e por fim, das criaturas que remanescem de tempos e mentalidades bastante anteriores, o deserto não será para os iniciantes, não pelo menos o deserto povoado por esses seres excêntricos e pelas potências precisamente cristãs. Assim, todo o aspirante a solitário não o obterá sem antes passar por preparações prévias e se acostumar com seu ambiente, aprendendo, por exemplo, discernir o "bem" e o "mal" que nesse se estabelece. O adentrar-se no deserto se fazia de forma paulatina e concomitante ao amadurecimento ascético e humano do eremita. E há que chamar aqui novamente a *Vita Antonii*. Seu texto, insista-se uma vez mais, protótipo de toda circunstância e conduta que se encontraria e abarcaria o solitário, portanto e em alguma medida, o protagonista da *VF*, demonstrará

A SANTIDADE HABITA O DESERTO 209

que Antão não atingira o deserto sem antes passar por um caminhar e um adentramento contínuo, em que deveu conhecer e se acostumar com seus prodígios e seu ambiente. Desse modo, se instalaria primeiramente nas cercanias de seu povoado para ser instruído pelos mais velhos. Posteriormente, e depois das primeiras tentações e investidas do diabo, se retiraria ainda mais, se recluindo em um sepulcro. Não contente com esse afastamento, o anacoreta egípcio caminhará ainda mais deserto adentro, em direção à "montanha", encontrando uma fortaleza e nessa se estabelecendo por muito tempo, vinte anos, até que sua "perfeição" ascética e anacorética o levaria à montanha, à sua parte mais superior, permanecendo aí em um estado mais estreitamente solitário. E aqui, como mostrou Jacques Le Goff (s. d., p.68), se confirma que uma das atitudes mais habituais do homem na Idade Média seria sua atração em direção ao alto e ao interior.

Esse caminhar do eremita ao deserto, cada vez mais remoto e "solitário", denota sua caminhada em direção a uma vida de perfeição ascética e evangélica cada vez mais conquistada, como já anotamos. Quanto mais no deserto, mais longe do mundo e mais divergente de sua realidade. Assim, o anacoreta que atingirá o deserto em sua extensão e qualidade mais estranha ao mundo e a seu convívio acabará por ganhar aquele estado "prematuro" da vida angélica que tanto o desejara. Ao conquistar o deserto, o anacoreta morrerá para o mundo, e passará a vivenciar aí, e ainda que na terra, o seu quinhão do paraíso. E o deserto será, simultaneamente, lugar e tempo da morte e da vida, assim como o será o domínio de Deus e do demônio.

Como colocamos no primeiro item do segundo capítulo, as Sagradas Escrituras que se fizeram incitação e fonte para o ideal monástico se constituíram aqui, por consequência, na primeira e maior razão para o deserto fazer-se o lugar e o estado ideal do anacoreta. O Antigo Testamento, no qual não nos estenderemos apesar de haver matéria e reflexões para tanto, será generoso em discussões sobre a vida no deserto, e o que nos seria mais relevante à manifestação de Deus nesse lugar, auxiliando ou provando o homem. A partir dessa constatação, podemos mesmo afirmar que o deserto será o lugar por excelência das hierofanias judaicas, assim como posteriormente das

210 RONALDO AMARAL

cristãs. Assim, desde a tradição veterotestamentária será esse o lugar onde Deus se manifesta, sendo talvez o seu ambiente mais revelador.

Será, todavia, a partir do Novo Testamento que o deserto será visto como o lugar privilegiado para a vida do monge, e não só pela solidão que propicia, mas por outras consequências igualmente diretas, entre elas a íntima e estreita união com Deus. Ir ao deserto será antes de tudo imitar Cristo e dele se acercar. Jesus, como já anotamos, fora ao deserto para o encontro com o Pai, para aí orar em segredo, e depois de tentado pelo demônio, os anjos o serviram. Sua própria revelação humana se dera no deserto, pois foi aí que João Batista o profetizou e o revelou. No Apocalipse, a mulher – o povo de Deus – perseguida pelo dragão seria levada pelo Senhor ao deserto onde encontrara abrigo e segurança.

O deserto, porém, importará ainda ao monge solitário, e talvez antes mesmo de sua importância como o lugar de encontro com Deus, já que isso se dará comumente após muito esforço e tempo de exercícios ascéticos, por ser o lugar contraposto ao mundo, ou seja, o lugar antagônico àquele ambiente onde se nega ou se dificulta o encontro com Deus e os seus valores. Desse modo, Jesus já afirmara que seu reino não era deste mundo (Jo. 18,36), e o mundo o odeia (Jo. 15,18). Assim como identificará o demônio como o príncipe deste mundo (Jo. 14,30).

A oposição do cristão ao mundo parece enfática e necessária a João, que afirmara que quem ama o mundo não ama a Deus, pois "tudo o que há no mundo – a concupiscência da carne, a concupiscência dos olhos e o orgulho da riqueza – não vem do Pai, mas do mundo. Ora, o mundo passa com suas concupiscências; mas o que faz a vontade de Deus permanece eternamente" (1 Jo.2, 15-17).

Muitas dessas afirmações das Sagradas Escrituras deveriam estar em grande medida presentes na mente desses solitários, senão de todos, ao menos daqueles que procuraram teorizar e fundar a vida no deserto. De toda forma, sendo a Bíblia um livro de leitura, ou escuta, corrente entre os monges, tais palavras deveriam ressoar seriamente em seus ouvidos, impondo-lhes mesmo, e gravemente, suas condutas.

A SANTIDADE HABITA O DESERTO    211

A vida no deserto será, pois, uma vida de íntima união com Deus. Essa poderá ainda se dar de forma mais plena e perfeita por meio da *hesychía*, estado conquistado somente pelos solitários mais amadurecidos e experimentados.[15] Contudo, antes de se atingir essa condição de graça, era preciso enfrentar e combater um dos habitantes mais famosos e abundantes dos lugares desérticos: os demônios. Como vimos, o demônio aparece como um ser próprio do deserto já nas Sagradas Escrituras, pois aí tentará o próprio Cristo. Dessa forma, se a vida monástica é a imitação de Cristo, por que o monge não seria tentado no deserto pelo mesmo demônio? O mundo como um todo, não obstante, será a própria habitação do demônio, pois esse está em todos os lugares e se revela numeroso. Paulo, o apóstolo, já afirmara, como veremos adiante, que eles habitam o ar, assim como o fará Atanásio na *Vita Antonii*. A *Historia monachorum* de Rufino, segundo Colombás, nos informara que Evrágio Pontico advertira seus discípulos de que o demônio penetra continuamente os lugares cheios de águas. Como vimos, e veremos ainda de modo mais detido, na *VF* será o demônio que, manipulando as águas do mar, provocará ondas para fazer-se perder a nau de Frutuoso.

A *Vita Antonii*, entre outras características que temos indicado, constitui-se em um importante tratado de demonologia, sendo talvez a sua característica mais eminente e relevante. No decorrer de seu texto nos daria a conhecer, assim como aos solitários de outrora, que o deserto será a casa, o domínio particular do demônio.

---

15 A *hesychía*, termo grego, amplamente utilizado pelos autores monásticos, possui um significado amplo e difuso. Há que distinguir primeiramente que esse se divide em duas classes. Assim, às vezes designa um estado de vida, enquanto outras vezes, um estado de espírito. A primeira se refere à separação dos homens, viver na solidão, permanecer no silêncio. A segunda, fruto da primeira é um estado de alma tomado pela paz; é a tranquilidade perfeita, que só a união profunda com Deus pode proporcionar ao homem. Pode ainda se ver a esse respeito, por exemplo, Colombás (1989, t.1, p.217), e do mesmo autor, *El monacato primitivo* (Colombás, 1974). De igual modo, em um livro mais recente, Spidlík (2004, p.45).

212  RONALDO AMARAL

Assim, estando Antão recluso em uma fortaleza em meio ao deserto, os demônios em multidão, revoltosos e enlouquecidos gritavam-lhe: "Afasta-te de nosso domínio. Que tens que fazer no deserto? Não agüentarás nossas conspirações" (Atanásio de Alexandria, 1988, *Vida de Antonio* 13). Em uma outra passagem o demônio batera a porta de Antão e lamentara-se a ele, demonstrando estar incomodado pelos monges que enchiam o deserto. Desse modo, quanto mais familiar o deserto para o solitário, mais familiar o demônio, tal como se depreende dessa mesma *Vita*. João Cassiano (1955) em suas conferências, as quais não eram desconhecidas de Frutuoso e de seu ambiente, como já colocamos, assim como a regra de Bento de Nursia, definira o eremita como aquele que se conduzia ao deserto para sobretudo empreender aí o combate ao demônio. Assim nos informa o primeiro texto: "não contestes da vitória ganha sobre o diabo entre os homens, calcando aos pés suas ciladas ocultas, eles aspiram a enfrentar o demônio em luta aberta e combate manifesto. Assim, não temem penetrar os vastos retiros do ermo" (ibidem, *Conferência* 18,6).

Voltando-nos novamente à *Vita Antonii*, cuja demonologia, suas circunstâncias e modos se revelaram bastante correlatas àquela encontrada na *VF*, como não poderia deixar de ser, denunciemos alguns de seus aspectos que, guardadas suas especificidades, encontramos também na *Vita* do santo visigodo.

O demônio se manifestara na *Vita Antonii*, dentre outros modos, por meio de pensamentos, os quais são chamados pela tradição demonológica do deserto por *logismoi*.[16] Inspira desejos e vontades que tendem a desvirtuar e desencaminhar o monge de sua caminhada ascética em direção à perfeição espiritual. Dentre esses "pensamentos", sublinha-se a luxúria e, mais por parte do próprio demônio que age movido por ela, a inveja, uma das causas pelas quais o homem fora corrompido pelo diabo, inaugurando assim o pecado. Na *VF*, será essa, ainda, a principal arma utilizada pelo demônio contra o anacoreta visigodo, pois por meio dessa colocará algumas pessoas contra Frutuoso e sua obra, conforme se verá mais detidamente adiante.

---

16  A esse respeito, pode-se ver uma vez mais Garcia Colombás (1974, v.2, p.259).

A SANTIDADE HABITA O DESERTO **213**

Os Oito Vícios capitais de João Cassiano, retomados de Evrágio Pontico[17] que já os havia sistematizado anteriormente e em grande medida os justificado para a fé cristã, identificará cada vício a um demônio, ou ainda, cada vício seria inspirado e promovido por um demônio específico.[18] Assim havia tantos demônios quanto o seriam os vícios que os empregavam, daí a ideia e razão da pluralidade e especificidade dos demônios, como se continuará aqui demonstrando.

O demônio, porém, se revelara na *Vita Antonii*, não só por meio de pensamentos, mas também e curiosamente por meio de aparições fantasmagóricas, geralmente sob a figura de animais, anjos, e mesmo de eremitas, quando não se mostrava como tal. Como o fará com Martinho de Tours e Frutuoso, chegará a apelar mesmo para a agressão física. Outro dado presente na *Vita Antonii* e igualmente na *VF* será a utilização do sinal da cruz, como meio próprio e eficaz para se afugentar o espírito maligno.

A fraqueza do demônio perante o solitário que se apoiava nos poderes de Deus também será um tema corrente na *Vita* desse eremita copto. São abundantes os capítulos que insistem na debilidade do demônio e de sua fácil submissão aos solitários detentores da confiança e do auxílio divino. O diabo ainda, conforme esse mesmo texto, só agirá com o consentimento de Deus. Mesmo que a vida no

---

17 Nas obras de Evrágio Pontico (346 ou 347 a 399) se os designa mais ordinariamente por "maus pensamentos" como vemos, por exemplo, em seu *Tratado prático aos Monges* que os descreve com mais acuidade. Retomados por João Cassiano, seriam conhecidos no Ocidente ainda nesses primitivos séculos cristãos, passando ainda e a partir da Idade Média Central a se constituir nos sete pecados capitais (Evrágio Pontico. 1995, p.133-75). Uma exposição sobre a demonologia oriental temos em Bravo García (1994, p.35-68).

18 Nas obras de Evrágio utilizam-se indistinta e alternativamente os termos "maus pensamentos" e "demônios" para designar os vícios que acometem os monges (gula, luxúria, avareza, tristeza, cólera, acedia, vanglória e orgulho). Essa identificação dos maus pensamentos com os demônios que os constituiriam ou representariam fora, por sua vez, extraída de Orígenes que, como o próprio Evrágio, a havia subtraído de textos judaicos. Para essa percepção em Evrágio pode-se ver seu tratado *Sobre a oração*, particularmente os capítulos 47, 63-64 e 69 na mesma edição anteriormente citada.

214 RONALDO AMARAL

deserto seja para o solitário uma luta contínua contra o demônio, e mesmo para os experientes a batalha já estava vencida.

Acreditamos necessário, assim, pontuar algumas características da demonologia da *Vita Antonii*, e consequentemente a do monacato primitivo de uma forma geral, que alimenta e se alimenta dessa, respectivamente, uma vez que ela estará presente e de forma incisiva na *VF*, determinando mesmo algumas ações e caracterizações do aparecimento do mal. Todavia, deverão se buscar, concomitantemente, algumas características e ações do "mal" que, não precisamente cristãs, serão oriundas de heranças de outras culturas religiosas, como a judaica, a helenística e as "pagãs" autóctones, embora sobrevivessem e se revestissem posteriormente de uma natureza própria do cristianismo. Queremos advertir, contudo, que para a *VF* essa percepção última, a da existência de seres promotores de "más condutas" estranhos à natureza cristã, não nos parece perceptível perante uma demonologia já decisivamente cristã.

Como observou Estevão Bettencourt (1957, p.53), o cristianismo adotara da tradição judaica, mais precisamente de seus apócrifos, os seres angélicos, bons ou maus, os quais, por sua vez, subtrairiam de um Deus cada vez mais transcendental funções e propriedades demasiadas antropomórficas. Desse modo, o cristianismo dos primeiros tempos – pensemos aqui de forma particular naquele presente na literatura patrística do deserto – estava povoado de anjos e demônios, cujas naturezas distintas se precisariam sobretudo no domínio do agir para e em favor do bem ou do mal. Haveria assim, segundo a tradição judaica, tantos anjos quanto necessitassem suas "especialidades" – das estrelas, do orvalho, do fogo, da neve, e assim por diante. Veja-se, conforme já anotamos aqui, que esses anjos maus já cristianizados – os demônios – também personificarão algumas especialidades, ainda que só respeitantes as más condutas e características.[19] Referimos-

---

19 Temos, no entanto, que atentar ao fato de que devemos à tradição judaica a percepção dos demônios como anjos caídos, ou mesmo anjos celestes a favor de Deus na prática do "mal", e tanto por seu mando como por sua condescendência. Quanto ao termo demônio, *daimon* e posteriormente *daimonion*, e sua mesma natureza, que fora igualmente aproveitada pelo cristianismo que os uniu aos

A SANTIDADE HABITA O DESERTO  215

nos aos oito vícios, que na realidade se constituíam cada qual em um demônio. A tradição helenística também contribuirá para essa concepção de uma pluralidade de seres espirituais, ainda que de naturezas não necessariamente contrapostas, que regiam ações e circunstâncias, e se incorporavam a seres da natureza.

Em uma passagem aqui já citada, mas que se faz necessário reiterá-la, nos conta a *VF* que Frutuoso desejara fundar um de seus mosteiros em uma ilha. Para essa tarefa, dirigiu-se com alguns de seus discípulos a essa localidade insular, dando início à construção do mosteiro. No entanto, a barca que os havia transportado não fora devidamente atracada, e quando voltaram a ela para fazer novamente a travessia, após terminada uma das tarefas "vêem sua barca arrastada pela ressaca a impulsos do inimigo entre as ondas embravecidas em uma longínqua tempestade" (*VF* 7, 8-9).

Como já anotamos antes, um dos mais importantes teóricos da espiritualidade cristã dos primeiros tempos, Evrágio Pontico, já concebera as águas como o lugar onde os demônios podiam se inserir e se manifestar. Entretanto, a crença em espíritos que habitavam os meios aquáticos era um lugar-comum na religiosidade popular galega, como nos mostrara Martinho de Braga, pelo menos um século antes da confecção dessa *Vita*.

Martinho de Braga, como fora recorrente entre os cristianizadores de povos e ambientes pagãos, de modo particular os de influência helenística, identificará os deuses dessa tradição aos demônios cristãos para, dessa forma, afirmar ou reafirmar a sua religião como a verdadeira e o seu Deus como o verdadeiro e único. Desse modo, os deuses, os ídolos e as crenças animistas seriam concebidos como superstições ou demônios. Havia, como nos informa Martinho de Braga (1981), "demônios", que considerados deuses regiam os meios aquáticos. Assim, Netuno, o mar; as Lamias, os rios; e as fontes, as

---

anjos rebeldes e caídos do judaísmo para formar a sua demonologia, devemos à tradição clássica helenística que concebia a existência de seres intermediários entre o homem e Deus, ou os deuses, primeiro de natureza ambivalentes, e com o passar do tempo, ganhando cada vez mais, como no cristianismo, uma conotação maligna (Russel, s. d.).

# 216 RONALDO AMARAL

ninfas. Estariam aqui talvez, e para utilizarmo-nos um conceito de Le Goff, a herança, a origem do demônio que se encontrara no mar e o embravecer para atrapalhar o empreendimento de Frutuoso e de seus discípulos? Muito provavelmente; embora esses seres malignos já ganhassem caracteres e razões não tão denotativas e nomeadamente "pagãs", como no *De Correctione Rusticorum*. Para uma explicação mais "cristã" dessa passagem, além daquela legada por Evrágio Pontico, poderíamos pensar que o autor da *VF* concebera que as ondas embravecidas do mar foram causadas por fortes ventos movidos pelo demônio, pois tanto as religiões clássicas como a judaica (Coenen & Brown, s. d., p.513) acreditavam ser o ar impuro, particularmente aquele mais baixo que ficava entre a terra e a lua, portanto morada de espíritos de mesma natureza. Mais tarde o próprio cristianismo assim o conceberá, uma vez que, para Paulo, em sua carta aos Efésios, o demônio habita e domina o ar, pois será chamado de o "Príncipe do poder do ar" (Ef. 2,2), e em outro momento de "espíritos do mal, que povoam as regiões celestiais" (Ef. 6,2). Paulo insistirá tanto nessa característica do demônio, que a descreverá de modo reiterado. A tradição patrística prolongará essa crença, na medida em que acreditaria que os demônios, anjos caídos, possuíam um corpo não mais celestial, mas de um "ar" denso e baixo, não obstante corruptível, e que os prenderiam na superfície da terra ou no mundo subterrâneo (Russel, 1984, p.107-8).

Ao tratarmos do deserto no Ocidente, e seguindo Le Goff, sabemos que esse poderá ser identificado à floresta, ou para nós, mais precisamente, ao bosque. Assim, como anotamos, e segundo a tradição cristã, se o demônio vivera no deserto árido, séquido e arenoso do Oriente, ele também se fará presente nas florestas e bosques do Ocidente, pois esses serão igualmente o deserto, antes de tudo, do asceta e de suas vicissitudes. Para a Galiza, esses demônios que se encontravam nos bosques poderiam ter uma origem também de cunho local e "pagão". Martinho de Braga (1981, *De Correctione Rusticorum* 8), uma vez mais, nos informará que os demônios, então "demitidos" do *status* de deuses, também exerceriam domínio sobre os bosques, e cita as dianas. Embora não nos dispense tempo hábil para tratar com

A SANTIDADE HABITA O DESERTO    217

maior acuidade desses "demônios autóctones", merece considerar que esses também poderiam ter colaborado para a mentalidade demonológica do autor da *VF* que, apesar de eminentemente cristã, não estaria edificada somente nessa tradição religiosa. Os demônios do Oriente se encontrariam com aqueles que já habitavam os bosques, ou ainda os desertos ocidentais, e se fundiriam em uma só e nova concepção demonológica.

Uma das manifestações mais comuns do demônio na *VF* será sua conduta de inclinar as pessoas ao mal, sendo esse comumente caracterizado pelo empecilho às obras ascéticas e evangelizadoras do santo visigodo. Isso nos demonstrará ainda que o autor da *VF* não desconhecia as tradições mais antigas sobre a natureza e as razões dos demônios que agiam em detrimento dos ascetas, cuja gênese encontramos nas obras de Evrágio Pontico (1995).[20] Assim, quando o cunhado de Frutuoso reivindicara a sua parte na herança, correspondente às terras que o santo doara ao mosteiro de Compludo, ameaçando sua fundação, tal atitude se fizera uma vez que seu parente se encontrara "instigado pelo estímulo do antigo inimigo" (*VF* 3, 8), e o autor, apropriando-se de um outro texto, acrescenta "que sempre à santidade persegue a inveja do inimigo e contra a bondade luta a malícia" (*VF* 3, 7-8). Anote-se ainda, e uma vez mais, o episódio em que Frutuoso acolheria uma corça que havia salvado de alguns caçadores que a perseguiam. Protegida pelo santo, essa viria a habitar em seu mosteiro. Certo dia, o animal, em ausência do santo, seria morto por um jovem, pois "o antigo inimigo enquanto vê que os bons começam a brilhar para a glória pronto move aos perversos a causar-lhes transtornos, por inveja" (*VF* 10, 21-2). O jovem que matara o animal a dentadas de cachorros o fizera por estar "cheio do espírito da maldade" (*VF* 10, 23), "abrasado do fogo da inveja" (*VF* 10, 23-4). Em outra passagem, já aqui tratada mais de uma vez, em que um rústico possesso violentaria a Frutuoso, ele o fazia pois "o antigo inimigo sempre invejoso de todas as boas pessoas" (*VF* 11, 13-14) causa-lhes malefícios, como esse atentado a Frutuoso.

---

20  Particularmente em *Sobre a Oração* 47.

218  RONALDO AMARAL

Os três episódios anteriores nos elucidam, assim, que para o autor da *VF* se vivia em uma contínua luta entre o bem e o mal. Todas as boas e justas atitudes proveriam da vontade de Deus, enquanto toda atitude má, particularmente aquelas que se opunham aos retos, e as obras da fé, seriam oriundas do espírito maligno, da intervenção ou da ação do demônio que instigaria o homem ao mal. Vivia-se, desse modo, em um mundo manipulado por forças sobrenaturais e antagônicas que, embora já ganhas para o bem,[21] sempre estariam prestes a novos combates, em que o homem em meio a ele, particularmente o monge, como protagonista de uma ou outra potência, deveria se recrutar a uma dessas legiões e se armar com seus instrumentos próprios: os vícios para combater as virtudes e as virtudes para combater os vícios.[22] Anotemos, não obstante, algumas ocasiões contidas na *VF*, em que a benignidade de Deus se fará sempre e tão presente quanto a ingerência maléfica do demônio. Assim, quando o cunhado de Frutuoso, instigado pelo demônio, ameaçaria sua fundação, o mosteiro de Compludo, a justiça de Deus conseguiria que esse fosse inabilitado dessa má conduta, na medida em que deixaria essa vida pela "justa" vingança divina. Recordemos ainda o episódio em que Frutuoso, prostrado em oração no cume de um monte e vestido com peles de cabra, quase fora atingido pela flecha de um caçador que o confundira com um animal típico das montanhas. Como anotara o hagiógrafo, o santo fora salvo pela providência divina, que, olhando por ele, o fizera alçar suas mãos no momento do disparo, dando assim a conhecer ao caçador que se tratava não de um animal, mas de um ser humano. Pode-se lembrar igualmente da ocasião em que

---

21  A esse respeito, Jacques Le Goff (2005, p.22), com a precisão e a clareza que lhe são próprias, anota que o cristianismo medieval terá "uma atitude ambígua a respeito do maniqueísmo [...] Tanto como crença quanto dogma o maniqueísmo é total e absolutamente rechaçado pelo cristianismo. No entanto, no nível dos comportamentos, tanto os homens quanto as mulheres da Idade Media terão grandes tentações de opor o bem e o mal...".

22  Essa relação entre vícios e virtudes que se implicam mutuamente é tão antiga quanto anterior e original à natureza mesma do cristianismo. Passando de valores relativos ao espírito humano e filosófico dos estoicos, ganhará do cristianismo uma conotação espiritual de razão religiosa.

A SANTIDADE HABITA O DESERTO 219

Frutuoso, ao deixar certa localidade, onde teria estado para visitar um templo de sua devoção, deveria navegar de volta ao seu ponto de partida, a cidade de Sevilha. Mas, como vimos, os marinheiros que conduziam a sua nau se encontravam exaustos, além de alegarem a impossibilidade da navegação já que se aproximava o fim do dia. O santo, entretanto, confiante na providência do Senhor, recorreria à sua ajuda que os levaria sem perigo algum à outra margem do rio (*VF* 13, 14-15).

Voltando-nos novamente às manifestações devidas ao demônio, de modo especial a sua aparição *in natura* e a sua possessão humana, deparamos com o meio pelo qual esse seria subjugado e vencido. Há em um dos códices da *VF*, o manuscrito O, uma passagem, transcrita a seguir, em que Frutuoso, prostrado em oração, provavelmente em uma cela troglodítica, teria recebido do demônio que lhe aparecera uma pedra atirada pela janela com o intento de o ferir. O "invejoso e antigo inimigo do gênero humano", como designa esse texto ao demônio, utilizar-se-ia, no entanto, de uma conduta nada estranha à tradição dos padres do deserto. Pela agressão física já havia atacado Antão, que o espancou de tal forma que o tiveram por morto. A Martinho de Tours, em uma passagem bastante análoga a *Vita Antonii*, também o insultaria e o enfrentaria (Sulpício Severo, 1987b). As manifestações demoníacas e particularmente os exorcismos não foram, no entanto, tão presentes na *VF*, tal como o foram nas *Vitas* anteriormente citadas. Entretanto, suas revelações nos seriam particularmente pródigas no que respeitaria ao ato de sua expulsão e afrontamento, e aqui o poder de um gesto como o sinal da cruz. E naquela ocasião em que fora alvo de uma pedra atirada pelo demônio por uma abertura em sua cela: "no mesmo instante Frutuoso o repreendeu com o sinal da cruz, e o ouviu sair correndo ladeira abaixo dos montes com estrépito e alaridos para que a todos fosse dado compreender como vencido o diabo renunciava a suas tentações o servo de Deus" (*VF* 6, nota 2).

O demônio uma vez mais seria vencido pelo sinal da cruz. O seu espanto diante desse sinal seria tão grande, que o faria correr ladeira abaixo com grandes ruídos e gritos. Imaginemos a cena.

# 220 RONALDO AMARAL

No episódio em que o camponês possesso atacaria e feriria Frutuoso, o santo, rápida e eficazmente, afugentaria o demônio ao traçar diante dele, na pessoa do energúmeno, o sinal da cruz.

A certeza que o demônio sucumbiria ao sinal da cruz fora dada à tradição monástica pela *Vita Antonii*: "Mas não devemos temer suas imaginações, são fraquezas que se dissipa ao instante, sobretudo se nos protegemos com os muros da fé e com o sinal da cruz" (Atanásio de Alexandria, 1988, 23). Em outra passagem, volta a anotar: "faz o sinal da cruz sobre vós e o lugar onde estiver, ora, e verás como desaparecem ao instante" (ibidem, 35). Apesar da contínua luta, a batalha já estava ganha para os monges e sua arma eficaz era o sinal da cruz, a mesma que o ridicularizou e o derrotou, segundo nos explicita a mesma *Vita* de Atanásio.

Outros padres da Igreja (Giordano, 1983, p.60-2) também insistiriam no valor do sinal da cruz para a defesa do demônio. Seria esse, portanto, mais do que uma profissão de fé e um símbolo cristão, o mais relevante de todos pelo que nos parece, uma defesa e um meio mesmo de ofensa ao natural ofensor, o demônio.

Podemos ainda, no campo dos gestos (Le Goff, s. d.),[23] considerar o ato de traçar o sinal da cruz como a invocação do nome de Deus, na pessoa da Santíssima Trindade, por meio de uma atitude gestual em lugar da comumente invocação oral. Vê-se aqui, e tendo em mente as reflexões realizadas por Le Goff, que o eremita se mostrara como um homem superior ao demônio, pois facilmente o submeteria, na medida em que será, na relação gesticulante-gesticulado, o gesticulante, ou seja, aquele que, por sua posição do mais forte, subjuga com maior tranquilidade e com uma arma mais eficaz o inimigo – o sinal da cruz, evocação gestual da Trindade.

## A montanha: ascender-se ao paraíso recobrado

Tanto quanto o deserto, outro lugar geográfico e, sobretudo, simbólico, cobrará uma importância capital na *VF* – a montanha.

---

23 Particularmente o capítulo "Os gestos do purgatório".

A SANTIDADE HABITA O DESERTO    221

O simbolismo da montanha, particularmente aquele que respeita ao seu sentido religioso, nos será riquíssimo, pois tal como o deserto, e talvez ainda mais característico que esse, a montanha será o lugar mais recorrente das teofanias e hierofanias, e tanto no que respeitara à tradição cristã, a qual nos interessa particularmente, quanto às religiões anteriores e estranhas a esse credo.

De acordo com Mircea Eliade (s. d.), a montanha encerra uma imagem, comum, aliás, a todas as religiões arcaicas, de "centro do mundo", que ligaria e sustentaria ao mesmo tempo o céu e a terra, e cujas bases estariam fixadas no centro desta, "nos infernos". Desse modo, a montanha se encontrará sempre no "centro do mundo", e sua localização em sua parte mais elevada. Seu cume, por sua vez, será o lugar mesmo onde se iniciou a criação, pois o homem fora criado no "centro do mundo", onde tudo teria começado. Daí, nos adiantemos, a montanha e o instalar-se em seu cume ser sempre um lugar-comum aos eremitas quando buscavam maior perfeição espiritual, e sua descrição por parte dos hagiógrafos, na maioria das vezes, encerrará um caráter tendencialmente edênico, além daquele naturalmente dado a ela por seu aspecto físico e topográfico, ou seja, por sua proximidade com o céu, o lugar onde habitara Deus.

A montanha estará ainda ligada à ideia de ascensão, de obtenção de um lugar e estado transcendentes, uma vez que todo aquele que nela se ascender, vindo a atingir e habitar seu ápice, estará, simbolicamente, galgando um outro estado de ser. Ao estar em contato mais estrito com o céu e, portanto, comunicante com esse, o homem passaria a pertencer a uma outra "realidade", ou seja, a essa realidade mais deificada, na medida em que se daria essa ruptura com a terra, e com tudo aquilo que lhe seria familiar. Será estar assim, fisicamente, mais perto de Deus e mais longe dos homens, parecendo-se, desse modo, mais com Aquele do que com estes, pois localizasse agora próximo ao Criador e no território mesmo em que Este habitara mais amigável e estreitamente com o homem, o lugar das origens, o paraíso; pois, como veremos, no seu cume se encontrará um jardim, a imagem do Éden, sobretudo por sua constituição idealizada pela mística cristã.

222 RONALDO AMARAL

Podemos ainda considerar que aquele que ascendesse para o cume da montanha conquistaria então uma "nova existência", ou ainda, "nasceria" para uma nova vida, na medida em que se deixaria aquela ligada ao "mundo aqui de baixo".

O ápice da montanha, conforme temos apontado, e nos demonstrara Eliade, fora identificado por muitas tradições e crenças religiosas arcaicas como o lugar da criação, ou seja, como um lugar "perfeito". Essa concepção a encontramos presente e vigente na mentalidade dos padres do deserto, a que nos vemos obrigados a citar novamente Atanásio e Jerônimo, cujos exemplos nos serão legados por suas respectivas hagiografias, a *Vita Antonii* e a *Vita Paulii*

Comecemos por notar que tanto Antão como Paulo terão como morada última uma montanha, ou seja, um lugar que só se atingirá ao final da caminhada ascética e humana de ambos, o que denota sua importância e seu papel simbólico como o lugar e o estado somente reservado aos mais "perfeitos" e experientes anacoretas. Antão, que se encontrava incomodado pela demasiada presença de pessoas, pensara que deveria se dirigir aos lugares mais ermos. Assim, e enquanto se encontrava na orla de um rio, esperando um barco que lhe atravessasse a outra margem, pois desejara se encaminhar a alta Tebaida onde ainda não o conheciam, Deus o indicará como um lugar mais propício à sua vida de eremita o deserto interior, onde se encontrava a montanha que fora assim descrita: "Depois de viajar três dias e três noites com eles, chegou a uma montanha muito alta. Ao pé brotava uma água cristalina, doce e muita fresca. Na parte superior se estendia uma meseta, com algumas palmeiras silvestres" (Atanásio de Alexandria, 1988, 49).

Ao atingir essa montanha, guiado por alguns sarracenos indicados por Deus como seus condutores, anotará o hagiógrafo, "Antonio movido interiormente por Deus, amou esta paragem, este era o indicado pela voz escutada a orla do rio (ibidem, 50).

Conhecida a montanha de Antão, visitemos a de Paulo descrita por Jerônimo, a qual fora atingida por esse "primeiro" anacoreta ainda em sua juventude; pois, assim como o desejou seu hagiógrafo, esse fora sempre mais "perfeito" que Antão.

A SANTIDADE HABITA O DESERTO    223

Avançando pouco a pouco, ia parando aqui e ali e de novo ia para frente, até que um dia encontrou um monte rochoso, em cujas raízes havia uma caverna pequena. Fechada por uma pedra. Paulo a removeu, cedendo ao desejo inato no homem de conhecer as coisas ocultas. Explorando com curiosidade o interior, percebeu lá dentro um grande vestíbulo a céu aberto. Uma vetusta palmeira cheia de ramos o cobria no alto, como um teto. Encontrou uma fonte cristalina, cujas águas mal rompiam eram logo reabsorvidas pela mesma terra de onde brotavam, através de um pequeno buraco... (Jerônimo, 2002a, *Vida de San Pablo* 375)

Tal como a Antão, nos segue informando Jerônimo que Paulo "Então enamorando-se deste lugar, que lhe parecia oferecido por Deus, passou toda a vida na oração e na solidão". E ainda "A palmeira lhe dava alimento e veste" (ibidem, 375, 376).

Deve-se notar que, para ambos os anacoretas, o lugar montanha e tudo que ela conteria fora indicado e propiciado por Deus. A presença em ambas as *Vitas* da fonte, com água pura e cristalina, e de palmeiras, que para Paulo lhe provinha do necessário – alimento e veste –, negaria de imediato o lugar mesmo onde ela se encontrava, o deserto. Lugar inóspito e de natureza pouco pródiga, o deserto não possuía muito que oferecer. Mas, sendo a montanha uma extensão do deserto, ainda que para cima, na vertical, sua flora e seu clima não seriam análogos a esse? Percebe-se, portanto, que em ambos os casos a montanha, mais que um lugar físico e topográfico, será um lugar simbólico, uma imagem da ascensão e da obtenção do estado edênico: água pura e cristalina, palmeiras; e no caso de Antão, terra cultivável, que negavam e contrastavam com o deserto inóspito e infecundo. E Eliade (s. d., p.122) já nos dera a conhecer que imagens, ou mais precisamente o seu conjunto, água, árvore, montanha, constitui-se na ideia religiosa do sítio perfeito, "quer dizer, completo – compreendendo um monte e um lago – e retirado. Sítio perfeito, porque ao mesmo tempo mundo em miniatura e Paraíso, fonte de beatude e lugar de imortalidade".

Pode-se perceber ainda que a montanha de Paulo possuía uma abertura para cima, um vestíbulo, que o colocava em contanto com

224  RONALDO AMARAL

o céu, mesmo quando em sua morada e em seu interior. E sabemos que a morada do homem religioso, seu cosmos, possuí uma "abertura", que o coloca em comunicação com o alto, que possibilita a passagem de um modo de ser a outro, de uma situação existencial a outra (ibidem, p.140).

Vemos, portanto, que a montanha como um lugar simbólico fora um tópico bastante comum na literatura hagiográfica dos padres do deserto, não só por sua ordinária ocorrência, mas por suas características e circunstâncias, especialmente as respeitantes ao seu aspecto físico fabuloso e ao momento preciso em que aparece e se estreita a pessoa do anacoreta. E, como anotamos insistentemente, sendo a *VF* filha daquela tradição e costumes, também dela deveu herdar esses simbolismos, já que o lugar montanha lhe fora bastante recursivo. Valério do Bierzo (1942, *Ordo Querimoniae Prefatio Discriminis* 1), por sua vez, e respeitando a esse aspecto místico da montanha, identificara a perfeição cristã, que se obteria após muitos trabalhos e esforços, ao atingimento da parte mais alta de seu cume, ou seja, ao estado em que se estaria em maior contato com Deus e poder-se-ia gozar de benesses e descanso.

Será, entretanto, na tradição judaica e posteriormente na cristã, ou seja, nas Sagradas Escrituras de uma forma geral, que a montanha possuirá uma função de primeira importância no que respeitara ao local de transcendência e revelação divina. No Antigo Testamento, a ocorrência do termo associada à presença de Deus, ou ainda a outras manifestações do sagrado será bastante presente. Será ela o lugar de oração, de sacrifício e revelação, além de muitas vezes significar o próprio poder de Javé.

Os livros que compõem o Novo Testamento também darão à montanha um lugar bastante recorrente, particularmente quando associada àquele que se tornara o núcleo e a maior razão de ser desse texto: Jesus Cristo. Como já havíamos colocado, Cristo será o primeiro e o mais eminente modelo para o monge. Assim, ver-se-á que o próprio será tentado e levado pelo demônio a lugares elevados. Buscará as montanhas para orar e estar só; revelara-se a seus discípulos se transfigurando em um monte. Seus ensinamentos e

A SANTIDADE HABITA O DESERTO     225

mensagens foram realizados em cima de uma montanha, quando, por exemplo, do sermão das bem-aventuranças. Está colocado, portanto, e suficientemente pelo que nos parece, que os locais elevados não só cobrarão um lugar de primordial importância para os eremitas, porque estariam mais próximos de Deus, mas porque o próprio se utilizou desse artifício para estar mais perto e em contato mais estreito com o Pai.

Vimos, por meio das *Vitas* de Antão e Paulo, quão caro fora a essas a montanha, ou ainda, seu lugar literário e simbólico, por parte dos hagiógrafos. Lembremos ainda aqui da *Vita* de Martinho de Tours, que localizara o mosteiro eremítico de Martinho não sob um monte, mas isolado de tudo por esse (Sulpício Severo, 1987b, 10).

As obras de Valério do Bierzo são pródigas em descrever esses lugares montanhosos como moradas privilegiadas para os solitários hispanos, dentre os quais estivera o próprio Valério. A primeira das paragens eleitas por Valério do Bierzo (1942, *Ordo Queremoniae* 6) para sua estada como eremita assim a descreve: "descobri um lugar rochoso semelhante a sua dureza a maldade de meu coração, consagrado a Deus, situado em uma cova no alto de um monte, completamente afastado dos homens, completamente árido e seco, sem nenhuma vegetação". Mais tarde o mesmo Valério instalar-se-á em uma outra morada rochosa, o mosteiro de são Pedro de Montes. Contudo, neste último lugar em que Valério residira até a velhice, período que gozara de maior calmaria diante de uma vida marcada por instabilidades humanas e emocionais, será descrito como um lugar ameno, sublinhando sua natureza pródiga e dadivosa, tal como o nosso bem conhecido *locus amenus* dos solitários experimentados (ibidem, *Replicatio Sermonum a prima conversione* 15,16).

A *VF* também legará à montanha a mesma importância e natureza dada até então a ela pela tradição hagiográfica anterior, remontando também, e claramente, aos evangelhos. Frutuoso ora frequentemente em um monte – lembremo-nos do caso em que fora confundido com um animal típico dos lugares montanhosos, já que se localizava "nas quebradas de uma rocha" e "em um plano da rocha" (*VF* 5). Em outro momento anota o hagiógrafo que o santo buscava os

226  RONALDO AMARAL

lugares ermos e abundantes de vegetação, assim como se encontrava "empregando seu tempo por covas e rochedos" (*VF* 4, 6). O próprio mosteiro de são Pedro de Montes era uma cela "nas fendas de um monte altíssimo". E agora podíamos nos perguntar se a razão pela qual Frutuoso buscava as montanhas se constituía nas mesmas que vimos anotando até então? Felizmente nos responde o hagiógrafo, uma vez que anota: "escondendo-se já em lugares muito altos, já em densos matagais, já inclusive em penhascos que eram só acessíveis a cabras montanhesas", ele o fazia, pois era nesses lugares "que só podiam vê-lo não os olhos humanos senão os divinos" (*VF* 8, 19). Mais uma vez, a *VF* cumpre aqui sua função, na medida em que descreve não só o testemunho de um lugar real, mas sobretudo a ideia que testemunha a função simbólica e imaginaria desse lugar, tão concreto e importante para esse hagiógrafo quanto a própria montanha e sua matéria para um geólogo.

## A ermida: viver em segredo no pleno segredo do deserto

Sendo, pois, a solidão o bem e a razão maior da profissão do monge anacoreta, e não bastando o deserto e os lugares elevados, pediria ela um lugar próprio para sua vigência ainda mais rigorosa. Para além desses dois lugares geográficos que temos apontado, parecera que o mais indicado para se obter uma solidão mais estreita fora o interior de uma cela ou ermida. Garcia Colombás (1989, p.212) chegara mesmo a afirmar que não fora o deserto o símbolo do eremitismo copto, mais sim a cela, onde o monge se encontrara só, consigo mesmo, enfrentando o seu eu, seus medos e seus pensamentos, muitos dos quais se faziam povoados de anjos ou demônios, que passariam a conviver com ele em sua cela.

A reclusão em uma cela tornava-se mais grave quando solitários pouco amadurecidos na ascese e na solidão, cujos pensamentos os prenderiam ainda às realidades que não mais os deveriam ocupar, pois se dela já haviam se desprendidos materialmente, não o haviam

A SANTIDADE HABITA O DESERTO  227

realizado de todo, já que sobreviveriam por meio de desejos e necessidades, emergentes quando ocupados de si próprios, ou seja, na solidão daquele lugar.

E não é estranho que a reclusão seja tão insuportável para estas pessoas, porque, estando seus pensamentos oprimidos e como prisioneiros em tão reduzido espaço, se sentem abrumados. Mas quando saem de sua cela para ir ao campo, seus pensamentos saem também em tropel, e, correndo como cavalos indômitos, se estendem sobre todos os objetos que se apresentam. Quando o espírito se liberta assim desta opressão e desta moléstia em que se achava, encontra, deste logo, nesta liberdade aparente uma breve e triste satisfação; mas quando voltam a sua cela e esta multidão de pensamentos entra com eles, se encontra como cativa em um lugar tão estreito. (João Cassiano, 1955, *Conferência* 24, 5)

Como insistiria Colombás, era um cara a cara consigo mesmo e com Deus. Se não se encontrava preparado para enfrentar seu eu, seus pensamentos, muitos dos quais tidos por instrumentos de tentação do demônio, o solitário sucumbia diante de sua miséria humana, não obtendo a tão desejada contemplação.

A ermida ou cela constituía-se antes de tudo em um "deserto privado" dentro de sua extensão maior e geográfica, pois em geral seria construída nos mesmos lugares ermos. O solitário se separava do "mundo" por uma barreira física quando se recluía em sua individual morada, uma choça, uma gruta, um túmulo, uma torre de pedra, um poço, ou qualquer outra localidade que o separasse e o dissociasse do "exterior".[24]

A morada do solitário seria também mais um dos signos visíveis de sua renúncia ao mundo, uma vez que representaria e encerraria o mínimo que a existência humana poderia exigir, havendo, contudo, exceções, pois a própria vida eremítica daria uma substancial in-

---

24  As mais diversas formas de reclusão e de reclusórios, particularmente para o monacato oriental sírio, encontramos em Peña (1985, p.50-9).

228    RONALDO AMARAL

dependência ao monge, a qual implicaria o possuir. As habitações solitárias não passavam, na maior parte das vezes, de edifícios frágeis e simples. De dimensões reduzidíssimas, algumas vezes nem mesmo conteriam o corpo de solitário de modo que esse pudesse estar relaxado e usufruir de descanso. Quanto a seu mobiliário, deveria geralmente haver só o estritamente necessário, uma esteira, um banco, um crucifixo e alguns manuscritos, se o monge fosse dado aos estudos da vida cristã. Muitos se aproveitariam de grutas, covas rochosas, como o faria Frutuoso, talvez em mais de um momento. As *Sentenças dos padres do Egito*, traduzidas por Martinho de Braga (1990, p.60-72), insistiriam na importância da vida do monge individualizado em sua cela, suas ocupações no interior dessas, e sobretudo a afirmação constante de ser o seu interior o lugar perfeito para sua residência.

Peter Brown (1990, p.186), por sua vez, analisando os solitários orientais, escrevera a esse respeito:

> Sua cela, na maioria das vezes, era o produto da ansiosa inquietação humana: tinha paredes que se interpunham entre ele e as feras selvagens, que na época vagavam pelo deserto em numero muito maior que de hoje. O asceta ficava confinado nessa cela. Tinha que aprender a saborear sua "doçura" ela era, ao mesmo tempo, sua fornalha fumegante e o lugar onde ele falava com Deus. Era a tumba profunda em que ele jazia, "morto" para o mundo, no deserto...

A permanência nessas celas, muitas vezes, fora contínua e mesmo perene. Às vezes, nem mesmo porta possuía, e toda relação com o "mundo exterior" se dava por uma janela. Nesse pequeno e individual espaço, como anotamos, o monge se colocava mais acerca de si mesmo do que de qualquer outra circunstância. Seus pensamentos, vontades e medos não só povoavam sua mente, como enchiam esse ambiente em forma de espectros. Quando Antão se encontrava recluso em um sepulcro, cuja porta havia fechado por dentro para poder estar só, recebendo a visita de apenas um amigo que lhe traria pão à tarde, o demônio invadira sua cela, acompanhado de outros

A SANTIDADE HABITA O DESERTO    229

tantos demônios, para agredir ao anacoreta (Atanásio de Alexandria, 1988, 8). Voltando uma vez mais o espírito maligno, já que Antão perseverara em sua reclusão, encheria esse local de espectros de animais ferozes e bestas selvagens, que lhe tentavam incutir medo, agredindo-o e fazendo grandes alaridos (ibidem, 9). Mas seu afã de solidão e reclusão o levaria a uma morada ainda de maior afastamento, e sua existência deveria atingir a máxima nulidade para o mundo exterior:

> Adentrou-se ainda mais na montanha, e encontrou a orla de um rio uma fortaleza abandonada e deserta, refúgio de répteis. Ali se colocou a viver. Os répteis fugiram ao instante, como se os haveria ferido. Emparedou a entrada, e provido de pão para seis meses (as gentes da Tebaida sabem fazer pão que se conserva durante um ano), se encerrou ali; tinha água. Viveu só sem sair nunca e sem ver a ninguém dos que vinham lhe visitar. Assim permaneceu muito tempo, recebendo o pão duas vezes ao ano, pelo teto. (ibidem, 12)

Antão se comunicava com o "mundo" tão parcamente quanto o foram suas necessidades desse ambiente que renunciara. Vemos novamente que esse anacoreta copto, ou o que dele quisera nos informar sua *Vita*, também soubera legar à vida eremítica posterior o modelo, pouco realizável certamente, do solitário ideal.

Essa solidão, todavia, o mais possivelmente absoluta, deveria oferecer ao monge mais do que a tranquilidade exterior, pela separação do mundo, a tranquilidade interior, o silêncio não só advindo da quietude temporal, mas sobretudo o silêncio interior, o silêncio místico (Spidlík, 2004, p.165-6). Deveriam afastar-se mais do que da convivência humana e das vozes, dos pensamentos desviantes das coisas divinas. Para se atingir o silêncio místico, haveria, não obstante, que se chegar ao absoluto da eliminação de todos os pensamentos, só atingível pela vontade de Deus, mais do que pelo esforço humano. Uma vez que nenhuma palavra, conceito ou qualquer meio humano pode encerrar e expressar a Deus, o asceta deve, no silêncio absoluto, deixar e dar lugar Àquele para que se manifeste.

230  RONALDO AMARAL

A Hispânia, por sua vez, conhece esse tipo de morada e sua função propiciadora da solidão para o monge. Nas obras de Valério do Bierzo encontramos designações, como *tugurium, ergastulum, habitaculum, edicula, cellula*, todas para indicar a morada do anacoreta, e cujas características mais eminentes, legadas por esses mesmos termos, estão em sua pequena dimensão e sua estrutura bastante frágil e simplista. O próprio Valério residiria em muitas dessas pequenas moradas. Antes mesmo de ocupar a cela rochosa anteriormente habitada por Frutuoso em são Pedro de Montes e mais tarde a ermida de são Pantaleão nesse mesmo lugar, far-se-ia recluso em uma igreja rural, residindo em uma estreita cela construída junto a seu altar (Valério do Bierzo, 1942, *Ordo Querimoniae Prefatio Discriminis* 4). Valério contaria ainda com um discípulo sacerdote, Saturnino, que, ante sua fama e grande concorrência de pessoas que o buscavam, recluíra-se em uma pequena cela junto ao altar de sua igreja de são Félix, a deixando tão somente para os ofícios diurnos e para celebrar o santo sacrifício (ibidem, *Replicatio Sermonum a Prima Conversione* 13).

Na *VF* esses termos dificilmente figuram, sendo o mais comum o de *monasterium*. E aqui um problema de ordem etimológica e semântica. Para o momento histórico em que se escrevia a *VF*, o termo *monasterium* já designava, em muitos casos, indistintamente tanto os mosteiros de natureza comunitária como os de vida solitária. Todavia, nossa fonte também conhece o termo *cenobium*, e o utiliza para apontar as fundações de Frutuoso, as quais precisam exatamente suas maiores dimensões estruturais físicas e disciplinares, como o cenóbio de Compludo[25] e o Nono.[26] Como se sabe, cenóbio designa tanto a morada do monge quanto a natureza e a disciplina que nesse lugar vige (*koinon*-comum, *bios*-vida), enquanto *monasterium* tão

---

25  Assim se refere a *VF* 4,1-2 provavelmente quando da fundação de Compludo "O santo estabeleceu firmemente toda a observância da regra e nomeou um *patrem* para o *cenobii* com grande rigor de disciplina...".

26  No que respeita às origens do mosteiro Nono "em uma escondida solidão, vasta e afastada de toda população fundou com o socorro divino um notável e extraordinário cenóbio de consideráveis dimensões...".

A SANTIDADE HABITA O DESERTO  231

somente designa a residência de um só monge.[27] Assim, enquanto *monasterium* indica tão somente o lugar onde moram monges, ou mais precisamente um só monge, *coenobium* só pode designar a casa onde vivem muitos e em união comum. Entendemos que o autor da *VF*, ao conhecer e utilizar ambos os termos nesse texto, o fizera por saber de suas naturezas dessemelhantes e assim os aplicara mais convenientemente com a natureza daqueles lugares os quais designa. Para não nos alongarmos demasiadamente nessa questão, que, contudo, se faz necessária, anotemos que o hagiógrafo utiliza com bastante precisão os termos em questão, pois em nenhum momento faz deles uso ambíguo, ou seja, em nenhum momento utiliza ambos os termos para designar uma mesma fundação, demonstrando assim, e conforme nos parece, coerência entre o termo e a natureza do mosteiro o qual esse se presta a designar, pois, por exemplo, somente em relação às duas fundações às quais designa por *cenobii* utilizará para descrevê-las características e elementos que são próprios das comunidades cenobíticas. Isso não ocorre, entretanto, com o texto da tradução que vimos utilizando aqui.

O que nos interessará, no entanto, será precisar que essas moradas solitárias não só se constituíram nas moradas mais ordinárias desses anacoretas hispânicos, dentre eles Frutuoso, mas também possuíram a mesma importância e estrutura mental que na literatura hagiográfica oriental.

Como no Oriente, na Tebaida egípcia, essas se constituíram na grande maioria das vezes em covas trogloditicas, escavadas na rocha ou grutas. Fora essa um tipo de construção que agradara fortemente a Frutuoso, segundo seu hagiógrafo, pois o descreve habitando frequentemente em covas e fendas. O mosteiro de são Pedro de Montes seria em realidade mais uma cova troglodítica, onde Frutuoso se encerraria:

---

27 João Cassiano, transmitindo a concepção de sua época desses dois lugares monásticos, assim os entende, conforme sua conferência 18, 9. Mais tarde e na Hispânia, Isidoro de Sevilha retomara a Cassiano, comungando e demonstrando certa concordância de seu tempo com aquela mesma definição e entendimento encontrados no monge de Marsellha, ao introduzi-las em suas Etimologias, 15,4, 5 e 6.

nas fendas de uns montes altíssimos construiu o mosteiro de Rufiana (são Pedro de Montes), e junto ao santo altar se encerrou em um estreito e reduzido emparedamento; ali permaneceu tranqüilo por um certo tempo, mas então saiu em sua busca toda a congregação do mosteiro de Compludo; a multidão de monges, chegando com piedosa, o tiraram daquele encerramento... (*VF* 6,3)

Aí se faria oculto, mesmo em pleno ocultamento do deserto e da montanha onde se localizava essa individual fundação. Devemos observar ainda que a morada rochosa elegida ou construída para o santo visigodo não fora suficiente para o seu afã de solidão. Talvez por ver-se frequentado nessa gruta por alguns discípulos, ainda que em número nada expressivo para podermos pensar mesmo em uma pequena comunidade, e outros gêneros de pessoas, Frutuoso a prolongaria criando uma pequena cela, que sendo ainda desprovida de porta o tornaria mais marginalizado do "mundo", apesar de que sua parte mais interior já o estivesse igualmente resguardando-o do exterior, pois seu *ergastulo* estaria necessariamente envolvido e encerrado pela maior extensão dessa morada rochosa. Isso nos demonstra ainda que Frutuoso, mesmo tendo discípulos ao seu lado, não deveria exercer a função de superior sobre esses, pois o próprio *monasterium* rufianense, ou são Pedro de Montes, não fora a realização de seu ideal de mais estreita solidão tão perseguido e almejado, especialmente porque o buscara para fugir da comunidade de Compludo e do governo dos irmãos? Se exerceria qualquer influência sobre seus seguidores, essa deveria ser entendida mais em sua natureza espiritual e moral do que institucional e organizativa. Como ocorrera, por exemplo, com Antão, que temos visto, a morada solitária de Frutuoso exigiria ainda um lugar mais íntimo, um solidão mais estrita e estreita, um morrer para o mundo, já que praticamente o solitário se sepultaria em vida. No capítulo precedente, talvez descrevendo mesmo são Pedro de Montes, o hagiógrafo insistiria mais uma vez na existência dessas moradas e suas condições, ao descrever Frutuoso "nas fendas de uma rocha, vestido com peles de cabras" (*VF* 5, 1-2), e ainda um capítulo antes, já indicado aqui, demonstrava o monge visigodo "empregando o tempo por covas e rochedos" (*VF* 4,6).

A SANTIDADE HABITA O DESERTO    233

Lembremos-nos ainda de que a única vez que o diabo enfrentara Frutuoso cara a cara, esse se encontrava em sua cela reclusória, pois seria por uma janela que o demônio lhe atiraria uma pedra, e após isso, espantado pelo sinal da cruz, fugiria ladeira abaixo correndo (*VF* nota 2, p.89).

Concluindo, poderíamos dizer que os lugares aqui explorados, o deserto, a montanha e a ermida, foram lugares privilegiados para a fuga do "mundo", da história humana, embora tivessem introduzido invariavelmente um novo mundo, o mundo do sobrenatural, povoado por seres maravilhosos – angelicais ou demoníacos –, o qual cobrou por sua vez sua própria história, uma história divina na terra, que deveria necessariamente anteceder o efetivo fim do mundo e de toda história.

# 5
# MONAQUISMO E CLERICATO NO ÂMBITO HAGIOGRÁFICO-MONÁSTICO

## Simplicidade monástica e cultura eclesiástica. Frutuoso de Braga e Isidoro de Sevilha

O ideal anacorético, como temos insistido, e em alguma medida aclarado, seria antes de tudo uma busca e, por vezes, a obtenção do afastamento do "mundo", do mundo secular mais especificamente, de tudo que deveria representá-lo e encerrá-lo. Será assim, talvez a partir desta observação, que deveremos entender a relação desconcertante, quando não antagônica, entre o primitivo monacato e o saber secular, a cultura produzida e praticada pelo século.

As fontes do primitivo monacato, tanto do Oriente como do Ocidente, serão generosas em demonstrar o quanto adverso seria esse às expressões culturais de seu tempo, ao saber erudito, ao espírito filosófico e às letras. O ideal monástico como sucessor e herdeiro do ideal evangélico, aqui discutido mais de uma vez, deveria relegar a um segundo plano, quando não negar de todo, o saber do "mundo", que, como as práticas sociais – família, sexo, cargos e dignidades – ligariam demasiadamente o homem ao temporal e o desviariam de seu objetivo maior, a vida celeste. Assim, afirmaria Paulo em sua primeira epístola aos coríntios, que ele próprio não utilizaria recursos oratórios e nem da sabedoria erudita para falar de Cristo, pois

# 236  RONALDO AMARAL

Na realidade, é aos maduros na fé que falamos de uma sabedoria que não foi dada por este mundo, nem pelas autoridades passageiras deste mundo. Ensinamos uma coisa misteriosa e escondida: a sabedoria de Deus, aquela que ele projetou desde o princípio do mundo para nos levar a sua glória [...] Quanto a nós, não recebemos o espírito do mundo, mas o espírito que vem de Deus, para conhecermos os dons que vem da graça de Deus.

Para falar destes dons, não usamos a linguagem ensinada pela sabedoria humana, mas a linguagem que o espírito ensina, falando de realidades espirituais em termos espirituais... (1Cor. 6-8, 12-13)

Percebe-se que a recusa à investigação literária crítica e ao saber secular seria estrita, pois o verdadeiro conhecimento parecia residir precisamente em sua antítese, na ignorância completa, que abria caminho e deixava lugar para o espírito humano se ocupar da sabedoria do espírito de Deus.

E no que respeitaria a não obtenção do saber erudito e da cultura dominante por parte de muitos solitários, entretanto, essa se daria menos por sua negação a partir do preceito bíblico, do que efetivamente pela ausência da educação e do cultivo da língua culta e escrita, ou ainda, das expressões culturais mais sofisticadas de seu tempo, as quais os mais abastados, social e economicamente, compartilhavam. Assim, no Oriente, os solitários egípcios, oriundos quase sempre de camadas humildes e pobres, só conheceriam sua língua e cultura autóctone, ou seja, o copto, enquanto desconheciam e ignoravam aquela cultura mais "universal" e culta, a helenística, cuja língua grega, utilizada na escrita, seria a transmissora do saber e do conhecimento codificado. Igualmente essa situação se aplicara aos solitários sírios e palestinos nessa mesma parte oriental (Colombás, 1974, v.1, p.303). No Ocidente, temos uma cena bastante similar que trataremos mais detidamente adiante.

De toda forma, a marginalização voluntária ou involuntária da cultura dominante – que podemos traduzir em um primeiro momento pela clássica e, posteriormente, mesmo por aquela produzida pela Igreja, ou seja, a eclesiástica – pelo monacato desses primeiros séculos

# A SANTIDADE HABITA O DESERTO    237

fora uma situação documentalmente comprovada, como veremos por meio de autores como Atanásio de Alexandria, Jerônimo, João Cassiano, e por fim, um pouco mais posteriormente, pelo autor da *Vita Sancti Fructuosi*.

O monacato primitivo do século IV particularmente, que vigeria, como já temos anotado, em ambientes tomados pela cultura greco-romana, tanto no Oriente com a língua grega, como no Ocidente e em suas regiões mais continentais, com a língua e tradições romanas, entenderia que essa seria a cultura a se condenar, porque proveniente de um meio ligado ao saber humanístico e filosófico, além do paganismo que também seria condenado e rechaçado pelos grupos cristãos, particularmente os mais radicais, como os monásticos.[1] A própria Igreja cristã, razão pela qual fora marginalizada e mesmo repudiada pelo monacato, viria a unir-se a esse ambiente, pois surgindo e assistindo à sua dinâmica em meio à cidade antiga, acabaria por se integrar à sua mesma cultura, ou seja, àquela que gerara o paganismo, e tinha na vida intelectual e refinada um de seus valores mais ordinários. E sem maiores dúvidas, os bispos, os "novos dirigentes das cidades", não deixariam de se conformar com esse *modus vivendi*. Estando, portanto, a Igreja enxertada naquela realidade muito pouco coerente com a vida evangélica buscada pelos monges, poderíamos entender suas relações quase sempre discordantes, e a esse respeito não seriam exageradas as palavras de Ramón Teja (1993, p.24): "a Igreja católica hierárquica, tal como se havia configurado a partir de meados do século II, teve no IV século seu maior inimigo no monacato".[2]

Desse modo, ao mesmo tempo que se repudiava a cultura dominante, que no mais, ainda que buscasse especular sob as coisas divinas, o fazia por um meio "ilícito" e "ineficaz", na medida em que

---

1 A própria teoria da espiritualidade monástica, no entanto, bebeu e se edificou sobremaneira a partir de correntes filosóficas helenísticas, especialmente o platonismo e suas derivações mais tardias, e o estoicismo. Exemplos desses teóricos cristãos são, em especial, Orígines e seus antecessores Gregório de Nissa, Basilio de Cesareia e Gregório Nanzianzeno. A esse respeito, ver Jaeger (2002).

2 Do mesmo autor poderá se consultar ainda, sobre esses mesmos aspectos, Teja (1988, p.11-31).

238  RONALDO AMARAL

se utilizaria de obras literárias críticas e filosóficas, e não da práxis espiritual, contemplativa, fundava-se concomitantemente uma outra "cultura", edificada em uma "ciência espiritual", em que, ainda que houvesse o uso de algum material para o estudo e reflexão, esse seria tão somente a Bíblia e em segundo lugar os escritos dos padres.[3] E para os mais austeros, nem mesmo estaria permitido o estudo investigativo das Sagradas Escrituras e dos demais escritos da tradição cristã, cuja utilização se prestaria tão somente para constituir-se em arma contra o demônio e seus ataques.[4] A sabedoria única e verdadeira deveria ser dispensada pela providência de Deus, pelo dom da santidade e da contemplação (Colombás, 1986, p.152); pois, como já vimos, se o cristianismo de então negava o mundo e se pretendia efetivamente realizável fora desse, tudo o que o comportava lhe era insatisfatório. Daí que se negaria essa cultura fundada no humano e em suas especulações, e fundar-se-ia uma nova cultura, assentada a partir de então no mais antigo dos saberes, o do conhecimento prático do Senhor. Se o cristianismo primeiro não veio para conquistar o mundo e sim para

---

3 A esse respeito o abade Clemente de la Serna González (1989, p.61-84) deixaria claro, e por mais que desejasse enfatizar a importância do mosteiro como centro produtor e irradiador de cultura, que a cultura monástica deverá ser vista e entendida como uma cultura teológica, pois todos os esforços dessa prática objetivariam a compreensão da palavra de Deus e sua vivência, uma vez que se realizaria e se constituiria para, e em razão, da vida espiritual, conduzindo o professo à busca de Deus, o seu objetivo único dentro da vida monástica.

4 A relação entre muitos ascetas e os textos sagrados se circunscrevia, muitas vezes, tão só à sua posse mesma. Assim, havia o asceta que levava debaixo dos braços um pequeno evangelho, pois somente o seu portar lhe seria uma advertência, uma alicerce para obedecer à palavra e colocá-la em prática. Um outro asceta diria que o fato só de olhar continuamente os textos bíblicos lhe seria suficiente para ter força contra o pecado e praticar a justiça. Haveria ainda um jovem asceta que dizia a um ancião que por mais que meditasse as palavras não sentia compulsão, já que não entendia seus sentidos. O ancião lhe responderia que bastaria lê-las. Outro padre do deserto, comparando a serpente submissa às palavras do encantador embora sem entendê-las, diria que ainda que não se compreendesse o sentido das palavras pronunciadas, os demônios a ouviriam e fugiriam com temor. Para não nos estendermos em demasia na citação de cada fonte aqui utilizada, remetemos à seguinte edição, que em sua introdução as cita em síntese, *Vida y dichos de los padres del desierto* (1996. v.1, p.21-2).

A SANTIDADE HABITA O DESERTO    239

tolerá-lo e dele se desvencilhar sempre que oportuno, por que cultivar seu saber e seu entendimento? O verdadeiro sábio cristão seria assim o *theodidactos*, "instruído por Deus", como o veremos sobretudo por meio de Atanásio de Alexandria (1988) na *Vita Antonii*.

O cristianismo em um momento preciso e fundamental, todavia, conquistara a história, e nessa se inserira, pois seu próprio Deus se encarnara, deixara uma tradição, uma prática a ser vivenciada. E aqui a matéria, a única, que fará o cristão asceta dignar-se as especulações literárias, já que essas respeitariam ao sagrado, ao espiritual, e isso, lembremos-nos, admissível e praticável por aqueles ascetas mais instruídos ou mais abertos a uma interpretação menos literal do texto bíblico. O saber lhes seria, portanto, um meio e não um fim, como vinha sendo até então, ainda que sob outras perspectivas, para a filosofia e as especulações humanísticas.

A *Vita Antonii* de Atanásio será novamente o documento mais acusativo desse ideal anacorético, uma vez que demonstrara com contundência as atitudes e mesmo as teorias dessa recusa à cultura e ao saber seculares por parte dos primeiros monges, que, como veremos, teriam a partir de então sua atenção voltada quase totalmente aos textos sagrados do cristianismo, que no mais deveriam ser lidos como escritos revelados e reveladores de uma verdade absoluta acerca de Deus e de sua criação, portanto desprovida de críticas. Assim, segundo Atanásio, o solitário desconheceria todo saber profano, e seus representantes, os filósofos, provando em certa ocasião seu hagiografado Antão, deviam reconhecer que a sabedoria das "coisas de Deus", conquistada pelo solitário, estaria acima daquele saber que representavam, a cultura grego-romana, a postura crítica e filosófica diante do mundo e mesmo da divindade. Antão receberia no monte onde residia a visita de dois filósofos que viriam interrogá-lo acerca de sua sabedoria, e embora os tivesse "vencido", ao convencê-los de seu poder sobrenatural, receberia novas visitas de tantos outros filósofos.

Outros, como estes (os filósofos), acercaram-se do monte exterior, com a intenção de mofar-se daquele que não tinha letras. E Antão lhes disse: Diz-me, que é anterior, o entendimento ou as

240 RONALDO AMARAL

letras? Quem é a causa de quem? A inteligência das letras, ou as letras da inteligência? Eles contestaram que o espírito era anterior, e que dele procede a sabedoria. E Antão replicou: "o que tem um espírito são não necessita estudar". Ante estas palavras, eles e muitos outros estiveram atônitos e marcharam assombrados de encontrar tanta sabedoria em um homem sem estudos. Seus modos estavam libertos de toda rusticidade, como havia de se esperar de quem havia vivido e envelhecido nas montanhas. Era muito associável e agradável em seu trato. Suas palavras tinham o sabor do divino; sempre era fonte de gozo e nunca de discórdias, para os visitantes. (Atanásio de Alexandria, 1988, 73)

Mesmo solitários doutos como João Cassiano (1955) desconfiariam e se lamentariam pelo apego demasiado ao saber temporal.

Sobre as misérias, patrimônio comum das almas e que não duvido combatem desde fora aos espíritos débeis, há em mim uma em particular que se opõe ao desenvolvimento da minha vida espiritual. É o mediano conhecimento que me parece ter da literatura. Já seja pelo interesse que se tomou em mim o pedagogo, já seja por minha afeição de discípulo a leitura, me impregnei dela até o fundo. Em meu espírito se fixaram tão vivo as obras dos poetas, as fábulas frívolas, as histórias bélicas de que fui imbuído em minha infância e meus primeiros ensaios no estudo, que sua memória me ocupa inclusive na hora da oração. Salmodiando ou implorando o perdão de meus pecados, o recordo importuno dos poemas aprendidos que aparecem por minha mente. A imagem dos heróis e seus combates parecem voar perante meus olhos. E enquanto estes fantasmas se burlam sacarsticamente de mim e bolem na imaginação, minha alma não pode aspirar a contemplação das coisas celestes. Nem as lágrimas que vertem todos os dias podem neutralizar o influxo de semelhantes quimeras. (ibidem, *Conferência* 14,12)

A epístola enviada a Eustóquia por Jerônimo nos indicaria um pensamento e uma concepção de igual temor e abandono à cultura e

A SANTIDADE HABITA O DESERTO  **241**

à literatura seculares. O lugar dado a partir de agora à literatura cristã bíblica e patrística deveria ser único e exclusivo na leitura e educação do cristão, e do monge em particular. Jerônimo, que havia se desvencilhado dos bens e do convívio com o "mundo", não conseguiria, no entanto, se desapegar de sua biblioteca que conteria um grande número de obras clássicas. Levada consigo ao deserto, passaria a ocupar-lhe o tempo demasiadamente com as leituras dos autores clássicos que possuía. O asceta de Belém desprezaria os autores cristãos[5] que lhe pareceriam pouco cultos e dedicaria parte de seu tempo à leitura daquela tradição anterior ao cristianismo, em lugar da total dedicação as leituras e aos exercícios espirituais exigida pela vida ascética e solitária. Essa conduta de Jerônimo seria seriamente repreendida por Deus, que exigiria de seu seguidor uma dedicação exclusiva às obras que somente a Ele e à sua história respeitassem, uma vez que, sofrendo de uma grave enfermidade, a Ele seria conduzido para que fosse castigado e orientado para uma existência mais estritamente cristã, o que lhe custaria o desapego total de sua cultura e sua erudição clássicas.

De repente, fui arrebatado em espírito e arrastado diante do tribunal do Juiz. A luz ambiente era tão deslumbrante que, prostrado em terra, não ousava levantar os olhos. Interrogado sobre minha condição, respondi. "sou cristão"; mas, o que presidia disse: "Mentes, és cicerioniano e não cristão; onde esta teu tesouro, aí esta teu coração". (Mt. 6,2). (Jerônimo, 1993, *Epístola 22*)

Jerônimo seria açoitado e, novamente diante do Juiz, arrepender-se-ia de seu apego aos livros e autores profanos.

Quanto a mim, vendo-me em situação tão crítica, estava disposto a prometer ainda mais. Por isso comecei a jurar em nome de Deus:

---

5 Vemos de modo análogo, ainda que respeitando a um ambiente não precisamente monástico, e um século mais tarde, que Isidoro de Sevilha (1971a, *Sentenças 3*, cap.13), talvez por retomar ao próprio Jerônimo, também realizaria uma forte reprimenda aos leitores cristãos que considerariam os escritores clássicos mais refinados que os autores bíblicos e patrísticos.

242 RONALDO AMARAL

"Senhor, dizia eu, se algum dia possuir obras profanas ou as ler, é como se te negasse". Ao fazer este juramento, fui posto em liberdade e voltei a terra [...] possa eu jamais sofrer semelhante interrogatório! Ao despertar estava com os ombros machucados, e sentia a dor das feridas. Desde então, li os livros divinos com mais afinco do que lera outrora as obras dos mortais. (ibidem)

Essa epístola de Jerônimo, considerada um de seus principais tratados monásticos, uma vez que pretendia dar a conhecer a Eustóquia a vida ascética e solitária, seu estado contemporâneo, suas formas e razões, se prestaria também a incitá-la, como aos demais leitores dessa correspondência, particularmente os professos cristãos, a enxergar e a exercitar a prática dos estudos a partir do abandono da antiga cultura greco-romana, pelo exclusivismo das obras cristãs que, embora contivessem, como sabido, elementos e argumentos clássicos, já se encontrariam em grande medida naturalizados pela e para a causa do cristianismo (Amaral, 2006b). No entanto, o próprio Jerônimo, que tivera que prestar contas a Deus por sua simpatia aos autores clássicos, chegaria mesmo a justificar e testemunhar seu uso, e de tantos outros autores cristãos, das obras clássicas (Jerônimo, 1993, *Epístola* 70).

Um reflexo dessa nova "tendência cultural" inaugurada pelo cristianismo, que tornaria lícitos somente as obras e os autores cristãos, cujo uso ainda, muitas vezes, somente se restringiria a uma leitura piedosa e não especulativa, encontrara-se na educação aconselhada e organizada por esses mesmos ascetas. Colombás (1974) nos informara que nas agrupações monásticas desses primeiros séculos cristãos, incumbidas, como já se sabe, da educação de crianças e jovens entregues ao estado monástico, o método de educação dispensada divergiria daquela encontradas até então nas escolas do século. As regras de são Basílio, por exemplo, para exercitar-lhes na leitura da Bíblia, instruiria para que se ensinassem máximas, listas de nomes, pequenas histórias, retiradas dessa mesma obra (ibidem, p.305). Jerônimo, preocupado com a educação das crianças e jovens cristãs,[6]

---

6 Para se conhecer essa orientação dada por Jerônimo na educação dos filhos dos cristãos podem-se ver suas epístolas 107 e 128, especificamente.

A SANTIDADE HABITA O DESERTO  243

recomendara que lhes oferecessem para a leitura os textos bíblicos e os escritos dos padres, devendo ainda ser os primeiros memorizados e lidos com frequência. A oração, a participação em atos religiosos e as práticas de ascese também comporiam as atividades dessa educação dirigida pelo asceta.

Essa nova ambientação cultural incitada pelos padres do monacato não se restringira ao Oriente. Constituindo-se parte formadora e caracterizadora desse ideal monástico, a atitude diante do despojar-se da cultura profana, para se dedicar exclusivamente ao conhecimento do sagrado cristão, cujos métodos, para obtenção desse, deveriam obedecer ainda a uma atitude desprovida de espírito crítico, como temos colocado, disseminou-se por praticamente todas as manifestações monásticas, a que acrescentamos aqui a Gália de Martinho de Tours, e a Hispânia de Frutuoso de Braga, vistas, sobretudo, por meio das hagiografias de ambos os monges. Sulpício Severo, imbuído dessa imagem do monge ignorante nas letras seculares, mas provido da "verdadeira sabedoria" dispensada por Deus, que se revelaria pelo conhecimento das Sagradas Escrituras, assim se refere a Martinho de Tours:

> Em relação a suas palavras, a sua conversação, quão grande era sua serenidade, sua dignidade! Que rapidez e facilidade para resolver as questões das Sagradas Escrituras![7] E como sei que há muitos incrédulos a respeito – visto que não acreditavam ainda quando eu mesmo estava contando – ponho por testemunho a Jesus, nossa esperança comum, de que nunca havia escutado de ninguém tanta sabedoria, tanto talento, conversação tão elevada e correta. Ainda que tratando-se das virtudes de Martinho, quão pequena é esta alabanza se não fora porque é assombroso que nem sequer este dom faltasse a um homem sem cultura! (Sulpício Severo, 1987b, *Vida de Martin* 25,6)

O capítulo primeiro da *Vita Sancti Fructuosi* nos demonstraria igual tendência por parte desse autor, a de exaltar a simplicidade

---

7 Cf. *La Vida de S. Fructuoso de Braga* (1974), doravante citada como *VF*.

# 244 RONALDO AMARAL

monástica, representada por Frutuoso, em lugar da cultura, do saber erudito e literário, representado por Isidoro de Sevilha, ainda que esse já tratasse e representasse o saber cristão. O hagiógrafo de Frutuoso apresentaria, desse modo, uma visão radical em relação ao rechaço à vida cultural. O cristão, o monge de modo particular, deveria ser estranho a qualquer manifestação do saber, mesmo aquele dispensado e produzido pela Igreja, pois deveria se dedicar inteira e efetivamente ao seguimento puro e simples do evangelho, que, antes de ser matéria para qualquer trabalho exegético, seria um guia estrito e direto para o seguimento do cristão.

O saber, estranho à simples e prática experiência de Deus, ainda que concernente à sua história, a tradição cristã, bíblica e patrística, não se prestaria ao monge solitário, pois tudo seriam especulações em torno da real sabedoria que estaria no Senhor, e que se atingiria, pela obtenção de seu Espírito, reservado aos ignorantes do saber do mundo, pois, por desconhecê-lo, poderiam gozar inteiramente dessa sabedoria dada pelo espírito, pela contemplação. O hagiógrafo de Frutuoso em sua incessante construção de um anacoreta perfeito não descuidaria desse aspecto, como podemos ver pelo contraponto que constrói a partir de Isidoro de Sevilha, o representante do saber ligado as letras e mesmo da tradição dos romanos, que certamente perderia em virtudes a seu hagiografado.

Aquele (Isidoro) relumbrante com sua nítida expressão, alcançada uma singular capacidade no campo da retórica, renovou brilhantemente os ensinamentos dos romanos, este (Frutuoso) por sua vez, incendiado pela chama do Espírito Santo na santa vocação do monacato, tanto refulgiu em perfeição em todos os exercícios da vida espiritual e em todas as obras de santidade que facilmente se pode igualar-lhe seus méritos aos antigos padres da Tebaida. Aquele (Isidoro) com a diligência de sua vida instruiu no exterior a toda Hispânia, este (Frutuoso) por sua vez, destacando com contagiosos fulgores por sua experiência de vida contemplativa, iluminou os íntimos rincões do coração. Aquele (Isidoro) rutilante por uma expressão fora do comum, destacou por seus livros de edificação; este,

A SANTIDADE HABITA O DESERTO 245

(Frutuoso) brilhando na cúspide das virtudes, nos deixou um modelo
de santo monaquismo e seguiu com passos inocentes as pegadas de
seu modelo, nosso Senhor e salvador... (*VF* 1, 8-17)

O autor da *VF* não mitigaria palavras para louvar a condição
monástica de Frutuoso, sua experiência na vida espiritual, que seria
então demonstrada declaradamente superior à vida e à experiência
cultural de Isidoro de Sevilha. Dessa forma, Isidoro, o bispo de Sevilha, seria recordado e reconhecido pelos seus livros de edificação e
pela renovação dos ensinamentos dos romanos, enquanto Frutuoso,
por sua vivência contemplativa e solitária, um fiel seguidor dos padres
da Tebaida, pois possuiria tantas virtudes quanto aqueles, além de
um conhecimento que proveria diretamente do Senhor, já que estaria "incendiado" pela chama do Espírito Santo. Assim, enquanto
Isidoro instruiria no "exterior" a toda Hispânia, Frutuoso iluminaria
os íntimos rincões do coração. Seria, pois, mais profícuo transmissor
da doutrina cristã, já que a conversão por ele legada não atingiria o
homem exterior e sim o interior, pois o próprio Deus cristão não seria
antes de tudo, e diferentemente das divindades pagãs, um Deus espiritual, íntimo e por vezes individual? Frutuoso, nesse aspecto, como
muito bem demonstrou seu hagiógrafo, constituir-se-ia no mais
eminente evangelizador da Hispânia de seu tempo, pois transmitiria
a sua fé de um modo mais precisamente cristão, ou seja, o espírito
devendo anteceder o entendimento, a fé, à demonstração. Mas, deveríamos nos perguntar em que medida Frutuoso fora inteiramente
esse "sábio de espírito", estivera realmente destituído de todo saber
secular, divergira completamente de seu rival hagiográfico, Isidoro
de Sevilha?

Como nos dera a conhecer o próprio hagiógrafo, e algumas outras
fontes aqui já citadas, que retomaremos, Frutuoso não desconhecera
de todo o saber secular. Claro que não chegaria a uma produção
intelectual como a do bispo Sevilhano, mas trilhara certamente
pelas letras do século, das quais estivera em grande medida imbuído. No mais, como se verá, Frutuoso, por sua posição de clérigo
monge e anacoreta, parece-nos representar um típico modelo do

246 RONALDO AMARAL

detentor da cultura intermediária, pois se encontraria no ponto de confluência entre o saber erudito clerical e a tradição mais popular e laica do meio no qual se encontraria inserido e se faria entender, o meio rural.

## Frutuoso entre a cultura clerical e o campesinato. Um humilde exegeta

A própria *VF*, que em seu capítulo primeiro se esforçaria em demonstrar seu hagiografado como um monge desprovido e desinteressado do saber secular, mesmo aquele relacionado à Igreja, viria, em capítulos posteriores, a nos indicar que essa realidade não fora tão rígida e absoluta assim.

Deve ser lembrada, desse modo, a passagem em que Frutuoso, peregrinando com seus discípulos, trazia consigo alguns códices transportados por um cavalo, os quais, em um claro tópico de demonstração dos poderes sobrenaturais do santo, cairiam nas águas e, por meio de um ato miraculoso, seriam salvos por Frutuoso, que os apresentaria intactos diante dos naturais estragos causados pela umidade. Percebe-se, aqui, que o presente episódio intentaria demonstrar o quanto seria importante esses códices, pois, e como já anotamos, far-se-ia necessária mesmo a intervenção do santo para salvá-los. Talvez a importância e o valor desses escritos, denunciados pela dispensa do recurso miraculoso para resgatá-los, residisse em seu caráter sagrado, pois, como demonstraremos mais adiante, Frutuoso possuía as Sagradas Escrituras e alguns textos dos padres do ermo. De toda forma, percebe-se que, ao exaltar os poderes espirituais de Frutuoso, que pela divina providência obtivera a restauração dos códices, o autor de sua *Vita* acabaria por referir-se a esses, ou ainda à sua "biblioteca itinerante", indicando e denunciando-nos que o santo possuía um interesse e uma preocupação pelo saber codificado que o acompanhariam até mesmo em suas viagens e, portanto, não estaria só e inteiramente voltado à vida contemplativa, como afirmara anteriormente, já que, por mais bíblicos e hagiográficos que fossem

A SANTIDADE HABITA O DESERTO 247

esses textos, tratava-se de uma quantidade razoável e certamente possuíam uma diversidade que lhe exigiria atenção e tempo para seu conhecimento.

A mesma *VF* indicaria, como também já se citou neste trabalho, que um discípulo de Frutuoso "havia alcançado um distinguido grau de saber e conhecimentos" (*VF*, 8,10), fora esse Teudisclo, que posteriormente se tornaria fundador de um mosteiro e, muito provavelmente, seu dirigente. Temos novamente aqui o testemunho da própria *VF* de um protagonista que não só detivera para si uma certa dedicação ao conhecimento, pois possuía numerosos códices, mas dedicava-se em disseminá-los de alguma forma a seus discípulos. E isso se confirmará quando nos detivermos às páginas de sua *Regula monachorum* mais adiante.

Há ainda que não omitir, e mesmo relembrar, que Frutuoso estivera, antes de sua dedicação à vida monástica, em uma escola episcopal por um considerável tempo, pois se tivermos que acreditar em sua *Vita*, chegaria a essa quando ainda adolescente (*VF*, 2,20), e a deixaria posteriormente, quando já adulto, para dedicar-se à vida no ermo (*VF*, 3, 2). A isso, acrescente-se, como já temos anotado, que Frutuoso alcançaria a posição de presbítero, o que nos denunciaria mais um forte indício de sua relevante permanência nessa escola, pois essa posição exigia nessa época uma formação que despenderia um tempo e uma idade relativamente avançados.[8] Como também indicamos no item terceiro do capítulo segundo deste trabalho, as disciplinas contidas e ministradas por essas escolas agregadas à catedral abarcavam não só conteúdos estritamente religiosos e teológicos, mas humanísticos e seculares, como as sete artes liberais. Desse modo, como aluno de uma dessas instituições, Frutuoso deteria, em maior ou menor grau, uma formação que o proveria de conhecimentos que não o deixariam ignorar e torná-lo de todo estranho à ciência secular. Acrescente-se ainda que Conâncio, bispo de Palência e seu mestre nessa escola, se faria conhecido por seu saber e dedicação à

---

8 Pode-se ver antes em nosso item "A escola de Conâncio e sua significação monástica. Uma escola catedralícia forjadora de anacoretas".

248 RONALDO AMARAL

liturgia e à música (Ildefonso de Toledo, 1972. *De Viris Illustribus*, cap.10). Frutuoso, por sua vez, como seu discípulo, deveria também compartilhar de seus conhecimentos. Portanto, ao se constituir em aluno da igreja de Palência, chegando ainda a alcançar, muito provavelmente, por meio dessa o presbiterato, não haveria e nem mesmo deveria desconhecer as letras "profanas", o saber exigido e dispensado pela Igreja. Isso se elucidara substancialmente por suas obras que, embora parcas e medianas quanto à sua qualidade literal, nos demonstraram por seu conteúdo ou mesmo por sua forma, pois escrevera algumas poesias, que o anacoreta visigodo não viveria completamente à margem dos conhecimentos seculares. Deveríamos entender assim, e a partir dessas nossas observações últimas, que Frutuoso fora, exatamente ao contrário do que informou o autor de sua *Vita*, um homem provido de cultura, tanto a secular quanto a cristã monástica? Frutuoso ter-se-ia dedicado substancialmente a uma vida mais intelectualizada, podendo ser considerado mais um exemplo dos pensadores cristãos de relevância do reino visigodo? O autor de sua *Vita*, em seu primeiro capítulo, estaria assim nos apresentando um Frutuoso totalmente hagiográfico?

Parece-nos, entretanto, que se não temos que concordar aberta e incondicionalmente com o autor da *VF*, em ver em seu hagiografado um ignorante professional das coisas e dos conhecimentos "mundanos" pela causa do evangelho, não o temos também, pois seria uma incorreção igualmente grave, que afirmá-lo como um monge erudito, um homem imbuído de capacidades e afãs de se alçar a funções de grande e esmerada produção intelectual e cultural.[9] Frutuoso fora quase certamente, conforme temos sentido, um monge voltado essencialmente à vida solitária, ou pelo menos à vida dedicada, quase integralmente, a uns poucos discípulos e a um conhecimento que contemplasse e se restringisse às Sagradas Escrituras e às vidas

---

9 Historiadores como Justo Perez de Urbel (1984, p.376-428), e mais precisamente Mário Martins (1950a, p.365-78, e 1947b, p.58-69) viriam a louvar de tal forma o caráter erudito de Frutuoso que acabariam por pecar pelo mesmo extremismo, ainda que em outra direção, a que encontramos em sua hagiografia.

A SANTIDADE HABITA O DESERTO    249

e experiências de monges e outras personalidades ligadas à vida monástica. Demonstrar-nos-á, conforme veremos mais abaixo, sua *Regula monachorum* e sua correspondência a Bráulio de Saragoça. Devemos ao punho de Frutuoso, e que totalizam suas obras escritas, três poemas,[10] duas correspondências, e uma regra monástica. Os poemas são provavelmente da época em que se encontrava na escola de Palência (Díaz y Díaz, 1967, p.215-24). Justo Perez de Urbel (1984, p.380-2), deixando de lado seu espírito exaltador da cultura de Frutuoso, e ainda que não explicitamente, escreveria que esses poemas não possuem um grande mérito literário, e isso tanto em relação ao seu conteúdo quanto à sua forma.[11] O primeiro deles, por alguns dividido em dois, falara de um diácono de que não se têm maiores notícias. O segundo, de grande valor biográfico, se referira a parentes ilustres, dois bispos, Sclua da igreja de Narbona e Pedro de Bérzies, assim como ao rei Sisenando. Também se referiria à sua irmã e ao seu cunhado. As correspondências seriam dirigidas a Bráulio de Saragoça e ao rei Recesvinto. A essas já tivemos oportunidade de citar e comentar aqui em outros lugares. A epístola a Bráulio, entretanto, deverá ser retomada por suas informações, que nos serão importantíssimas para este capítulo.

A primeira observação a ser aqui sublinhada, em relação à correspondência de Frutuoso a Bráulio, será sua mesma razão de ser, ou seja, a solicitação que Frutuoso faria ao bispo de Saragoça para o esclarecimento de algumas questões oriundas de sua dedicação ao entendimento de algumas passagens do Antigo Testamento e da compreensão de um escrito exegético de são Jerônimo acerca desses mesmos trechos que lia. Frutuoso, que mostraria conhecer tanto o primeiro texto como o asceta de Belém, pelo menos uma de suas epístolas, sentira dificuldades em compreendê-los. E aqui o primeiro e relevante dado. Frutuoso, ainda que se dedicasse com alguma

---

10  Os três poemas são aceitos sob o número de dois apenas, por Souza (2001, p.143).
11  Os poemas de Frutuoso, vistos como três, foram publicados em língua latina, por Manuel C. Díaz y Díaz (*VF*, p.123-5).

250 RONALDO AMARAL

perseverança e esforço no estudo da literatura, tanto Bíblica quanto patrística, mostrar-se-ia deficiente quanto ao modo de proceder com essas obras. Não seria um exímio exegeta, não conseguiria perceber as alegorias e as metáforas próprias e contidas no texto bíblico e entendê-las por meio de são Jerônimo. A esse aspecto lhe chamaria a atenção Bráulio de Saragoça (1975, *Epístola* 44), que anteriormente já havia desejado estar mais tempo com Frutuoso para melhor instruí-lo em suas leituras:

> Preferiria, não obstante, se Deus me conceder o que antes indiquei (o encontro de ambos para a instrução de Frutuoso) que nosso exercício consista na interpretação alegórica e mística do antigo testamento para a confirmação do novo, em vez que se deter a superficialidade histórica para que o abismo chame ao abismo com a voz de suas cascatas, porque o primeiro procede no tempo, o segundo em dignidade...

Apesar de se constituir em um tópico exaltador de sua própria humildade, recorrentemente presente nessa sua correspondência, Frutuoso se mostraria e se consideraria deficitário quanto à sua tarefa de estudioso, acusando, além disso, a região em que estaria como um lugar desprovido de homens e de condições que o auxiliassem em seu empreendimento no conhecimento da literatura cristã.

Usando metáforas, embora curiosamente nos parecesse não entendê-las quando aplicadas aos textos cristãos, nos testemunharia seu esforço em conhecer e entender os sagrados escritos:

> Como um mendigo venho a solicitar as migalhas que sobram dos banquetes de sua mesa e reclamo o regalo de uma humilde moeda ao pai espiritual, que abunda nos tesouros das riquezas celestiais; para consegui-lo faço vigílias durante horas da noite, qual outro importuno suplicante, e ainda que irrespeituoso, buscando peço e chamo e apoiado na assistência dos santos, cuja vida me conforta, quero que descubras ao teu indigno e depreciável servo o que ignoro e me concedas o que não possuo... (ibidem, *Epístola* 43, 23-30)

A SANTIDADE HABITA O DESERTO    251

Ainda que se utilizando de recursos literários que buscariam fazê-lo humilde diante da exaltação de seu correspondente Bráulio, Frutuoso nos demonstraria sua necessidade de recorrer a exegetas mais experimentados, como o bispo de Saragoça, uma vez que as dúvidas que colocaria mais adiante seriam consistentes e cobrariam alguma complexidade. Mas Frutuoso estaria ainda preocupado em informar e repartir a solução de suas interrogações com seus companheiros de solidão, que sofreriam da mesma forma, em alguma medida, a ignorância típica dos anacoretas, eminentemente voltados à práxis evangélica. "Te suplico a que me expliques isto a mim e aos demais companheiros de cativeiro, não mediante um fácil artifício, como somente fazem alguns, senão impulsionado pelo afeto autêntico e sincero de teu amor e de teu conhecimento da verdade" (ibidem, 48-50). E ao concluir a correspondência, reitera: "Teus humildes servos, meus companheiros de pobreza, saudando com afeto a vossa santidade, te rogam que não rechaces a súplica de teu depreciável, senão que atenda meus solícitos desejos" (ibidem, 64-8).

Pediria ainda algumas obras que interessariam a ele e seus companheiros, e que seriam claramente escritos que, como dissemos, os informariam e mesmo os deleitariam com as "vidas" e os feitos de monges, sobretudo anacoretas orientais, irlandeses, de regiões da Gália e mesmo da própria Hispânia:

> Em especial senhor meu, como nesta região em que vivemos não se encontram, suplico encarecidamente a tua mercê que enriqueças este *monasteria* com as Colações de Cassiano e que tua largueza proporcione a nossa insignificância as vidas de são Honorato e de são Germano, e a recentemente escrita por ti de são Emiliano, e tu, que sacias a nós com o mel constante de suas palavras, não nos desprezes a nós que estamos tão afastados e escondidos na tenebrosa região do Ocidente. (ibidem, 51-6)

Dado interessante de notar, ainda, seria a consciência de Frutuoso de estar em uma região que colaboraria para essa deficiência literária em que se encontrava, pela dificuldade de seu acesso, com a conse-

252 RONALDO AMARAL

quente dificuldade em se envolver com mais acuidade nos estudos.
Quanto aos escritos pedidos, Frutuoso anotara possuir já algumas
das colações de Cassiano, sete delas no total, que foram oferecidas a
ele e aos seus companheiros por alguns cristãos, faltando, no entanto,
as demais.

Vê-se aqui, ainda, dado importantíssimo a ser destacado, quais
seriam as obras que comporiam e interessariam à biblioteca de Frutuoso, livros relacionados à vida monástica, à "vida" de ancoretas,
que o instruiria e o informaria, portanto, da vida ascética e da prática
da solidão. Suas leituras mais ordinárias formariam, assim, esse seu
caráter que cremos preeminente, o de grande simpatia à vida ascética
e solitária, uma vez que sua cultura e seus conhecimentos se refeririam essencialmente às obras e ao saber cristão, tanto bíblico como
patrístico, e em relação a este último, essencialmente aos padres
fundadores ou protagonizadores do monacato, por vezes, do oriental.

Na tentativa ainda de entender algumas passagens do Antigo
Testamento, e mesmo o texto em si de são Jerônimo, que deveria
auxiliá-lo nesse empreendimento, Frutuoso acabaria por nos denunciar que lera e consultara um exegeta, ainda que sem muito sucesso.
Bráulio, entretanto, para a solução das mesmas questões impostas
por Frutuoso, e longe de se restringir a um só texto e exegeta, quando
não se utilizara de suas próprias reflexões e palavras, como ele mesmo
anotara, inventaria um grande número de autores que já havia lido
ou então consultara para esse momento, como Agostinho, o próprio
Jerônimo, que conhecera outras de suas obras, Euquerio e Isidoro
de Sevilha.

Pode-se perceber, dessa forma, que, mais do que saber e constatar
que se leu, seria necessário saber o quanto, de que forma e o que se
leu. Assim, e embora Frutuoso não fosse um completo desconhecedor de obras literárias e dedicasse alguma parte de seu tempo à
leitura e ao estudo, não o podemos considerar um exemplo eminente
do saber visigodo. Sua prática de investigador e estudioso lhe pareceria, como nos parece hoje, bem definida e orientada, conhecer e
praticar, como vimos por sua concepção escatológica, de modo em
grande medida factual, o que revelaria o texto bíblico, assim como já

A SANTIDADE HABITA O DESERTO 253

o fizeram seus antecessores na vida monástica, os quais, como vimos, desejaria conhecer para se edificar e talvez imitar. Nesse sentido, e salvo aqueles exageros próprios do texto hagiográfico, temos que dar passagem e alguma voz ativa ao autor da *VF*.

A legislação monástica que escreveria para a primeira de suas fundações, Compludo, cuja análise, ainda que temática, já a realizamos no primeiro capítulo deste trabalho, nos legará informações também importantes sobre aquela cultura praticada e infundida por Frutuoso em sua comunidade monástica.

Frutuoso (s. d., v.2, p.137-62), em sua *Regula monachorum*, dispensara espaço para leituras, algumas vezes mesmo individuais, o que nos acusaria certo interesse pelo cultivo e pela difusão do saber em sua comunidade. Mas, se tivermos que a comparar com a *Regula monachorum* de Isidoro de Sevilha (1971b, v.2, p.92-125), particularmente no que respeitara ao tempo e lugar dados ao saber e ao trabalho mais voltado à aquisição de conhecimentos, teremos que constatar que este último fundador, seguindo sua personalidade de homem de cultura e preocupado dispensador dessa, ocuparia seu monge de modo mais assíduo às leituras e ao contato com obras utilizadas para esse mesmo objetivo.

Isidoro de Sevilha redigiria mesmo todo um capítulo de sua regra, como já anotamos, para tratar de seus códices, do uso que deles deveriam se fazer e dos cuidados que deveriam ser tidos para sua manutenção e conservação. Os livros estariam sob a guarda do sacristão que os distribuiria e os recolheria todos os dias após o uso que deles fariam os monges (ibidem, 8). Os irmãos poderiam solicitá-lo à primeira hora canônica do dia, a prima, por volta das seis da manhã, e entregá-lo ao findar do dia, depois das vésperas. O monge isidoriano teria, desse modo, os livros à sua disposição durante todo o dia e, durante o verão, usufruiria desses entre a terça e a nona para dedicar-se à leitura particular. Nas demais estações do ano, primavera, outono e inverno, esse horário seria aumentado (ibidem, 5). Quando as leituras suscitassem questões, elas poderiam ser expostas ao abade na conferência, de forma que a explicação daquele se faria audível e aproveitada por toda a assembleia dos monges (ibidem, 8).

254 RONALDO AMARAL

Tendo em vista o lugar ocupado pela leitura, seu tempo de realização e disposição por parte dos monges, assim como o cuidado com as obras literárias, poderemos constatar que, ainda que essa leitura atendesse essencialmente à vida ascética, ela cobraria um espaço e um tempo muito maiores e mais intensos na vida monástica inaugurada pela regra de Isidoro do que aquela nascida das linhas da regra de Frutuoso.[12]

Na *Regula monachorum* de Frutuoso, as leituras seriam em grande medida de escuta, estando o monge, dessa forma, em contato indireto com a obra escrita, além do fato de as conclusões dessas provenientes não poderem, ou ao menos não deverem, ser particulares, pois após a leitura haveria a explicação realizada por um superior. Mas o que liam, ou ouviam ler? Sem muitas dificuldades poderíamos antever, mas a própria *Regula monachorum* nos daria a conhecer, eram leituras da regra e das "vidas" dos Padres, muito provavelmente escritos orientais ou de caráter oriental, como, e em relação particularmente às segundas, as diversas compilações das *Vitae Patrum* e seus apotegmas. Quanto às regras estariam Pacômio e João Cassiano, as quais se sentem na confecção dessa mesma regra:

> e depois da meia-noite, se é tempo de inverno, estando sentados todos, um posto no meio, lerá um livro, e, mediante a explicação do abade ou do prepósito, estará aclarado aos mais humildes [...] Esta mesma prática se observará, por certo, no verão depois das vésperas, de modo que antes de rezar completas se leia o livro da regra ou as Vidas dos Padres... (Frutuoso, s. d., *Regula monachorum* 2)

Essa mesma recomendação da leitura que seria ouvida pela coletividade de monges a encontramos quando da refeição.

---

12  Jacques Fontaine (2002b, p.157), no entanto, comparando o monacato de Isidoro com o de Cassiodoro na Itália, um pouco anterior em data e mais próximo à cultura antiga, afirmaria que em relação ao primeiro estaríamos diante de um monacato menos culto que alfabetizado. Isso denotaria ainda mais a diferença de nível, se continuássemos essa comparação, e a partir de então nem mesmo ao grau de cultura, mas de alfabetização, entre a vida monástica de Isidoro e Frutuoso.

A SANTIDADE HABITA O DESERTO    255

As leituras particulares, por sua vez, embora existissem, e nos meses de outono e inverno ocupassem um tempo igual ao dispensado pela regra de Isidoro nessas mesmas épocas, não pareceriam obedecer à mesma regularidade e intensidade pedida por essa. Nos meses de primavera e verão as leituras individuais também se fariam, mas dispensáveis e dispensadas, quando haveria trabalho para se realizar e, mais, poderiam ser substituídas pela oração (ibidem, 4). Em quase todas as ocorrências em que se reservara tempo à leitura individual, essa deveria anteceder, suceder e mesmo ser substituída, caso o monge assim desejasse, por exercícios ascéticos, como meditações, orações e trabalhos manuais. Os mais jovens deveriam ler em presença de seus decanos (ibidem, 4, 6).

Isso constatado, torna-se relativamente simples compreender que o trabalho literário, a prática mais voltada ao exercício do intelecto, realizado pelos monges de Frutuoso, estaria mais voltado às necessidades ascéticas, ao conhecimento e às práticas utilizáveis na e para a oração, do que aquele que objetivaria o conhecimento investigativo, visando à aquisição do saber e da erudição. A leitura que se realizaria entre os monges de Frutuoso contemplaria, segundo a prática de seu mesmo fundador, a Bíblia e os escritos hagiográficos patrísticos, seria a *lectio divina*, aquela leitura que se prestaria para a meditação, para a contemplação dos mistérios e das verdades da fé.

Haveremos ainda que dispensar algum espaço para procurar entender e mensurar o lugar ocupado por Frutuoso como agente difusor daquela experiência cultural que trazia consigo e a constituiria em torno de si e daqueles que o envolviam, sejam esses seus discípulos ou admiradores que pareceria possuir. Frutuoso, como tentamos demonstrar em páginas precedentes, não estivera circunscrito às suas fundações, e como nos informaria sua própria *Vita*, se entregaria a frequentes peregrinações, ocasiões essas em que, ajudadas ainda pela pressão de seus admiradores, se dariam suas fundações, senão inteiramente circunstanciais, ao menos impostas por essa. Dessa forma, estaria em contato relativamente frequente com um grande número de pessoas, sejam essas seus discípulos que com ele conviviam um pouco mais estreitamente, seus admiradores que o buscariam, ou mesmo aqueles com os quais depararia em sua *peregrinatio*.

256  RONALDO AMARAL

Lembremo-nos, uma vez mais, de que Frutuoso estivera à frente de duas sedes episcopais, a dumiense e a bracarense. Investido da posição de abade-bispo de Dumio e prelado de Braga, sede metropolitana que, portanto, compreenderia um território diocesano que abarcaria outras igrejas episcopais e um grande número de igrejas locais, a autoridade de Frutuoso, como predicador, diretor moral e espiritual, se faria sentir não só pela população, mas pelos clérigos e monges que estariam da mesma forma sob seus auspícios. Entende-se, desse modo, que, a partir de então, as palavras de Frutuoso ganhariam não só maior relevância pela autoridade de seu cargo, mas também pela abrangência, tanto territorial como institucional – clérigos e monges – que se faria ecoar.

Não nos esquecemos, no entanto, de que Frutuoso passaria a maior parte de seu tempo, se não a totalidade dele, em meio camponês. Seus ouvintes, seus admiradores, discípulos ou não, seriam os *rustici*, aqueles que, dada sua posição geográfica e socioeconômica, se podemos usar este último termo, encontravam-se à margem da cultura erudita, da língua culta e oficial, o latim, a mesma língua que detinha o saber, pois codificaria esse nas obras escritas e traduzidas para essa língua, cuja leitura seria privilégio de uns poucos alfabetizados, entre eles os clérigos e monges mais cultos. Embora o latim não fosse de todo estranho à população mais humilde, seria antes de tudo uma língua de escuta, o que não viria a implicar ainda que seu entendimento mesmo se daria, pois usada na predicação dos clérigos, que viriam a dominá-la em uma maior dimensão de saber, para a maioria dos fiéis ficaria essa mais no campo do místico, dos mistérios da fé, a serem acreditados e não entendidos.[13]

O anacoreta, habitando em lugares rústicos e interagindo, em maior ou menor grau, com sua população, deveria se adequar a essa realidade e suas vicissitudes, e como parte de seu trabalho evangelizador, ainda que não necessariamente empreendido por sua mesma vontade, pois seria antes de tudo um asceta e solitário, deveria buscar entender e fazer-se entender pelo uso da língua – *sermo rusticus* – e

---

13  A esse respeito, pode-se ver Dell'Elicine (2005).

# A SANTIDADE HABITA O DESERTO    257

dos costumes locais. Pensemos que o monge solitário evangelizaria não sobre um púlpito e enquadrado por uma liturgia e ritos estabelecidos canonicamente, mas em meio à população, no ermo, talvez a partir mesmo da porta de sua humilde morada ou entre as árvores de um bosque. A adequação do anacoreta aos hábitos e costumes camponeses, ao mesmo tempo que se faria necessária, promoveria por si mesma, e em alguma medida, a cristianização desse meio, pois o solitário realizaria em sua própria pessoa e em torno dela o encontro, e certamente a interação, de tradições e culturas de certa forma distintas, a cristã que se inaugurava e a própria daquele lugar, com sua religiosidade e costumes.

E aqui o lugar de Frutuoso. Homem que, como vimos, possuía o seu quinhão de erudição. Estivera em uma escola episcopal, fizera-se presbítero e nascera em uma família nobre e abastada. Mantivera-se, não obstante, em contato com homens de cultura erudita, como o vimos por meio de Bráulio. Lera e conhecera algumas obras de importantes pensadores cristãos, ainda que voltadas essencialmente à vida monástica e à tradição bíblica. E levando para o ermo esse conhecimento, mais ou menos erudito, pois, como vimos, Frutuoso não seria um exímio exegeta, o anacoreta visigodo viria a se encontrar com aqueles que nem mesmo compartilhariam desse pouco. E, muito provavelmente, se esforçaria para se adequar a essa realidade, para falar e ouvir em meio aos humildes, de modo sensível ao entendimento desses camponeses, dando-os a conhecer a fé cristã, que não sempre singela seria, entretanto, demonstrada de forma clara e compreensível por seus exemplos práticos e por aqueles que sairiam de sua boca.[14]

Poderíamos dizer, assim, dada as vicissitudes do anacoreta e de sua profissão, que o trabalho evangelizador do solitário não se dava de um modo impositivo e obrigado, como o seria por parte da auto-

---

14 Fazemos aqui uma clara adoção à "cultura intermediária" proposta por Hilário Franco Júnior (1995, p.31-44), pois nos parece que Frutuoso e suas circunstâncias nos denotam de modo explícito esse ponto de intersecção entre a cultura clerical erudita e aquela que encontraria no campo. Estamos assim diante daquele "denominador cultural comum", ou seja, da cultura intermediária, e de seu agente.

258   RONALDO AMARAL

ridade religiosa instituída/institucionalizada, que infundiria uma "verdade exegética" acerca das Sagradas Escrituras – monopólio do clero erudito – ao povo ignorante; mas, ao contrário, a força de verdade pareceria emergir exatamente de seus receptores, convencidos pela exemplaridade do solitário "evangelizador", que antes de tudo, vivenciava sua mensagem, o evangelho.

A relação desses ascetas solitários com as Sagradas Escrituras, cuja leitura, tenaz e fragmentária, seria mais acreditada do que refletida, pois se prestaria eminentemente para a oração, cabendo assim mais sua memorização do que seu estudo, fazia que suas atitudes diante desse texto e, sobretudo, sua pronunciação fossem de alguma forma desconcertadas e enigmáticas. E aqui residiria, conforme acreditamos, a grande força de convencimento para os *rustici*. Emergia antes de tudo, não o entendimento, por vezes complexo e difuso, mas o mistério, a simplicidade do fabuloso inerente a uma leitura piedosa hagiográfica. E isso realmente convenceria, interessaria a esses homens do campo acostumados ao místico, ao maravilhoso. As frases recortadas e a imediatez das palavras recobriam suas falas de um ininteligível contexto diante de uma mensagem mais direta e "autorizada", portanto, e sobretudo, dada mais ao crédito e à admiração do que a um entendimento mais amplo e reflexivo. Quanto à pessoa do anacoreta, desse "evangelizador passivo", e como já dissemos, ele por si mesmo constituía-se em um eminente argumento para a nova fé, até mesmo paralelo e análogo à própria autoridade do texto sagrado. O carisma que emanava de seu *modus vivendi*, de sua simplicidade facilitadora para sua mensagem, resultava que suas palavras, quando perguntado, ressoassem como salutares ordens e gozassem de todo *status* de eficácia; seriam, portanto, ditos sentenciosos, como muitos daqueles já proferidos nos desertos orientais. A própria atitude do asceta solitário perante as palavras "sagradas" as cobria de grande reverência.[15] Por seu temor em profaná-las em um uso e interpre-

---

15 A relação dos ascetas para com as Sagradas Escrituras, guardadas suas especificidades espaço-temporais, podemos ver de modo privilegiado por meio de suas sentenças ou ditos que constituíram toda uma literatura nos primeiros séculos do monacato. E de qualquer forma, não vemos uma tão grande discrepância

A SANTIDADE HABITA O DESERTO    259

tação inadequados, o asceta, muitas vezes, as utilizava com toda parcimônia e deferência. Dessa maneira, diante de sua gravidade, preferiria algumas vezes, quando interpelado sobre elas, o silêncio. E essa sua atitude, a da "não palavra", seria, por sua vez, tão enfática quanto à da palavra dita, pois, por seu profundo respeito a ela, que o levava mesmo a não pronunciá-la, o asceta demonstrava sua força e transcendência, restando-lhe somente esse expressivo silêncio de causa. O não dito transmitiria, assim, o essencial da mensagem a ser acreditada, o mistério, a impenetrabilidade nas verdades da fé aceita de forma espontânea por parte dos que querem crer.

Seriam, desse modo, personalidades como a de Frutuoso, presbíteros e monges entregues à vida anacorética que, ao fazerem-se rústicos pela causa do evangelho e adentrarem-se ao ermo unindo-se àqueles feitos pela causa social, promoveriam, ainda que à custa de adaptações e vulgarizações, uma maior aplicabilidade da nova fé cristã nesse meio.

Se o mérito de religiosos eruditos, como Isidoro de Sevilha, estaria em criar, organizar e estabelecer, os de religiosos como Frutuoso estaria em praticar e fazer-se praticável, mesmo entre aqueles mais marginais, a nova religião de Cristo.

## O monge e o bispo

O autor da *VF* se utilizaria dessa mesma conduta de rechaço dispensada à vida cultural, ou ao menos de contenção à sua prática, à obtenção e à conservação de cargos eclesiásticos, pois estando, de certa forma, essas duas realidades estreitamente relacionadas, seriam igualmente representativas de um ambiente secular.

---

entre as atitudes dos solitários orientais e seus congêneres ocidentais para com as Escrituras Sagradas, pois existindo um ideal de vida similar, também o seria suas leituras e seus modos de ler que o fundamentaria. Pode-se ver assim a publicação desses ditos, e de modo especial nessa edição, o comentário acerca da relação entre os anacoretas e as Sagradas Escrituras, cuja expressão são estes escritos mesmos, no livro *Vida y dichos de los padres del desierto* (1996).

Comecemos por lembrar, pois tal atenção a esse respeito nunca nos seria exagerada, que o autor da *VF* se serviria de todos os argumentos, ou ao menos os mais essenciais, pelo que nos parece, para fazer de seu hagiografado um típico e fiel representante do mais puro ideal monástico primitivo. E nesse momento – tendo em mente sobretudo o capítulo primeiro da *VF*, onde se apresentaria a pouca obscura tensão entre Frutuoso e Isidoro de Sevilha, ou seja, entre a vida monástica e a secular, representativa de ambos nessa sequência – far-se-ia necessário perguntar: como se relacionavam monges e bispos durante os primeiros séculos do surgimento da vida monástica? Havia uma convivência pacífica e um entendimento único, ou pelo menos consoante, particularmente no que respeitaria ao ideal de cristianismo, sua vivência e testemunho prático? As respostas a essas perguntas não poderiam ser totalmente objetivas e determinantes, assim como elas próprias entendidas de igual forma. Todavia, seria necessário colocá-las, pois em grande medida nos dariam pontos de partida para se acercar de uma situação que daria argumentos suficientes para o autor da *VF* demonstrar que a vida clerical colocara-se, de alguma forma, em detrimento da mais perfeita existência cristã – a vida eremítica.

O movimento monástico primitivo, tenhamos em mente, surgiria, entre outras incitações, como uma tentativa de viver mais estritamente o ideal evangélico, o mesmo que a Igreja, na medida em que ganhava um corpo e uma doutrina de caráter cada vez mais seculares, deixava de realizar, como já anotamos aqui em outros momentos. Seus adeptos, os monges, não deixariam sua origem e seu estado laico, pois serem ordenados, elevados a alguma dignidade eclesiástica, não significaria obterem uma posição social, e a partir de então, encargos e bens, próprios desse meio e realidade? No mais, ser monge nesses primeiros séculos seria sobretudo levar uma vida solitária, seja no ermo, seja mesmo nas comunidades de irmãos, que igualmente prezariam pela vida de afastamento de meios urbanos. A vida clerical, no entanto, seja a de presbíteros, e especialmente a de bispos, não implicaria viver em ambientes citadinos ou naqueles onde se encontraria um grande número de pessoas, das quais deveriam se ocupar? Essa

A SANTIDADE HABITA O DESERTO  **261**

dualidade, se assim podemos chamar, entre o ambiente do primitivo *monachos* e aquele propiciado pelos encargos eclesiásticos, fora utilizada por são Jerônimo (1993) para demonstrar a diferença, pelo que nos parece, pouco conciliável entre monges e clérigos:

> Se queres exercer o ofício de presbítero, se te atrai o episcopado – chame-se trabalho ou honra – vive nas cidades e castelos e faz da saúde dos outros ganho de tua alma. Mas se desejas ser o que te chamas, monge, isto é, solitário, que fazes nas cidades, que certamente não são moradas de solitários, senão de multidões? (ibidem, *Epístola* 58)

O monge de Marselha, João Cassiano, por tanto tempo peregrino e companheiro dos monges orientais e daquele meio, veria o contato entre monges e bispos com tanta desconfiança, que redigiria todo um capítulo em seu livro sobre a vanglória para tratar dessa relação, nada aceitável, segundo o mesmo Cassiano (1965), entre os padres do ermo e os clérigos, do quais ele próprio seria testemunha:

> Dizem os pais que o monge deve fugir das pessoas de outro sexo e dos bispos. A familiaridade com estas pessoas tem o mesmo resultado: é uma cadeia que prende o monge, tirando-lhe a liberdade de se entregar em silêncio, na tranqüilidade da cela, a contemplação divina, com um olhar muito puro, pousado sobre as verdades da fé.[16]

A relação desconcertante entre monges e clérigos teria, porém, uma causa bastante razoável, na medida em que os segundos, desde os tempos mais primitivos da vida monástica, interfeririam com alguma frequência na vida dos primeiros, particularmente quando utilizariam sua autoridade para cercear ou regular a vida solitária, como vimos no primeiro capítulo para a realidade hispânica. No entanto, a causa mais preeminente do desacordo entre ambos nos pareceu ser a conciliação imposta e unilateral, portanto em grande medida inviável, entre o monge e a vida secular, uma vez que os clé-

---

16 Ver *Do espírito de vanglória*, cap.18. Pode-se ver ainda o cap.14, "Como a vanglória sugere a ambição do clericato", a esse mesmo respeito e abordagem.

262 RONALDO AMARAL

rigos começariam a exigir os monges, na maioria das vezes resistentes e pouco entusiastas, quando não contra suas próprias vontades, para o seio da Igreja, especialmente porque gozariam de grande prestígio e autoridade em razão de seu testemunho de vida cristã. As fontes orientais abundaram em ocorrências que testemunham o abarcamento de solitários para a causa da Igreja. Entretanto, e como não poderia deixar de sê-lo, esses solitários, senão em sua totalidade ao menos em sua maioria, se negariam a essa "dignidade", pois, como já anotamos, viria essa em contradição à sua vocação primeira – a solidão e o desprendimento do século e de sua realidade. Assim, um grande número deles receberia a ordenação clerical muito a contragosto, embora saibamos que essa resistência ao cargo eclesiástico seria, muitas vezes, mais um tópico hagiográfico demonstrativo da humildade do monge que se faria clérigo. Há, no entanto, curiosas passagens, sobretudo em fontes orientais, que nos dariam a conhecer anacoretas, muitas vezes reclusos, que seriam arrancados de suas solidões, raptados e tirados à força de suas reclusões pelo povo para que ocupassem uma diocese. Contamos com testemunhos de anacoretas que foram ordenados sem seu anterior consentimento, e de outros que se escondiam quando informados da morte de seu bispo diocesano e de sua possível nomeação. Havia mesmo quem recorresse à decepação de um membro para se ver inabilitado para o cargo episcopal, como o vemos, por exemplo, na *Historia lausíaca* de Paládio, que nos apresenta um asceta de nome Ammonio que deceparia sua orelha diante da comitiva de uma cidade que o queria por bispo, e ante sua insistência, ameaçaria em outra ocasião cortar a língua (Paladio, 1991, cap.11, p.50).[17]

Assim, e a partir dessa situação, assistiríamos mesmo a uma resistência recíproca entre clérigos e monges, e à conciliação entre

---

17 Exemplos outros foram recolhidos por Peña (1985, p.90-1). Ao explorarmos esses exemplos não o fazemos para remetê-los à realidade de Frutuoso, mas para elucidar uma prática anterior tão austera entre monges e bispos, que nos auxiliaria a explicar e entender a sobrevivência desse contraponto entre as duas profissões religiosas até os tempos do anacoreta visigodo e seu meio monástico, onde vemos explicitamente seu hagiógrafo.

A SANTIDADE HABITA O DESERTO  263

ambos, ou entre as duas realidades religiosas que representariam, Igreja e monacato, cobrariam seus conflitantes e às vezes trágicos antecedentes na história monástica oriental, a que vemos representado posteriormente também pelas fontes ocidentais.

O autor da *Vita Martini*, Sulpício Severo (1987b, 5, 1-2), em um claro recurso literário indicador da humildade de Martinho de Tours, nos informara que esse se negaria a aceitar a ordenação diaconal requerida pelo bispo de Pointers, Hilário. Cederia, contudo, à de exorcista, por ser menos dignificante que a anterior, e para que, dessa forma, não parecesse que sua humildade se tornaria demasiada, denotando assim seu contraposto, uma soberba atitude de desprezo ao convite de bispo Hilário. Mais relevante para nossa observação seria o episódio, nada inédito nas hagiografias dos ascetas solitários, da escolha de Martinho para ocupar uma sede episcopal. Essa se daria por proclamação popular, dada sua vida cristã exemplar, e aqui se leia monástica. Martinho seria então levado de seu mosteiro, sem conhecer a causa, é claro, de esse conduzi-lo. Ao chegar à cidade de Tours, recebido por uma multidão de pessoas, assistiria à oposição de alguns bispos que, o vendo trajado como um monge, o desprezariam e se oporiam à sua escolha para aquela diocese:

> De modo surpreendente se havia reunido uma multidão incrível não só procedente daquela cidade, senão das cidades vizinhas, para manifestar seu apoio. Única era a vontade de todos, unânimes os desejos e unânime a opinião: que Martinho era a pessoa mais digna do bispado, que seria feliz uma igreja com um sacerdote assim.
>
> Todavia, uns quantos (dentre eles alguns bispos que haviam sido convocados para nomear o prelado) se opunham com maldade, dizendo que era evidente que se tratava de uma pessoa depreciável, que era indigno do bispado um homem de aspecto tão repugnante, sujo de roupas, de cabelo desordenado. Por parte do povo, levado de critérios mais sãos, foi objeto de burla da loucura daqueles que em seu intento de denegrir a tão esclarecido homem não faziam senão destacar seus valores. E não foi possível fazer mais que o que o povo, com a aquiescência de Deus, pensava. (ibidem, 9,3)

264 RONALDO AMARAL

Vemos nesse trecho uma valorização da personalidade e da conduta ascética de Martinho, exatamente a característica que o faria desacreditado por clérigos seculares, preocupados mais com o homem exterior, com sua aparência e estado, do que com o homem interior. O hagiógrafo de Martinho demonstraria que seu personagem, ainda que ordenado bispo de Tours, e em um paralelo muito similar ao que iremos posteriormente encontrar na *VF* e na *Vita Emiliani* de Bráulio de Saragoça, continuaria se dedicando aos costumes monásticos, chegando mesmo a fundar e a residir em um mosteiro de natureza anacorética. Vê-se, claramente, que o cargo episcopal, ainda que não de todo rechaçado, e bem mais aceito e discorrido por esse hagiógrafo do que pelo autor da *VF*, deveria ocupar um lugar secundário, pelo menos hagiograficamente, em razão de sua preeminente e perseverante vida monástica:

> E agora, que categoria, que eficácia demonstrou ao ocupar seu cargo no bispado? Pois continuava sendo, sem titubeio algum, o mesmo que antes. A mesma humildade de coração, a mesma pobreza no vestir; e assim, cheio de prestígio e poder cumpria sua função episcopal sem por isso abandonar seu modo de vida e suas virtudes monacais. Assim pois, por um certo tempo utilizou uma cela junto à igreja; depois como não podia suportar o alvoroço de quem os visitavam, se instalou em um mosteiro a duas milhas da cidade. (ibidem, 10, 1-3)

O mosteiro onde residiria Martinho, mesmo já elevado ao episcopado de Tours, Marmoutier, deixa-nos entrever que esse se dividiria entre a vida solitária, a vida passiva ou contemplativa do anacoreta, e aquela própria do clero secular, a vida ativa, especialmente do bispo que se encontrava à frente de encargos mais numerosos, pois deveria zelar por assuntos muitas vezes não só e estritamente religiosos.

A Hispânia conheceria também hagiógrafos preocupados, além do autor da *VF*, em exaltar a vida contemplativa do monge em comparação à ativa do clérigo. Como temos visto, a prática de se ordenar monges para o clero secular colocaria esses, ou seus respec-

A SANTIDADE HABITA O DESERTO    265

tivos hagiógrafos, entusiastas da vida monástica, em uma posição de defesa aberta da primeira vocação, sem contudo depreciar de todo a segunda dignidade, como veremos em pormenores quando, mais adiante, tratarmos da *VF* e da elevação desse a arquidiocese de Braga.

Desse modo, a *Vita Aemiliani* de Bráulio de Saragoça (1950, cap.4) nos informaria que Emiliano seria requerido pelo bispo Dídimo a ocupar um cargo eclesiástico, o de presbítero da igreja de Vergegio. O bispo de Tarazona, Dídimo, havia tomado conhecimento do solitário em razão de seu grande prestígio, pois, mesmo escondido em seu refúgio solitário, edificado sobre um monte, a "fama de sua santidade se estendeu por todos os lugares até o ponto de chegar ao conhecimento de quase todo o mundo". Como não poderia deixar de fazer, Emiliano recusaria em princípio essa ordenação, e uma vez aceita, não mudaria seu estilo de vida, permanecendo sob os mesmos costumes de monge, tal qual o fizera Martinho de Tours e o fará Frutuoso de Braga, segundo suas hagiografias:

> Em um princípio lhe pareceu violento e molesto recusar taxativamente e, como se fosse desde o céu, transladado ao mundo de uma tranqüilidade quase alcançada a penosas missões, trocando em atividade sua vida contemplativa. Ao fim, se viu obrigado, contra seu gosto, a obedecer, e assim teve o cargo e o cuidado da igreja de Vergegio. Então apartando se das atividades, a quem só se entregam os homens desta ordem (ao menos dois de nosso tempo), aplicava sua santa solicitude a forma de vida, a que havia sido desviado. Nele, todavia, se mantinha infatigavelmente a oração ininterrupta, o jejum por semanas, uma vigília constante, uma autêntica mesura, uma esperança firme, uma rigorosa frugalidade, uma justiça amável, uma inquebrantável paciência e, por dizê-lo laconicamente, o máximo afastamento de toda maldade sem exceção. (ibidem, 5)

O bispo de Saragoça não nos deixaria duvidar que Emiliano continuaria perseverante em sua conduta monástica, enumerando suas virtudes, as quais seriam certamente e em grande medida

# 266 RONALDO AMARAL

incompatíveis com a atividade e com a conduta do clérigo secular, muito mais atento às coisas "mundanas" do que o monge asceta. Essa incompatibilidade, desencadeada pela sobreposição das virtudes do monge em relação ao governo e à administração dos bens devida ao presbítero, faria que Emiliano se tornasse, aos olhos dos companheiros em dignidade sacerdotal, um exemplo de errônea conduta, pois estaria desprovendo a igreja de seus bens em razão dos pobres. O monge falaria mais alto que o clérigo, e Emiliano seria destituído de seu cargo, voltando à sua tão desejada solidão.

No mesmo século VII, encontraremos na Hispânia, junto à *Vita Aemiliani* e à *VF*, outro testemunho da incompatibilidade entre ambas as profissões. Valério do Bierzo em sua obra autobiográfica nos relataria seu conflito com alguns clérigos que o importunariam em sua solidão. Quando se encontrava em uma austera solidão entre Castro Pedroso e Astorga, um presbítero de nome Flaíno, por Valério designado como pseudosacerdote, talvez por estar incomodado pela celebridade do eremita, lhe causaria grandes dificuldades, a ponto de o perseguir, agredi-lo e roubar os códices que havia confeccionado. Mais tarde invitaria alguns ladrões para voltar a incomodá-lo (Valério do Bierzo, 1942, p.158-90, *Ordo querimoni prefatio discriminis 2*). Sempre atribuindo Valério esses incômodos à incitação do demônio, surgiria um novo sacerdote, Justo, a quem o anacoreta se oporia categoricamente. Descrevera-o de forma tão negativa que chegaria a depreciá-lo mesmo fisicamente. Auferia uma rígida crítica a seus hábitos e modos, que, segundo Valério, estavam ligados à vida demasiadamente mundana e aos seus ilícitos divertimentos. A crítica constante de Valério a Justo custaria uma nova perseguição ao anacoreta (ibidem, 6).

A oposição à vida religiosa secular na autobiografia de Valério estaria ainda presente quando de seu encontro com Isidoro, bispo de Astorga. Valério, como de hábito, atribuiria seus desconcertantes encontros e contatos com clérigos ao demônio, que dessa forma o estaria tentando para desprovê-lo de sua solidão e da simplicidade própria dessa situação, pois Isidoro, aproveitando-se de sua capacidade literária, queria levá-lo a um dos Concílios de Toledo como seu

A SANTIDADE HABITA O DESERTO   267

assessor. A morte de Isidoro, descrita por Valério, teria como causa a vingança divina que castigaria o primaz de Astorga por havê-lo incomodado em sua paz e solidão (ibidem, 7). Chegaria ainda a redigir uma de suas obras *"De signorum ostensione atque uanitates sureptione monacorum"* para realizar uma dura recriminação aos monges que desejassem tornarem-se clérigos. Temos desse modo, em Valério, um dos testemunhos mais contundentes da relação conflitante, aos olhos do anacoreta, entre a vida religiosa secular e aquela que se consideraria o mais ideal estado religioso, a vida monástica eremítica.

Se tomados todos os exemplos anteriores, ver-se-á que a *VF* relataria uma realidade, ou mesmo tão somente uma ideia que, vigente em ambientes monásticos, seria tão anterior como posterior à sua escrita. Mas, ainda que tenhamos inúmeros exemplos, tanto no Oriente como no Ocidente, de monges abarcados para a vida episcopal, isso não fora tão recorrente quando esses primeiros se constituiriam em anacoretas. Daí que, particularmente para o Ocidente, os poucos testemunhos que possuímos desses casos, há que sublinhar a *VF* e a *Vita Martini*, nos demonstrariam a incompatibilidade, quase irreconciliável, de ambos os gêneros de vida religiosa, pois o anacoreta, de profissão muito mais austera quanto à vida ascética e solitária, e seu hagiógrafo, sobretudo quando de mesmo ambiente monástico, como que se desculpariam pela elevação episcopal, preocupando-se ainda em demonstrar sua perseverante atitude de permanência no primeiro e mais perfeito gênero de vida. Há que lembrar, assim, que Martinho de Tours, bispo da localidade que lhe daria esse cognome, ocuparia uma cela junto à Igreja, e mais tarde uma habitação em seu mosteiro de Marmoutier que, como vimos, se tratava não de um cenóbio de fábrica altamente estruturada, mas de um agrupamento de habitáculos separados e individualizados. Assim, tanto Martinho de Tours como Frutuoso de Braga, pelo menos segundo suas hagiografias, tentariam conciliar o "irreconciliável", a vida solitária e passiva do anacoreta com a vida social e ativa do bispo. Podemos e devemos, contudo, acrescentar que Sulpício Severo, mesmo reiterando frequentemente as virtudes monásticas de Martinho, daria à sua posição episcopal um papel de grande relevância, dados os sucessos

268 RONALDO AMARAL

e a frequência com as quais a descreve, enquanto o autor da *VF*, como se verá, buscaria encobrir as realizações de natureza episcopal de Frutuoso, acrescentando-se ainda a atitude de pouco ou nenhum atento do próprio hagiografado para com essa sua posição, uma vez que se ocuparia, mesmo à frente de duas sedes episcopais, Dumio e Braga, da dedicação exclusiva aos trabalhos e à vida espiritual monástica. E, ainda que Dumio encerrasse um caráter monástico, colaborando para com essa tendência essencialmente monástica da conduta de Frutuoso mesmo como bispo, a segunda sede episcopal que acumularia, lembremos-nos da metropolitana de Braga, possuiria um extenso território eclesiástico para dirigir, o que não propiciaria tempo e condição efetiva para seu ordinário deixar-se de fazer-se presente e ativo às necessidades e circunstâncias próprias dessa profissão religiosa.

Voltemo-nos, isso posto, à nossa fonte principal, a *VF*, e a relação vida monástica-vida eclesiástica representada por Frutuoso e Isidoro de Sevilha.

Como preâmbulo à *Vita* de Frutuoso, o seu primeiro capítulo anunciaria, conforme buscamos demonstrar, o intento hagiográfico preeminente do autor – exaltar a vida monástica, acrescentemos eremítica, por meio de Frutuoso, cujas virtudes e perfeição evangélicas se mostrariam maiores e preferíveis à vida clerical, representada por Isidoro de Sevilha. Dessa forma, mais do que elevar e bendizer a vida monástica por ela mesma, o autor da *VF* o faria em comparação e detrimento, ainda que tênue e respeitoso, da vida eclesiástica:

> Depois que a nova claridade da verdade suprema banhou de luz as antigas trevas do mundo, e que desde a sede romana, primeira cátedra da santa Igreja, começou a brilhar fulgurante a grandeza da doutrina da fé católica, e que desde Egito, no Oriente, começaram a resplandecer sobressalentes exemplos de santa profissão monástica e que começou a reluzir pouco a pouco o extremo desta região do Ocidente, iluminou a piedade divina dois faróis de perspícuas claridade, a saber Isidoro, o digníssimo bispo de Sevilha, e são Frutuoso, desde sua infância irreprochável e integro... (*VF* 1, 1-7)

A SANTIDADE HABITA O DESERTO    269

A passagem transcrita, em uma análise primeira e essencialmente textual, já nos daria indícios contundentes a respeito da conduta panegírica à vida monástica, realizada pelo autor da *VF*. Observemos que a posição clerical episcopal de Frutuoso seria omitida, enquanto a de Isidoro seria enfatizada: "*Isidorum reuerentissimum scilicet uirum Spalensem episcopum*". Isidoro, o "digníssimo bispo de Sevilha", representaria para a Hispânia, o "extremo desta região do Ocidente", um dos exemplos da sede romana, da doutrina da fé católica, ou ainda, em conveniência com nosso item anterior, um teórico erudito e ativo representante da Igreja secular. Frutuoso, entretanto, representaria para essa mesma região um exemplo dos monges orientais, egípcios sobretudo, sublinhando-se mais abaixo a Tebaida e seus antigos padres como seus precursores, pois esse os teria seguido tanto nas condutas quanto nas virtudes. Seria, assim, designado não pelo seu estado clerical, como seu equivalente em dignidade episcopal, Isidoro, mas em razão de sua pretendida proeminência monástica e da perfeição cristã que essa representaria para os desse mesmo meio, dentre eles para o próprio autor da *VF*, como *beatissimum*, santidade essa que já se previa desde os primórdios de sua vida, pois "irreprochável e integro" desde sua infância, quando, se lembrarmos, já se ocuparia da vida solitária ao almejá-la em prejuízo dos confortos e das dignidades que poderia gozar, como nobre que fora, no século.

O autor da *VF*, ao insistir na contraposição entre vida eclesiástica e vida monástica, não inovaria em nada, como temos visto, já que esse se constituiria em um tópico, ou mesmo em um fato, bastante recorrente na literatura hagiográfica cristã. Mas, teríamos que responder um pouco melhor, por que os ambos os gêneros de vida religiosa seriam tão dispares? O que faria da profissão episcopal um modo nada ideal de existência religiosa, no que respeitaria a busca e obtenção de uma vida mais acerca das propostas e da perfeição evangélica, segundo apregoava essa literatura monástica, da qual a *VF* nos parece ser um dos exemplos mais relevantes para a Hispânia de sua época? Circunscrevendo-nos à Hispânia de Frutuoso, busquemos entender o lugar e o papel do bispo, por meio sobretudo de Isidoro de Sevilha, seu antagonista hagiográfico, para, dessa forma,

270 RONALDO AMARAL

precisar com mais clareza as divergências entre ambas as profissões e o porquê da vida clerical ter sido, algumas vezes, tão criticada e rechaçada pela vida monástica, enquanto não realizadora do mais perfeito seguimento evangélico e sua ideal manifestação no seio da Igreja de Cristo. Ao falarmos do homem religioso professo comumente o designamos, em detrimento do temporal, por espiritual, uma vez que, e pelo menos em princípio, esse deveria se encontrar, por estar exatamente ligado às coisas de Deus, mais preocupado com suas circunstâncias, com as "práticas do espírito" que seriam atemporais, do que com as coisas do mundo, que seriam e se encontrariam no tempo; portanto, necessariamente de índole humana e mundana. Daí a dicotomia espiritual – temporal para definir e diferenciar o clérigo ou o leigo religioso professo, do restante dos leigos que vivem no século. Tal dualidade não deveria, no entanto, ter sido de fato prática e praticada. Sabemos que desde a oficialização do cristianismo, a Igreja se secularizara, tomando para si deveres e direitos próprios da vida secular, particularmente os de razão política e civil, o que tornaria mais grave um poder presumivelmente espiritual se manter indiferente ao tempo. Com a Igreja visigoda, sobretudo a partir da conversão de Recaredo, não seria de outra forma. A interpenetração entre Monarquia e Igreja daria a essa, particularmente por meio de seu representante mais direto e eminente, o bispo, prerrogativas de caráter exclusivamente civis e políticos. Antes, contudo, de nos atermos a essa realidade mormente temporal da Igreja visigoda, vejamos que mesmo o governo espiritual dessa Igreja, realizado por seus bispos, os desviariam sobremaneira daquela vida ideal evangélica, buscada e defendida pela prática monástica, da qual encontramos seu eco na Hispânia por meio da *Vita* de nosso santo visigodo.

O bispo possuía, antes de tudo, um território a vigiar e governar, a diocese. Mesmo nos desprovendo pelo momento de analisar seu papel como agente político e civil em sua territorialidade diocesana, acrescentemos que o governo mesmo da Igreja, enquanto comportava inúmeras paróquias e seu respectivo clero, cobrava do bispo uma função em alguma medida secular, às vezes mesmo burocrática. A

A SANTIDADE HABITA O DESERTO    271

ele caberia ensinar e dirigir seus sacerdotes e demais ordenados, a organizar e aplicar as leis canônicas, a observar sob o correto regime da vida litúrgica e sacramental por parte de seu clero, assim como a manutenção material de sua Igreja. Teria ainda o encargo de observar e inserir em sua diocese os cânones conciliares, os mesmos que ajudaria a constituir e a votar por sua efetiva participação nesses concílios, fossem provinciais ou gerais, toledanos.

Ao bispo, como vimos no primeiro capítulo, estava ainda facultado o direito de intervir de forma quase absoluta na vida regular vigente em sua diocese. Essa intervenção na vida monástica por parte do poder episcopal, como veremos, estivera presente nas condutas de Isidoro de Sevilha, talvez o mais preocupado dos bispos visigodos nesse campo (Concílios..., 1963, Concílio IV de Toledo, c.51). Se a diocese deveria observar uma unidade de regime sob os auspícios do bispo, os mosteiros, aí se encontrando, não escapariam dessa jurisdição eclesiástica.

O cargo episcopal e todos os seus inconvenientes temporais levariam, como temos visto, muitos monges a rechaçarem, efetiva ou hagiograficamente, essa investidura, quando a ela nomeados. Essa atitude deveria ser, no entanto, mais do que um lugar hagiográfico, uma ocorrência efetiva e talvez mais ordinária do que poderíamos pensar, pois chegaria mesmo a exigir de Isidoro de Sevilha uma argumentada crítica. Se para muitos monges a não aceitação da posição episcopal teria sua razão de ser na humildade, pois a investidura lhes traria dignidade e posses, para Isidoro de Sevilha (1971a), muito provavelmente também um monge que se faria bispo, seria exatamente o inverso, pois seria a mesma humildade que deveria levar o monge a aceitar esse encargo, uma vez que teria que abrir mão de sua vontade, de sua profissão por escolha, para ocupar aquela de maior abnegação, aquela que lhe seria imposta, e pela vontade de Deus que assim o desejaria:

> O homem eclesiástico deve estar crucificado ao mundo pela mortificação da própria carne, mas se o dispõe a vontade de Deus, ainda que repugne a sua, aceite com humildade o governo da ordem

272    RONALDO AMARAL

eclesiástica. Vítimas são dos enganos de Satanás aqueles que, dotados de probidade de vida e de inteligência, recusam presidir e aproveitar a outros; e quando se lhes encomenda o regime das almas, se escondem crendo mais acertado levar vida cômoda que trabalhar em proveito dos irmãos. O homem santo odeia a tirania dos negócios seculares, mas se uma ordem oculta se o impõe, inclina sua cabeça soluçando. (ibidem, *Sentenças* 3,33)

Isidoro reconhecera que o cargo eclesiástico levaria o religioso a se relacionar demasiadamente com as coisas temporais, mas justificaria, aceitaria e até mesmo santificaria tal posição, uma vez que lhe serviria de mortificação e seria imposta por designo divino.

O bispo, seguindo especialmente as palavras de Isidoro, deveria ainda se ocupar do ensino de seu clero e de seu povo. Lembremos-nos das resoluções do IV Concílio de Toledo e de sua preocupação com a formação do clero nas escolas catedralícias, já presentes no II Concílio de Sevilha, não se esquivando até mesmo de cobrar dos próprios bispos que fossem mais instruídos.[18] Esse deveria ensinar, predicar, e, para tanto, ser instruído e dedicado ele mesmo ao estudo, à leitura, à meditação, conhecendo principalmente as Escrituras e os escritos dos padres. E aqui, não precisaremos mais nos lembrar da vasta obra de Isidoro de Sevilha, não só de caráter religioso, mas também de natureza que contemplaria outros âmbitos do conhecimento, entre eles o científico e humano. Em relação às obras religiosas, muitas delas, em especial o *De Ecclesiasticis Officcis*, como temos colocado, se prestariam a instruir aos clérigos para que se fizessem educadores e predicadores de seus fiéis cristãos.[19]

A administração da diocese exigiria, assim, de seu bispo, uma dedicação bastante ativa, pois sua direção implicaria encargos tão plurais quanto intensos. O zelo pastoral, a formação estritamente religiosa e espiritual, tanto de si como de seu clero e seu povo, seriam

---

18  A transcrição desses cânones a realizamos no segundo item do capítulo deste número mesmo.

19  Dessas obras enumeramos algumas no segundo item do segundo capítulo

A SANTIDADE HABITA O DESERTO  **273**

compartilhados pelo bispo com obrigações de caráter essencialmente social e material. Assim, visitar com alguma frequência sua diocese e as paróquias que a comporiam, instruir e cuidar de seus presbíteros e demais ordenados, além do próprio povo, administrar os bens e o sustento da igreja Catedral, das demais possessões diocesanas, seus servos, terras, campos com seus cultivos (Urbel, 1995, p.138) exigiam do bispo, mesmo tendo auxiliares à sua volta, um dispêndio de tempo bastante significativo, que o distanciaria até mesmo da parte mais espiritual da Igreja secular.

A organização sacramental e litúrgica estaria também a cargo dos bispos, e não somente no que respeitaria à sua aplicação e celebração, mas até mesmo em sua concepção e criação mesma, particularmente nesses primeiros tempos da Igreja. Alguns exemplos de bispos que colaboraram com a edificação da liturgia visigoda, compondo músicas, orações, ritos, entre outros, temos em Ildefonso e Eugênio de Toledo, Bráulio de Saragoça e Conâncio de Palência, além daquele que fora o mestre de todos esses e nos deixaria também nesse campo obras de grande importância (ibidem, p.161). Estamos nos referindo a Isidoro de Sevilha, e a trabalhos seus, como uma pluralidade de cânones do IV Concílio de Toledo que tiveram a preocupação com a liturgia da Igreja visigoda, sua formação, organização e unificação, e àquele tratado de teologia e simbolismos litúrgicos, o *De Ecclesiaticis Officcis*, que trataria dos ritos, das celebrações das missas, das festas, dos paramentos e demais objetos e hábitos de uso litúrgico, dando-nos sua explicação tanto espiritual quanto histórica, seus usos e funções para quem as administraria. Justo Perez de Urbel afirmaria, assim, que esse livro fora uma obra de instrução para o clero visigodo (ibidem, p.163), como tantas outras obras do bispo sevilhano.

Como havíamos indicado antes, ao bispo caberia ainda a regularização do monacato, particularmente aquele que vigeria no território de sua diocese. Impor leis, regras, disciplina, punir os monges, servir-se deles para uso da Igreja secular estariam dentro da jurisdição do bispo. Como já tratamos, com alguma insistência, a penetração do episcopado na vida monástica fora intensa e, muitas vezes, mesmo prejudicial para o ideal mais primitivo desta última, como procurou

274 RONALDO AMARAL

mostrar todo o nosso primeiro capítulo. Seriam bispos, como Isidoro de Sevilha, que imporiam sua disciplina à vida monástica, a mesma que refletiria os interesses e as normas daquela instituição que personificariam em sua diocese, a Igreja secular, e isso, tanto por meio das regras monásticas que escreveriam, como pelos cânones dos concílios que se ocupariam em ordenar e intervir no monacato. Desse modo, Isidoro de Sevilha escrevera uma regra para os monges, cujos objetivos estariam em uniformizar a disciplina, abrandar o ascetismo mais característico do monacato primitivo, coibir uma maior independência e liberdade por parte dos monges, pois não poderiam se afastar da comunidade, nem mesmo no âmbito do próprio mosteiro, como visto no capítulo primeiro. Seria também por meio de cânones, de modo particular aqueles pensados, muito provavelmente, pelo mesmo Isidoro, pois encontrados sobretudo no IV Concílio de Toledo (Concílios..., 1963, cânones 49-52), que se imporia a vontade secular na vida regular, sobrepondo assim o eclesiástico muito mais temporal ao monástico espiritual, modificando e enquadrando este último, tornando-o mais permeável à intervenção e à aceitação das leis normatizadoras e unificadoras da Igreja.[20]

Esse mesmo desejo de unificação e observância una e estrita das normas e leis que deveria reger a Igreja levaria Isidoro a ordenar em uma compilação canônica concílios e epístolas papais, muitos dos quais já seriam utilizados por igrejas particulares sob interpretações e aplicações diversas. Isidoro reunia assim em uma só obra, de forma organizada e ordenada, as leis canônicas que se poderiam utilizar por toda a Igreja de modo uniforme. A compilação canônica *Hispana* (Urbel, 1995, p.230) contaria entre os trabalhos do bispo Isidoro como mais um, dos vários esforços que realizaria, para organizar, mais do que a Igreja de Cristo, a Igreja secular visigoda, demasiadamente temporal, se tivermos que lembrar a importância e as funções

---

20 O bispo de Sevilha se ocuparia uma vez mais dos monges, embora de forma não normativa, o que não significaria que essa intenção estivesse excluída, no livro 2,16 do *De ecclesiasticis Officiis* e nas Sentenças, em particular no seu livro 3 e em mais de um capítulo.

A SANTIDADE HABITA O DESERTO 275

que exerceria em razão de sua junção com a vida política monárquica, como veremos a partir de então.

A Igreja visigoda, como já indicamos, colaboraria com a Monarquia em muitos de seus aspectos, pois oferecia não apenas sua justificação, por exemplo, por meio da unção régia e da instituição legal e pacífica da monarquia eletiva, por meio do IV Concílio de Toledo, mas também a oferecia seus membros mais eminentes e capacitados, os bispos, cuja formação erudita e cultural lhes dariam condições de ocupar cargos de legisladores, governadores de províncias, mesmo ao lado de seus representantes civis, e de juízes que arbitrariam em causas não somente eclesiásticas, mas também civis, chegando mesmo a orientar e a se alçar sobre os juízes de condição leiga:

> E os juízes dos distritos e os encarregados do patrimônio fiscal pelo mandato do gloriosíssimo senhor nosso, acudirão também ao concílio dos bispos na época de outono o dia 1 de novembro, para que aprendam a tratar ao povo piedosa e justamente, sem encarregar-lhes com prestações nem imposições supérfluas, tanto aos particulares como aos servos fiscais e conforme a admoestação do rei inspecionem os bispos como se portarão os juízes com seus povos, para que avisando-lhes corrijam-se ou dêem conta ao rei dos abusos daqueles. E nos caso de avisados na quiserem emendar-se, lhes aparte da comunhão e da Igreja. (Concílio..., 1963, c. 18)

Desse modo, os bispos se colocariam como poderosos agentes civis, não só por meio de sua representação indireta, quando tomariam parte dos concílios que promulgados pelo rei teriam valor de lei civil, mas pessoalmente, uma vez que exerceriam funções e prerrogativas não precisamente eclesiásticas.

O arbítrio dos bispos na vida civil, como juízes[21] que agiam ao lado de outros de condição leiga, ou mesmo quando agiam independentemente daqueles, fora de substancial importância para a

---

21 Insiste na posição de juiz eclesiástico e civil dos prelados visigodos (Gonzales, 1979 p.504-27).

## 276  RONALDO AMARAL

edificação e a manutenção da monarquia visigoda. Estavam esses, mais do que munidos do poder espiritual, encarregados e compreendidos pelo poder temporal, e suas sentenças, da mesma forma, não se restringiam a excomunhões ou a outros castigos atemporais, mas a penalidades de condições bastante seculares.

, A relação do bispo, porém, e aqui nos referimos claramente a Isidoro de Sevilha, com o poder político, chegaria mesmo a um lugar de primeira e maior importância, pelo menos no que concerne à sua teoria e justificação. Conselheiro, mestre e amigo dos reis visigodos durante os anos de seu pontificado em Sevilha, guardadas devidamente suas relações pessoais mais ou menos intensas com cada um, Isidoro exerceria a função de mentor e modelador do poder monárquico e de todos aqueles desse dependente. Ao instruir diretamente o rei, ou ao dar à monarquia uma legislação civil e canônica ordenada e organizada de forma clara e aplicável à realidade hispânica, como o faria por meio da *Hispana* para o segundo caso, e por meio de sua organização legislativa que daria origem posteriormente ao *Fuero Juzgo*, para o segundo, além de suas mesmas formulações, tanto canônicas por meio dos concílios quanto civis por meio desses mesmos concílios e de outros inúmeros escritos seus, como as Sentenças, cujo livro nono, por exemplo, cuidaria da natureza e dos deveres e direitos do poder régio (Isidoro de Sevilha, 1971a, *Sentenças* 9, cap.3), o bispo de Sevilha representaria como poucos uma Igreja secular que se ocuparia largamente daquele mesmo poder, o temporal, que o próprio Cristo, razão e modelo dessa mesma Igreja, recusou e mandou que se recusasse.

As benesses obtidas pelos bispos ante o poder político, na medida em que os investia dos cargos e direitos civis, levaria muitos godos nobres a desejar tal posição com o intuito quase único de ascensão econômica e social, e especialmente para afirmar sua raça no poder, e naqueles meios urbanos, que após as migrações germânicas passariam a assistir sua mitigação social e econômica, especialmente pela diminuição ou mesmo completa ausência da autoridade civil e militar do Império Romano, e dos nobres hispano-romanos (Díaz y Díaz, 1993, p.18) antigos patronos desse meio. Mesmo a aristocracia hispano-romana desejaria a posição episcopal para a manutenção da

A SANTIDADE HABITA O DESERTO 277

sua influência e mando nas velhas cidades. Desse modo, poder-se-ia falar de uma verdadeira aristocracia, ou mesmo de uma dinastia episcopal, em que pese a transmissão desse cargo, em muitas dioceses, e entre outros possivelmente, a irmãos, filhos e discípulos (Castellanos, 1998, p.30).

Para a nobreza goda, possuir o cargo episcopal e a influência social e política que esse implicaria, uma vez que os bispos, como temos visto, possuíam uma grande influência no governo da monarquia, seria particularmente importante, pois poderiam influir na eleição real e talvez mesmo almejar essa posição a algum familiar ou partidário, uma vez que a monarquia seria eletiva e os bispos e alguns nobres estavam revestidos do direito de participar da eleição. Portanto, possuir o cargo episcopal, particularmente de uma sede diocesana de alguma envergadura, já possuindo alguma preeminência política pela possessão do título nobiliárquico, seria acumular posições e direitos para poder influenciar e participar de forma mais incidente no mais alto ato político da monarquia visigoda, a eleição do monarca.

O bispo de Sevilha, mesmo sendo um exemplo e partícipe dessa aristocracia episcopal, pois sabemos que em sua família muitos de seus membros possuiriam altos cargos eclesiásticos, e ele mesmo receberia a sede de Sevilha das mãos de seu irmão Leandro, criticaria a nomeação de bispos não preparados e instruídos para essa posição, já que as investiduras desses obedeciam a interesses não precisamente eclesiásticos:

> muitos fixam seus olhos em pessoas desta classe (seculares) para governar as dioceses, e não se preocupam de buscar candidatos que possam ser úteis à Igreja, senão os que eles amam ou os que lhes hão indicados com regalos ou têm o apoio de pessoas influentes. E não digo nada daqueles que deixam a sucessão a seus parentes, e quiseram perpetuar o pontificado de sua família... (Isidoro de Sevilha, *De ecclesiasticis Officcis* 2, 5, apud Urbel, 1995, p.184)

Interessante notar que, ainda que Isidoro não fosse um simples leigo antes do pontificado de Sevilha, pois como nos parece e já temos

278 RONALDO AMARAL

insistido nesse aspecto, estaria revestido da profissão monástica antes da função episcopal, detendo ainda uma substancial cultura tanto clássica como cristã, sua ascensão à sede sevilhana se daria por uma sucessão familiar, sendo ainda investido muito provavelmente pelo desejo, senão único, proeminente, daquele que antes de ser o antigo bispo de Sevilha era seu irmão mais velho e educador, Leandro.

A nomeação do bispo assistiria ainda a uma intervenção temporal definitiva, pois não estando nas mãos propriamente da Igreja, estaria em grande medida sob a égide da monarquia, uma vez que se daria pela decisão pessoal do rei,[22] mesmo diante dos esforços de Isidoro de Sevilha que estabeleceria (Concílios..., 1963, Concílio IV de Toledo, c.4), por força de lei canônica, que somente estariam revestidos do poder de nomear bispos a Igreja por meio de seus mesmos membros: o clero, o povo, e especialmente dentre os primeiros, os bispos das províncias próximas à sede para a qual seria eleito o bispo, pelo menos três deles, como o consentimento do metropolitano. Isidoro fazia valer novamente a hierarquia, a organização e a preeminência do poder eclesiástico ante o poder civil, quando estivessem em discussão os interesses e a jurisdição do primeiro ante este último, de natureza leiga.

A intervenção do poder episcopal na vida política e civil da Hispânia visigoda assistiria, ainda, à sua coroação por meio de Isidoro de Sevilha e do IV Concílio de Toledo, que, como já sabemos, fora pensado e organizado por ele; e como nos informaria Justo Perez de Urbel todas as colocações e decisões ali promulgadas seriam atitudes, antes de tudo, de consentimento e acordo com o bispo de Sevilha. Diante de uma discussão, Isidoro se ergueria e falaria com a autori-

---

22 Desse modo, estabelece o II Concílio de Barcelona, em c. 3, que a obtenção do cargo episcopal poderia se dar pela vontade da "majestade sagrada" ou pela eleição dos bispos e do povo. Entre outros testemunhos, particularmente os de cunho epistolar – cf. Urbel (1995, p.183) – da intervenção do rei na nomeação do bispo, e após o IV Concílio de Toledo, como se verá inibidor pretensamente definitivo do poder régio de investir bispos, o rei passaria novamente, por meio do XII Concílio de Toledo (c. 6), a usufruir do poder de eleger aos bispos, que seriam então empossados pelo metropolitano para uma sede por este determinada.

A SANTIDADE HABITA O DESERTO  279

dade de um oráculo diante de todos os presentes nesse concílio tão decisivo para a Monarquia e a Igreja (Urbel, 1995, p.237).

A razão maior de Isidoro para a incitação e a convocação desse concílio deveria muito provavelmente residir no estabelecimento, tanto na esfera política como na religiosa, de uma Hispânia organizada e unificada. Igreja e Monarquia se auxiliariam mutuamente. O reino, o trono e sua sucessão deveriam ser estabelecidos de forma legal e pacífica, obtendo dessa forma uma estabilidade política para toda a Hispânia. O temor de Deus, e mais, o castigo divino, domínios exclusivamente eclesiásticos por sua relação com poder espiritual, ocupariam um lugar importante e mesmo determinante na vida social e política do reino, pois promoveria a moderação do poder real e a efetivação de uma monarquia mais humanitária, e isso no que respeitaria aos direitos mesmo de vida, particularmente a do monarca; de comedimento nos juízos e julgamentos; nas aplicações da lei, tanto à própria nobreza e ao seu representante mais notável, o rei, quanto ao povo, submetido àquele enquanto estivesse obrigado a observância da lei e a sua interpretação arrazoada por um grupo, assim como ao castigo divino caso se excedesse na aplicação da justiça e do direto de sua gente.

A Monarquia estável e de certa forma limitada pelo poder espiritual da Igreja; uma Igreja unificada, observadora de um mesmo costume e de uma mesma legislação canônica em quase toda a Hispânia, que contaria ainda com a colaboração da monarquia, apesar de essa extrapolar seus limites ao interferir em alguns aspectos da jurisdição precisamente eclesiástica, se assistiria a partir do IV Concílio de Toledo, e seu mentor e realizador, Isidoro de Sevilha, um bispo da Igreja de Cristo, seria o principal agente e protagonista de um dos mais importantes acontecimentos sociais e políticos da Hispânia.

As considerações aqui realizadas, acerca da atividade do bispo na vida temporal, seja no âmbito da mesma Igreja, seja, mais incidentemente, no da política e seus desdobramentos, parece-nos aclarar algumas das causas que dariam origem às acusações feitas pelos monges ascetas aos clérigos seculares por não se voltarem precisa e essencialmente à vida e ao chamado de Cristo, à humilde e despoja-

280  RONALDO AMARAL

da vida evangélica. A Hispânia, como já temos colocado, possuiria seu representante próprio quanto ao que se refere à crítica à Igreja temporal, e a divergência entre essa e a vida monástica muito mais próxima do ideal e dos preceitos do evangelho de Cristo. Assim, o autor da *VF*, em uma perspicaz apresentação, sobretudo por um considerável conhecimento de causa de sua realidade eclesiástica, colocaria Isidoro, o bispo de Sevilha, como o protótipo do clérigo secular, pois não teria sido precisamente o mais, ou pelo menos assim requerido, erudito e envolto em causas políticas e sociais dos bispos visigodos? Para aquele autor tão preocupado com a mais rigorosa forma de vida monástica, Isidoro encontraria um verdadeiro abismo se quisesse e se pretendesse um pouco monge e contemplativo.

## Entre o bastão e o báculo: Frutuoso e a preeminência monástica

Como já vínhamos anotando, a partir dos exemplos de Martinho de Tours para a Gália, Emiliano e Valério do Bierzo para a Hispânia, havia uma significativa incidência de monges, entre eles, e ainda que em menor grau, ascetas solitários, que seriam vistos e buscados pela Igreja para comporem seu efetivo clerical. A celebridade e a autoridade que esses viriam a possuir pelo modo de vida que levaram, marcada pela renúncia ao século, pelo afastamento do "mundo", que, como vimos, implicaria e propiciaria a luta aberta e solitária com o demônio, denotando, portanto, o poder espiritual e a providência divina de que usufruíam, mas ao mesmo tempo, e como consequência da primeira capacidade, um convívio mais estreito e íntimo com Deus, fariam que se constituíssem em grandes atrativos de fiéis, os quais os buscariam em grande número e intensidade, como vimos para o caso da própria *VF*. Desse modo, inseridos na Igreja, na medida em que seriam instituídos às ordens clericais, esses solitários passariam a enriquecê-la, pois trariam consigo e para o seu seio aquela mesma celebridade de santos quando no ermo. Lembremos-nos das funções e da importância do santo anacoreta para as pessoas de seu tempo e

A SANTIDADE HABITA O DESERTO  281

de seu entorno,[23] às quais pudemos vislumbrar, em alguma medida, por meio do próprio Frutuoso e sua hagiografia.

Uma observação análoga a esse respeito levara um historiador da *Vita Aemiliani* (Castellanos, 1998, p.133-54) a utilizar-se correntemente do termo "capitalização", para denotar, entre outros aspectos, que os bispos viriam a se apropriar e acumular para si, e consequentemente para aquela instituição que representariam, a Igreja, a dimensão espiritual do santo, na medida em que obteriam e regulariam as relíquias, seus usos e costumes. Detendo as relíquias e regularizando seu uso, a Igreja e seus bispos passariam a acumular e a dominar também o culto dos santos e tudo que esse implicaria e significaria, especialmente a intervenção e o auxílio de Deus tão caros ao povo como temos colocado. Assim, as relíquias que seriam requeridas e manuseadas pela Igreja viriam a sacralizá-la, e isso tanto pelo seu uso nos altares dos templos cristãos como pelo porte mesmo e pessoal do bispo. Bráulio de Saragoça em correspondência (Bráulio de Saragoça, 1975, *Epístola* 9) ao presbitério Yactato, que lhe tinha pedido uma relíquia, informaria que as possuíra em grande número e de diferentes procedências, ainda que estivessem sem identificação e muitas já lhe faltassem por diversos motivos, entre eles, desordem, roubo ou caridade, apesar de lhe restar setenta delas. O III Concílio de Braga nos daria a conhecer bispos que, nas festas dos mártires, não traziam as relíquias do modo devido nas procissões, nas arcas carregadas por diáconos e sob seus ombros, mas as traziam em seu peito sendo levados em silhas elevadas (Concílios..., 1963, III Concílio de Braga, c 5), aproveitando-se da importância das relíquias que indevidamente traziam junto de si.

Dessa maneira, portar as relíquias seria como portar o próprio santo e sua santidade, e torná-la acessível e presente ao povo seria uma mostra da benevolência e da graça que e a Igreja poderia dispensar.

A partir dessa ideia da "capitalização" dos santos, ou do culto ao homem santo, por meio de suas relíquias (Castellanos, 1998, p.133-54),

---

23 A esse respeito, particularmente do anacoreta visto como santo, ver a nosso terceiro capítulo, no item "Assistência e direção espiritual".

# 282 RONALDO AMARAL

realizadas pela Igreja e pelos seus bispos, podemos, tendo em mente nossa discussão sobre a promoção frequente e interessada, por parte da Igreja, do monge anacoreta à vida clerical, recorrentemente tido por santo pelas pessoas de seu meio, propor aquilo que poderíamos chamar de apropriação clerical da "relíquia viva". Como no caso proposto por Castellanos para as relíquias, a capitalização do homem santo, mesmo em vida, traria à Igreja aquele mesmo *status* dado por seus restos mortais, pois como esses, e isso está mais que explicitado na literatura hagiográfica tardo-antiga e mesmo posterior, o santo, o santo anacoreta em especial, operaria milagres em vida e não afastado de toda presença humana. Poderíamos anotar ainda, sustentados por um episódio da *VF*, que o santo em vida chegaria a possuir mesmo uma preeminência sob as relíquias no que respeitaria ao sobrenatural, à realização de milagres e intercessões. Assim assistiríamos à emergência da "relíquia viva" sob a relíquia mesma.

A *VF*, na versão encontrada no códice O, nos revelaria uma passagem muito rica a respeito da função espiritual do anacoreta Frutuoso (*VF* nota 3). Ainda que essa já tenha sido aqui comentada e transcrita, deverá figurar novamente nestas linhas,[24] pois nos mostrara, de maneira talvez singular, o convívio e a relação entre o santo realizador de milagres e as relíquias mais comumente identificadas com essa função.

A passagem em questão, recordemo-nos, relataria a seca austera que ameaçava os campos da região onde se encontrava Frutuoso em seu retiro eremítico. Diante dessa, e das dificuldades que causaria, os monges sairiam por ordem de Frutuoso, o santo, como seria designado pelo próprio texto, com as "santas relíquias em súplica ao senhor pelos lugares santos". Todavia, essa atitude e particularmente as relíquias que levariam consigo seriam ineficazes, pois não propiciariam o atendimento de seus rogos. Voltariam ao santo após alguns dias, e esse, intercedendo diretamente ao Senhor, em um estado de comoção e súplica confiante, tendo ainda suas mãos elevadas pelas suas mortificações, obteria a chuva imediatamente. Assim, o milagre

---

24 A transcrição encontra-se no item terceiro do capítulo de numero mesmo.

A SANTIDADE HABITA O DESERTO 283

não obtido pelas relíquias fora obtido pelo santo anacoreta, ou se preferirmos, pela "relíquia viva" que representara.

O autor da *VF*, realmente satisfeito com seu protagonista monge-eremita, com sua perfeição evangélica disposta por essa forma de vida religiosa, o que lhe cobraria até mesmo poderes sobrenaturais, encontrar-se-ia pouco entusiasta diante da nomeação de Frutuoso à arquidiocese de Braga, ocorrida, como sabemos, na ocasião em que se celebrava o X Concílio de Toledo. Essa informação deveria, certamente, ter custado ao hagiógrafo algum desgosto, pois seu anacoreta ideal seria então revestido de um cargo clerical, o mais eminente e ativo daquela região em que estaria inserido, pois Braga seria a cabeça eclesiástica de toda a *Gallaecia*, com suas respectivas paróquias e demais possessões. Como, desse modo, continuar se dedicando à vida monástica estando à frente de uma diocese da dimensão da Bracarense? Por omissão a este último cargo.

Posteriormente ainda que contrariado, contra sua vontade e abatido pelo temor em cair em inatividade, resistindo decididamente, foi ordenado pelo designo divino bispo da sede metropolitana. Pois bem, alcançada tão alta honra, não abandonou seu antigo gênero de vida, senão que mantendo-se no mesmo hábito e no mesmo rigor de penitência costumeiro, gastou o restante tempo de sua vida na distribuição de esmolas e na edificação de mosteiros. (*VF* 18)

A nomeação à sede metropolitana de Braga não fora vista com bons olhos por Frutuoso, segundo seu hagiógrafo, e por esse, mais certamente. Contudo, fora ordenado "ainda que contrariado, contra sua vontade e abatido, pelo temor em cair em inatividade, resistindo decididamente".[25] Mas se não conseguiria se esquivar dessa dignidade, ao menos a desdenharia em grande medida, pois "não abandonou seu antigo gênero de vida, senão que mantendo-se no mesmo hábito e no mesmo rigor de penitência costumeiro".[26] Mesmo no episcopado,

---

25  Cf. *VF* 18, 1-2: "*haec uidelicet, licet inuitus, contra uoluntatem suam langoris merore depressus perniciter resistendo...*".

26  Cf. *VF* 18, 3-5: "*non deposuit conuersationem sed in eodem habito in eodemque solito abstinentiae rigore persistens...*".

284    RONALDO AMARAL

o qual seria obtido somente no último decênio da vida santo, portanto, e nesse ponto teremos que concordar com o hagiógrafo, não sendo assim tão relevante e determinante diante dos anos anteriores dedicados à vida monástica, "gastou o restante do tempo de sua vida na distribuição de esmolas e na edificação de mosteiros".[27] Reiteramos algumas passagens anteriores para sublinhar o esforço do hagiógrafo em desprover Frutuoso da vocação e da função eclesiástica de que se investiria. Como se vê, o autor da *VF* reduziria a importância do episcopado na vida de seu hagiografado, tanto pela ênfase ao escasso tempo em que esse se vira comprometido com essa profissão, pois quando nessa, simplesmente gastou o restante de tempo que possuía, quanto, e mesmo nesse parco tempo, por demonstrá-lo mormente reservado para seus afazeres e costume monásticos.

Como vimos, recursos semelhantes encontramos em outras hagiografias, como a *Vita Martini* e a *Vita Aemiliani*, em trechos específicos que já transcrevemos antes.

Caberia, porém, nos perguntar – em que medida Frutuoso, em conformidade com o autor da sua *Vita*, efetivamente rechaçou a posição episcopal, suas obrigações e direitos? Reteria as duas profissões, a monástica e a episcopal, conforme nos daria a entender a *VF*, e se assim o fora, como as conciliaria, daria a preeminência de uma profissão religiosa sobre a outra, a monástica em detrimento da episcopal, como quisera, por exemplo, o seu hagiógrafo?

Sabemos, pelo primeiro capítulo deste nosso trabalho, que Frutuoso fora investido também, e mesmo anteriormente à sede de Braga, à diocese-abadia de Dumio. Como já notara Díaz y Díaz (1953, p.158), o autor da *VF* não se referiria a esse fato, e pelo que parece, não por desconhecimento, pois esse mesmo hagiógrafo deveria ter sido um membro das comunidades monásticas da região de Braga, portanto estaria inserido no mesmo ambiente monástico no qual Dumio possuiria sua jurisdição. O latinista Díaz y Díaz (1967, p.222-3) acreditara que em razão da nomeação à diocese-mosteiro Dumio ter

---

27  Cf. *VF* 18, 5-6: "*residuum uitae suae tempus in elemosinarum dispensatione atque monasteriorum consummauit aedificatione...*".

A SANTIDADE HABITA O DESERTO 285

se dado quase paralelamente à de Braga, e na medida em que esta última cobraria maior relevância por ser uma sede metropolitana, maior em extensão e importância, a primeira nomeação seria esquecida ou omitida em razão da eminência da segunda. Anteriormente já havia explicado essa ausência pela confusão, aos olhos do hagiógrafo e de tantos outros de sua época, causada pelo caráter peculiar de Dumio, uma abadia-diocese, podendo sua natureza monástica escamotear, talvez mesmo de modo intencional, como acreditamos, sua atribuição igualmente episcopal. Nós, no entanto, diferentemente do que pensara Diaz y Diaz, não de todo acreditamos que essa omissão se daria pela falta de informação do hagiógrafo, assim como pelo ofuscamento causado pela nomeação da segunda e mais importante diocese, Braga. Essa se deveria, segundo nosso ponto de vista, a uma certa atenuação do caráter episcopal e mesmo monástico cenobítico de Frutuoso, pois, como se verá, e já o sabemos pelo primeiro capítulo, o nosso hagiografado, ao ser nomeado para Dumio, se constituiria, além de bispo dessa localidade, também e sobretudo em seu abade, e essa função última não somente o faria responsável por essa comunidade monástica, mas pela presidência de toda uma confederação delas.

Os documentos acerca do trabalho episcopal de Frutuoso, desvinculado de qualquer referência ao âmbito monástico, não são nada abundantes, talvez mesmo único, o X Concílio de Toledo. Nessa assembleia, Frutuoso participaria como bispo da igreja de Dumio, e nela mesma seria nomeado à sede metropolitana de Braga. Nessa diocese Frutuoso deveria fazer reaver os bens, tanto móveis como humanos – servos e escravos –, ilicitamente, segundo esse concílio, expropriados pelo seu antigo primaz, Recimiro, pois distribuiria tanto as rendas quanto os pertences da igreja em esmolas, libertaria os servos e doaria os escravos. Frutuoso, assim envolto por essa instituição eclesiástica, como um de seus mais importantes membros, o bispo de uma sede metropolitana, deveria defender seus direitos, mesmos esses de caráter efetivamente material, o que não estaria em coerência a um monge ideal, como o demonstraria seu hagiógrafo, mesmo após a sua nomeação ao episcopado, pois entre outras atitudes monásticas, "gastou o restante do tempo de sua vida na distribuição

286 RONALDO AMARAL

de esmolas" (*VF* 18, 5). Não nos diria, assim, o autor da *VF* que, pelo menos em um momento de seu episcopado, ele reaveria as esmolas em vez de dispensá-las, embora como acreditamos, em benefício exclusivo da circunscrição monástica.

Ainda que sem referências mais explícitas pelo autor da *VF*, e aqui mais uma consonância histórica com sua predileção monástica, o episcopado desse deveria ter por razão proeminente o ambiente e a dinâmica própria daquele primeiro meio. Estamos nos referindo à já tão discutida Congregação monástica dumiense (Orlandis, 1971, p.71).

A peculiaridade de Dumio se assentaria no fato de essa diocese, ou de esse mosteiro, encerrar duas naturezas, a diocesana e a monástica, embora a segunda delas nos parecesse cobrar maior importância, e tanto por sua primazia temporal sob a natureza episcopal, posterior à construção de Dumio como mosteiro, como por sua relevância como dirigente de uma federação de mosteiros que compreenderia toda a Galiza. Fundado por Martinho de Dumio, o monge suevo, seria esse o primeiro a ter à sua frente uma abadia-diocese, assim como seria o primeiro abade-bispo dessa localidade. A Martinho se deveriam ainda, seguindo a opinião de José Orlandis (1971, p.103-4), outras fundações monásticas na *Gallaecia*, que estando sob a jurisdição de Dumio e de seu abade-bispo deveriam dar origem à congregação monástica dumiense, cujo maior impulso assistir-se-ia em época de Frutuoso e, de qualquer forma, sob sua égide. A abadia-diocese de Dumio não possuiria um território eclesiástico consignado, nem paróquias sob sua jurisdição. Tratava-se, pois, de um mosteiro, cujo abade tinha o caráter de bispo e sua jurisdição se circunscrevia aos monges e às pessoas, na maioria servos, ligadas ao mosteiro (ibidem, p.104-5).

Seria essa a posição episcopal retida por Frutuoso quando de sua nomeação a Dumio. Um monge-bispo à frente de um mosteiro-diocese. Ele próprio, como os demais prelados desse mosteiro, constituir-se-ia em um bispo que viveria submetido à regra; portanto, um prelado episcopal de vida regular. O mosteiro de Dumio e as demais casas monásticas da região, que acreditamos, como Orlandis, já assistirem a uma certa solidariedade entre si, por intermédio da

A SANTIDADE HABITA O DESERTO    287

primazia do abade-bispo daquela primeira, desde a época de Martinho de Dumio, constituiriam em tempos de Frutuoso uma federação bastante dinâmica, com objetivos precisos, cuja expressão explícita de sua organização, estrutura e diretrizes, encontramos na *Regula communis*.[28] Essa legislação, nascida da necessidade de organizar a disciplina entre os mosteiros da Galiza, seria produzida e promulgada pela conferência dos abades da congregação, em algum período sob a presidência de Frutuoso como abade-bispo de Dumio, e estaria dirigida a esses mesmos abades, que deveriam aplicá-las, alcançando assim todo o território que compreendia essa congregação e suas fundações. O abade-bispo de Dumio teria, assim, a autoridade sobre todos os mosteiros dessa congregação, ou ainda, sob todos aqueles que se encontravam na região da *Gallaecia*, mesmo quando contidos em diversas e distintas dioceses. Assim, a autoridade do abade-bispo dumiense não obedeceria à lógica eclesiástica, uma vez que sua jurisdição não compreenderia e se estenderia a um território diocesano e suas paróquias, mas extrapolando e invadindo esses limites mesmos, se estenderia e recairia exclusivamente ao território, tanto geográfico como de direito, circunscritos aos mosteiros.

A partir do que colocamos, podemos considerar que a função monástica do monge prelado de Dumio deveria, pela razão mesma de sua natureza jurisdicional mormente monástica, ser proeminente a eclesiástica. E seria aqui que encontraríamos Frutuoso em seu maior esforço ativo após a nomeação episcopal. Partindo do suposto que a *Regula communis*, a expressão documental e documentada da congregação dumiense, se deveria em grande medida a ele, poderíamos afirmar, com alguma consistência, que Frutuoso pessoalmente colaboraria com a preeminência da vida monástica sobre a clerical nessa região compreendida pela jurisdição dumiense. Esse dado far-se-ia particularmente perceptível nas disposições contidas no capítulo segundo da *Regula communis*. No capítulo primeiro da regra já se havia estabelecido a necessidade da confirmação dos abades e do

---

28  A respeito da *Regula communis* neste trabalho, pode-se ver o item terceiro do primeiro capítulo.

288  RONALDO AMARAL

bispo, muito provavelmente o segundo que vivia sob essa legislação mesma, para as novas fundações, coibindo, assim, as fundações que teriam por razões outras não a lícita vida monástica, segundo a regra. No capítulo segundo trataria particularmente dos clérigos, dos presbíteros seculares, que pretendiam fundar mosteiros. Esse capítulo seria um exemplo, talvez um dos mais explícitos e irascíveis que poderíamos conhecer, em um período em que o monacato já não se constituiria naquele mais primitivo, característico e essencialmente anticlerical, do repúdio da vida monástica a vida clerical.

Acostumam alguns presbíteros fingir santidade, e o fazem não precisamente pela vida eterna, senão servem à Igreja como assalariados, e, com pretexto de santidade, buscam os emolumentos das riquezas, em realidade não são guiados pelo amor de Cristo, senão incitados pela gente vulgar, em tanto que temem por suas rendas e intentam deixar os demais lucros como para edificar mosteiros, não fazem isto como os apóstolos, senão imitando a Ananias e Safira. Destes afirma são Jerônimo: não distribuem seus bens aos pobres. Não exercitaram uma vida laboriosa no mosteiro; não examinaram seus costumes para corrigi-los com assídua meditação; não derramaram lágrimas, não exercitaram seu corpo na cinza no cilício; não predicaram penitência aos pecadores, para dizer com João o Batista: Arrependei-vos, pois se esta acercando o reino dos céus (Mt 3,2); não imitaram a Cristo, que disse: Não vim a ser servido, senão a servir (Mt 20,28); e: não vim fazer minha vontade, senão a de meu Pai (Jo. 6,38); e quando este é elevado de um posto ao outro, isto é, da soberba, o que desejam é presidir aos monges, não ser-lhes de utilidade. E, quando guardam seus bens pelo temor, ambicionam os alheios, porque não os distribuem; e predicam o que eles não observam e seguem a norma comum dos bispos seculares, dos príncipes da terra ou do povo; e como são discípulos do anticristo, ladram contra a Igreja e fabricam aríetes para destroçar com tais máquinas; e, chegando a nós com cabeça baixa, fingem santidade. Estes são hipócritas que na realidade são uma coisa e aparentam ser outra, para que os imitem os néscios que os vêem... (*Regula communis* 2)

## A SANTIDADE HABITA O DESERTO 289

A crítica aos clérigos buscaria fundamento em um dos solitários mais austeros que conheceu o primitivo monacato – são Jerônimo. Acusados de apego aos bens, soberba, hipocrisia, falta de testemunho de vida cristã, imperfeição evangélica, assim o seriam, pois não educados nos moldes e na austeridade monástica. Equipararia mesmo esses presbíteros, e suas características depreciativas, aos próprios bispos seculares, aos príncipes e até ao povo. Seria, pois, mais do que uma norma para a vida monástica, uma defesa e um desabafo, um registro contundente e explícito da consciência por parte do monacato de sua preeminência espiritual e evangélica sob todas as demais formas de vida, mesmo e especialmente a religiosa secular.

Mais característico para nós será, entretanto, a determinação contida no título desse capítulo, que proíbe os presbíteros seculares de fundarem mosteiros nas cidades sem a permissão do bispo que vive segundo uma regra ou sem a deliberação dos santos abades. Ao contrário do que faria Isidoro de Sevilha, submetendo os mosteiros, suas autoridades e mesmo sua legislação ao bispo, ao clero secular, a *Regula communis*, onde lemos Frutuoso, ou pelo menos seu espírito monástico aí presente, submeteria o clero secular à ordem monástica, pois aqueles deveriam, ao fundarem mosteiros, ter a permissão não de qualquer bispo, mas do bispo que viveria segundo uma regra, ou seja, o monge-bispo, aquele que estaria submetido à observância de uma legislação monástica, e dos santos abades.

Devemos nos ater ainda às resoluções do X Concílio de Toledo, há pouco citado, que demonstrara, como vimos, uma clara intervenção do episcopado visigodo sob o mosteiro-diocese de Dumio, pois mandaria reaver os bens, pelo menos os ainda possíveis, que seu antigo prelado havia doado e dispensado. Contudo, a jurisprudência do episcopado sob as possessões de Dumio não nos parecera tão ordinária como em relação a outras localidades diocesanas, pois, para justificarem sua intervenção, necessitou-se consultar o testamento de Martinho de Dumio, fundador dessa localidade ainda em tempos dos suevos. O documento enviado ao concílio pelo rei Recesvinto seria cuidadosamente examinado e arrazoado pelos bispos, que argumentando em seus favores afirmariam que Martinho de Dumio deixara as posses desse mosteiro para a monarquia sueva, e uma vez essa extinta, suas posses deveriam pertencer agora à monarquia visigoda, e, portanto, estarem sob seus direitos. Vemos, assim, que os bispos, em razão dessa ocorrência, tiveram que imiscuir-se em um território episcopal com direito e regime próprio, ou pelo menos, à margem do restante dos territórios eclesiásticos visigodos consignados. E, se observarmos as nossas linhas precedentes, poderemos acreditar que Frutuoso, então confiado para o trabalho de restituir os bens de Dumio, se de fato assim o fizesse, o faria mais pelo mosteiro em si, do que para asseverar o domínio eclesiástico visigodo sob sua jurisdição, que nesse momento nos parecera querer se impor.

Poderíamos dizer, portanto, que, se para a Hispânia visigoda, encontraríamos o modelo de bispo em Isidoro de Sevilha, e em todas as suas prescrições, e aqui nos encontramos de acordo com o autor da *VF*, em Frutuoso encontraríamos o modelo do monge, senão do anacoreta ideal, como quisera seu hagiógrafo, e apesar de tê-lo sido em alguma medida, daquele que, mesmo bispo, e pelas próprias circunstâncias da realidade de Dumio, um mosteiro-diocese, continuaria preferindo a realidade monástica a clerical, e também se não tão estreitamente quanto apregoou o autor de sua *Vita*, muito significativamente, a ponto de dar um novo impulso a monastização da abadia-diocese de Dumio e sua congregação.

# Considerações Finais

A *Vita Sancti Fructuosi*, objeto deste trabalho, deixa-nos neste momento, o de concluir, uma grande nostalgia. Convivemos com essa fonte durante os anos de nossa pesquisa e quase diariamente. Fora lida e pensada por nós em número de vezes que não podemos mensurar. Maravilhou-nos, seguindo claramente sua própria natureza, e mesmo, e posteriormente, nos entediou, mas logo voltamos a nos acostumar a ela, e por que não dizer a amá-la definitivamente. Lemos tanto e tão intensamente que às vezes perdíamos o seu sentido, ou pelo menos aquele que buscávamos em nossa abordagem. Interrogamo-la muitas vezes, e, quando ela não nos dava a resposta pretendida, a encerrávamos na gaveta, para, quem sabe, após essa reclusão, ela nos fosse mais generosa. Contudo, estávamos equivocados. A resposta não era incoerente, e sim a pergunta. Espantamo-nos hoje em poder estabelecer um diálogo tão extenso e profícuo com algo que não possuía voz. No entanto, possuía uma mensagem. Essa, por sua vez, mais do que ouvida, deveria ser apreendida, embora, é claro, necessariamente envolta e circunscrita por uma temática. Mas, ainda que estivéssemos tentados a uma atenção pouca e de difícil crítica diante da emergência do sagrado, não podíamos, como historiador, utilizar-nos de ouvidos piedosos. Mais do que uma fonte devocional e maravilhosa, deveria nos ser

292     RONALDO AMARAL

uma fonte histórica. Que pena, mas que bom, ao mesmo tempo. Conseguimos extrair da *Vita* de Frutuoso dados consistentemente históricos ao mesmo tempo que repletos do maravilhoso que, como vimos, não negaria e colocaria obstáculos ao entendimento dos primeiros, mas os denotaria e os confirmaria, quando e desde que analisados com suas devidas instrumentalizações, como a história do imaginário e do mental.

O tema eremitismo que permeou e fundamentou nossa hipótese, em relação a essa análise da *Vita Sancti Fructuosi*, fora por sua vez escolhido por sua pertinência de primeira importância para a compreensão, não só do texto em si dessa hagiografia, de sua escrita, mas igualmente e, sobretudo, de sua intenção. E aí residira, segundo cremos, a importância dessa abordagem e sua justificativa. Parece-nos que a leitura crítica de uma hagiografia deve-nos levar a compreender mais do que sua natureza textual, suas fontes utilizadas, sua autoria e época, sua intenção mesma. Devemos, assim, olhar mais do que extensamente para suas páginas, intensamente para cada uma delas; mais do que pousar os olhos sobre suas linhas, fazê-los adentrar em suas entrelinhas, no sublinear deste texto, arrancando o que não lhe fora explícito.

A apreensão da *Vita Sancti Fructuosi* realizada por nós neste trabalho nos exigira, dentro do tema que nos propúnhamos, familiarizarmos não só com a fonte em si e a temática eremítica circunscrita por suas linhas, mas com essa de forma mais ampla, mesmo e primeiramente desvinculada de nosso documento. Assim, entendendo melhor e mais universalmente o eremitismo, teríamos condições de medir sua efetiva exploração e intensidade nessa hagiografia. Gênero monástico, ao mesmo tempo ideal e factual na *Vita* de Frutuoso, pudemos concluir. Factual porque confirmado por outras fontes relativas a Frutuoso que confirmaram seu estado de anacoreta. Ideal, porque assim desejava e em certa medida necessitava o hagiógrafo, conforme vimos; pois, deveria mais do que propagandear, justificar a vida eremítica.

E nesse seu intento de um eremita ideal, o hagiógrafo de Frutuoso o revestiria de Antão, Paulo, o primeiro eremita, Martinho de Tours,

# A SANTIDADE HABITA O DESERTO    293

e por consequência, do próprio inspirador dos demais, o Senhor. Atualizava na Galiza, ainda que necessariamente resguardadas suas especificidades espaço-temporais, o Oriente monástico, o Egito e a Tebaida. Viveria Frutuoso na mais estreita solidão. Conviveria harmoniosamente com a natureza que o envolvia e, por vezes, seria sua mesma casa. Participava do favor divino e do combate sempre vitorioso com o diabo. Desfazia-se do século ao se desfazer de seus bens, e mesmo de sua própria humanidade, pelas práticas de ascese e contemplação. Seria visto e almejado como um conselheiro e pro-tetor seguro, inaugurando uma certa humanidade cristã para muitos desprovidos de direitos e voz. Estando inspirado e próximo de Deus, poderia, não obstante, torná-lo acessível à humanidade, em especial aos camponeses que conviviam com ele. Seria, como eremita hagio-grafado, quase um anacronismo, pois parecera sair dos séculos IV e V do Oriente monástico para o Ocidente hispânico do século VII.

Como, porém, um eremita de exequível experiência, Frutuoso moveu-se e fez-se lembrar. Interagiu com a natureza e com os ho-mens de sua época, fundou comunidades e peregrinou por regiões múltiplas, ainda que sempre movido pelo encontro com o sagrado. De certa forma, sua continuidade na estrita vida solitária seria preju-dicada por sua fama, pois a cada fuga lhe sucedia uma fundação para acomodar seus seguidores que o desejavam imitar. E a cada fundação uma nova fuga para retomar aquela solidão perdida. Cremos mesmo que sua opção pela peregrinação, frequentemente descrita pela *Vita*, seria um modo de buscar a paz e a tranquilidade, não mais conseguida pelos refúgios solitários sempre descobertos, pois como diria uma Sentença dos padres do Egito "peregrinar é calar". Reviveu real e hagiograficamente a vida de outros e anteriores anacoretas. Tornou-se um fundador monástico, como muitos anacoretas, sem o desejar, mas porque desejava aos seus, ao promover-lhes um acreditado gênero de vida religiosa que os conduziria à salvação, assim como a tranquilidade para partir a novas solidões. Surpreendeu seu tempo e os homens à sua volta, estes mais contemporaneamente a ele mes-mo, aquele mais apreensível com o seu passar, e por meio sobretudo de sua *Vita*. Esteve envolvido por questões políticas, eclesiásticas.

Fora ordenado bispo e estivera à frente de duas sedes episcopais simultaneamente, e em um momento em que ambas atravessavam instabilidades humanas e materiais. Fora abade de todo um conjunto de mosteiros e após legislar para seus monges, em sua primeira e pessoal regra, legislaria para abades e outros mosteiros. Estamos, pois, diante do monge anacoreta Frutuoso. Mas isso nos bastara? E o homem, o clérigo, e por fim o bispo, o que dizer? Há talvez que dizer que ainda que cobrem suas importâncias e especificidades, esses não foram contemplados por sua hagiografia, e mesmo historicamente, parecem interagir e sucumbir diante do monge.

Este estudo revelou-nos que o ideal, mais do que o "real", deveria mover a história, pois praticamente tudo que essa nos legara por meio de seus documentos, e aqui em particular a hagiografia, estaria daquele imbuído, utópico e sonhador, por isso certamente mais envolvente e desejado. Assim, seria frequentemente perseguido e esforçado por ser vivido pelas gerações posteriores. E mesmo que essas não conseguissem atingir a efetivação daquele ideal anterior e perseguido, e mesmo que suas limitações e insuficiências se sobrepusessem à sua efetiva realização, ou ainda, àquele estado de maior perfeição sempre anterior a ser novamente conquistado, a história com seus afãs e documentos, posteriormente, se incumbiria mais uma vez de idealizar a realidade, de aperfeiçoar a inerente imperfeição humana. O ideal, o estado de perfeição e o sagrado reinariam quase sempre sobre o concreto e o profano, e ao historiador não caberá destituir, desconsiderar, e mesmo menos importar o primeiro, mas ver nele mais uma das formas de apreender o homem histórico e a história.

# FONTES E BIBLIOGRAFIA

## Fontes

AGOSTINHO DE HIPONA. *Cartas. Obras de San Agustin*. Edición bilíngüe (latim-espanhol) por Lope Cilleruelo. Madrid: BAC, 1951. t.8.

_____. *Confissiones. Obras de San Augustín*. Texto bilíngüe (latim-espanhol) edición crítica y anotada por P. Angel Custodio de Vega. Madrid: BAC, 1955. t.2.

ATÁNASIO DE ALEXANDRIA. *Vida de Antonio*. Trad., introd. y notas por A. Ballano. Zamora: Ediciones Monte Casino, 1988.

BENTO DE NURSIA. *Regula monachorum. La Regla de San Benito*. Introd. y comentários de Garcia Colombás. Trad. (latim-espanhol) y notas de Iñaki Aranguren. Madrid: BAC, 2006.

BRÁULIO DE SARAGOÇA. *Vita Emiliani*. Edición crítica de L. Vasquez de Parga, Madrid: CSIC, 1950.

_____. *Epistolario*. Edición bilingue (latim-espanhol) de L. Riesgo Terrero. Sevilha: Anales de la Universidad Espalense, 1975. Serie Filosofia y Letras 31.

_____. *Vita Sancti Aemiliani*. Ed., trad. y notas por José Oroz. *Revista Gerion*, v.9, novembro-dezembro de 1978, p.164-229.

_____. *Renotatio Isidori*. Texto incluído e traduzido (latim-espanhol) por Jacques Fontaine en Isidoro de Sevilla. Génesis y originalidad de la cultura hispánica en tiempos de los visigodos. Madrid: Encuentro, 2002. p.305-9.

## 296 RONALDO AMARAL

CONCÍLIOS *Visigóticos y Hispano-Romanos*. Edición bilingue (latim-espanhol) de J. Vives. Barcelona; Madrid: CSIC, 1963.

EGÉRIA. *Itinerarium*. *Itinerario de la virgen Egeria*. Edición crítica, trad. (latim-espanhol), notas y documentos auxiliares de Augustin Arce. Madrid: BAC, 1994.

EVRAGIO PONTICO. *Obras espirituales*. *Tratado práctico a los monjes, exhortación a una virgen, sobre la oración*. Introd. y notas de José I. González Villanueva. Trad. de Juan Pablo Rubio Sadia. Madrid: Ciudad Nueva, 1995.

FÉROTIN, M. *Le Liber Ordinum en usage dans l'Eglise wisigothique et mozarabe d'Espagne du Ve au Xie siècle, Monumenta ecclesiae liturgica*, IV. Paris, 1904, col. 81-84.

FRUTUOSO. *Regula monachorum*. Edición bilingue (latim-espanhol) de J. Campos e I. Roca. *Santo Padres Españoles*. Madrid: BAC, s. d., 2v., p.137-62.

_____. *Regula monachorum*. *Vida e regras religiosas de são Frutuoso Bracarense*. Edição bilíngue (latim-português) de Antonio C. do Amaral. Lisboa: Imprensa Régia, 1805.

GREGORIO MAGNO. *Diálogos*. *San Benito, su vida y su regla*. Edición bilingue (latim-espanhol). Introd. y notas por Garcia Colombás. Madrid: BAC, 1954.

_____. *Vida e milagres de S. Bento*. Livro segundo dos diálogos de S. Gregório Magno. Rio de Janeiro: Lumen Christi, 1996.

ILDEFONSO DE TOLEDO. *De viris illustribus*. Edición crítica de M. Codoñer Merino. Salamanca: Universidad de Salamanca. 1972.

INDEX *Scriptorum Medii Aeui Hispanorum*. Ed. de Manuel C. Díaz e Díaz. Salamanca: Universidade de Salamanca, 1958.

ISIDORO DE SEVILHA. *De ecclesiasticis officiis*. PL. Migne, 83, s. d., col.738-826.

_____. *De viris illustribus*. Estúdio y edición crítica de Carmen Codoñer Merino. Universidad de Salamanca: Salamanca, 1964.

_____. *Sententiae*. Edición bilingue (latim-espanhol) de J. Campos e I. Roca. *Santo Padres Españoles*. Madrid: BAC, 1971a, v.2.

_____. *Regula monachorum*. Edición bilingue (latim-espanhol) de J. Campos e I. Roca. *Santo Padres Españoles*. Madrid: BAC, 1971b, v.2. p.92-125.

_____. *Etymologiarum*. Edición bilíngue (latim-espanhol) de J. Reta e M. A. M. Casquero, com introdución de Manuel C. Díaz e Díaz. Madrid: BAC, 2004.

A SANTIDADE HABITA O DESERTO 297

JERÔNIMO. *Epistolário*. Ed., introd., trad. (latim-espanhol) y notas por Juan Bautista Valero. Madrid: BAC, 1993. 2v.

_____. *Vida de San Pablo. Obras de San Jeronimo II. Comentario a Mateo. Prólogos y prefacios a diferentes tratados. Vida de tres monjes. Libro de los claros varones eclesiasticos.* Introd., trad. (latim-espanhol) y notas de Virgilio Bejarano. Madrid: BAC, 2002a, p.601-17.

_____. *Vida de San Hilarión. Obras de San Jeronimo II. Comentario a Mateo. Prologos y prefacios a diferentes tratados. Vida de tres monjes. Libro de los claros varones eclesiasticos.* Introd., trad. (latim-espanhol) y notas de Virgilio Bejarano. Madrid: BAC, 2002b, p.546-95.

JOÃO CASSIANO. *Conférences*. Ed. e trad. dom E. Pichery. Paris: Du Cerf, 1955.

_____. *Institutions cénobitiques*. Ed. e trad. Jean-Claude Guy, S. J. Paris: Du Cerf, 1965.

JOÃO CLÍMACO. *La Santa Escala*. Dirección de P. Luis Glinka. Trad. Maria del Carmen Sáens. Buenos Aires: Lúmen, 1990. 2v.

JOÃO MOSCO. *El Prado. Historias bizantinas de loucura y santidad.* Introd., trad. del grego para el español y notas de José Simon Palmer. Madrid: Siruela, 2005.

LA VITA *de San Fructuoso de Braga.* Estúdio, edición crítica y traducción bilíngue (latim-espanhol) de Manuel C. Díaz e Díaz. Braga: s/e, 1974.

MARTINHO DE BRAGA *De Correctione Rusticorum.* Segunda edição revisada e traduzida por Rosario Jove Clols. Sermon contra las superticiones rurales. Barcelona: El Albir, 1981.

_____. *Sententiae Patrum Aegyptorum.* Martín de Braga. Obras Completas. Trad., edição y notas de Ursinio Dominguez de Val. Madrid: Fundación Universitária Española, 1990.

LAS SENTENCIAS *de los padres del desierto.* Los apotgmas de los padres (Recensión de Pelagio y Juan). Trad. del texto latino por José F. de Retana. Introd. de Lician Regnault. Bilbao: Desclée De Brouwer, S. A. 1989.

PALADIO. *Historia lausíaca.* Versão do grego para o espanhol. Introd. e notas por León E. Sansegundo Valls. Sevilha: Apostolado Mariano, 1991.

PALAVRAS DOS ANTIGOS. *Sentenças dos padres do deserto.* Trad. e apresentação do original francês por Jean-Claude Guy. São Paulo: Paulinas, 1985.

PEREGRINAÇÃO DE ETÉRIA. Tradução do original latino, introd. e notas por Maria da Glória Novak. Comentário de Alberto Beckhäuser. Petrópolis: Vozes, 2004.

298 RONALDO AMARAL

SIRICIO. *Pp. Epistola ad Himerium*, PL 84, 635

SULPÍCIO SEVERO. *Diálogos. Obras Completas de Sulpício Severo.* Estúdio preliminar, trad. y notas de Carmen Codoñer Merino. Madrid: Tecnos, 1987a. p.189-242.

_____. *Vida de Martin. Obras Completas de Sulpício Severo.* Estúdio preliminar, trad. y notas de Carmen Codoñer Merino. Madrid: Tecnos, 1987b.

THE VITA *Sancti Fructuosi.* Introd., trad. e comentário Frances Clare Nock. Washington: The University of America Press, 1946.

VALÉRIO DO BIERZO. *Obras.* Edición crítica de R. Fernandez Pousa. Madrid: Instituto "Antonio de Nebrija", 1942.

VIDA Y DICHOS *de los padres del desierto.* Ed. de Luciana Mortari, versión de M. Montes. Bilbao: Desclée De Brouwer, 1996. 2v.

VITAS SANCTORUM *Patrum Emeretensium.* Edição bilíngue (latim-inglês) de J. N. Garvin. Washington, D. C.: The Catholic University of America Press, 1956.

VULGATA. Ed. de A. Colunga e L. Turrado. Madrid: BAC, 1985.

## Obras de referência

ALDEA VAQUERO, O. et al. (Ed.) *Dicionario de historia eclesiástica de España.* Madrid: CSIC – Instituto Enrique Flórez, 1972-1975. 4v.

BAUDRILLART, A. (Ed.) *Dictionnaire d'histoire et de géographie ecclésiastiques.* (em curso). Paris: Letouzey et Ané, 1914-1977. 18v.

BONASSIE, P. *Dicionário de história medieval.* Lisboa: Dom Quixote, 1985.

BRANDÃO. J. de S. *Dicionário mítico etimológico.* Petrópolis: Vozes, 1991-1992. 2v.

CABROL, F.; LECLERCQ, H. (Ed.) *Dicctionaire d'archéologie chrétienne et de liturgie.* Paris: Letouzey et Ané, 1935-1965. 15v.

CHEVALIER, J.; GHEERBRANT, A. *Dicionário de símbolos.* Rio de Janeiro: José Olympio Editora, s. d.

COENEN, L; BROWN, C. *Dicionário internacional de teologia do Novo Testamento.* São Paulo: Vida Nova, s. d.

COROMINAS, J.; PASCUAL, J. A. *Dicionário crítico etimológico castellano e hispanico..* Madrid: Gredos, 1991. 6v.

DI BERARDINO, A. *Dicionário de Patrística e Antigüidades cristãs.* São Paulo: Paulus-Vozes, 2002.

A SANTIDADE HABITA O DESERTO    299

FERREIRA, I. F. L. *Dicionário de liturgia*. São Paulo: Paulinas, 1982.

FERREIRO, A. *The Visigoths in Gaul and Spain*: A.D. 418-711. A Bibliography. Leiden, J. Brill, 1988.

FIORES, S.; GOFFI, T. (Org.) *Dicionário de espiritualidade*. São Paulo: Paulinas, 1989.

HEINZ-MOHR, G. *Dicionário dos símbolos, imagens e sinais da arte cristã*. São Paulo: Paulus, s. d.

LANCIANI, G. *Dicionário da literatura medieval galega-portuguesa*. Lisboa: Caminho, 1993.

LE GOFF, J.; SCHMITT, J.-C. (Dir.) *Dicionário temático do Ocidente medieval*. São Paulo: Imprensa Oficial do Estado de São Paulo; Bauru: Edusc, 2002. 2v.

LOYON, H. R. *Dicionário da Idade Média*. Rio de Janeiro: Zahar, 1990.

MACKENZIE, J. L. *Dicionário bíblico*. Trad. Álvaro da Cunha. São Paulo: Paulinas, 1983.

MANFRED, L. *Dicionário de simbologia*. São Paulo: Martins Fontes, 1977.

_____. *Dicionário de figuras e símbolos bíblicos*. São Paulo: Paulus, 1983.

MELLADO RODRIGUEZ, J. *Léxicos de los Concilios Visigóticos de Toledo*. Córdoba: Servicio de Publicaciones, Universidad de Córdoba, 1990. 2v.

REVILLA, F. *Diccionario de iconografía y simbología*. Madrid: Cátedra, s. d.

RODRÍGUES, A. P.; CASAS, J. C. *Dicionário teológico da vida consagrada*. São Paulo: Paulus, 1994.

SAMANES, C. F.; TAMAYO-ACOSTA, J.-J. *Dicionário de conceitos fundamentais do cristianismo*. São Paulo: Paulus, 1999.

SERRÃO, J. *Dicionário de história de Portugal*. Lisboa: Iniciativas, 1971. 4v.

## Bibliografia geral

A.A.V.V. *España Eremítica. Actas da VI Semana de Estudos Monásticos*. Abadía de San Salvador de Leyre, 15-20 de septiembre, 1963. Analecta Legerensia 1. Pamplona: s. n., 1970a.

_____. *La Patrologia Toledano Visigoda*. XXVIII Semana Española de Teologia. Toledo 25-29 septiembre, 1967. Madrid: CSIC, 1970b.

_____. De la antiguidad al Medievo. Siglos IV-VIII. In: III CONGRESSO DE ESTUDIOS MEDIEVALES. s. l.: Fundación Sánchez-Albornoz, 1993, p.35-51.

300 RONALDO AMARAL

ALVES, F. de A. A vida de são Frutuoso. *Presença e Diálogo*, v.8, n.4, p.7-9, 1977.

AMARAL, A. C. *Vida e regras religiosas de S. Frutuoso Bracarense*. Lisboa: Imprensa Régia, 1805.

AMARAL, R. O ideal eremítico no monacato de São Frutuoso de Braga. *Theologica*, Braga, v.28, p.107-17, 2003.

_____. *Hagiografia e vida monástica*. O eremitismo como ideal monástico na *Vita Sancti Fructuosi*. Franca, 2006a. 380p. Tese (Doutorado em História Social) – Faculdade de História, Universidade Estadual Paulista.

_____. Saber e educação na Antigüidade Tardia: os padres monásticos e eclesiásticos diante da cultura greco-romana. *Mirabilia*, ano 6, n.6, dezembro de 2006b.

_____. Os padres do deserto na Galiza. Apropriações e usos da literatura monástica oriental na autobiografia de Valério do Bierzo. Implicações do imaginário sobre o mal. *Medievalista*. Revista de Estudos Medievais da Universidade Nova de Lisboa, ano 3, n.3, 2007.

ANDRADE FILHO, R. de O. *Imagem e reflexo. Religiosidade e monarquia no Reino Visigodo de Toledo (séculos VI e VII)*. São Paulo, 1997. Tese (Doutorado) – Faculdade de Filosofia, Letras e Ciências Humanas, Universidade de São Paulo.

_____. (Org.) *Relações de poder, educação e cultura na Antiguidade e Idade Média*. Santana de Parnaíba: Solis, 2005.

ARCE, J. Hispania e o ámbito mediterráneo en la época de Isidoro. In: *Isidoro Doctor Hispaniae*. Sevilla; León; Cartagena: Ministerio de Educación e Deporte, Universidad de Sevilla, 2002.

ARDANAZ, S. F. Monaquismo oriental en la Hispania de los siglos VI-VII. *Antiguidad y Cristianismo*, Murcia, v.16, p.203-14, 1999.

ARIAS, M. La vida eremitica en Galicia in España Eremítica. Actas da VI Semana de Estudios Monásticos Abadia de San Salvador de Leyre, 15-20 septiembre, 1963. Analecta Legerensia 1. Pamplona, s. n., 1970.

BAÑOS VALLEJO, F. *La hagiografía como género literario en la Edad Media*. Oviedo: Departamento de Filologia Española, 1989.

BASCHET, J.. Diabo. In: LE GOFF, J.; SCHMITT, J.-C. *Dicionário temático do Ocidente Medieval*. São Paulo: Imprensa Oficial do Estado de São Paulo; Bauru: Edusc, s. d. v.1, p.319-31.

BASTOS, M. J. da M. *Religião e hegemonia aristocrática na Península Ibérica (séculos IV/VIII)*. São Paulo, 2002. 320p. Tese (Doutorado) – Faculdade de Filosofia, Letras e Ciências Humanas.

A SANTIDADE HABITA O DESERTO 301

BETTENCOURT, E. (Dom) A atuação dos demônios após a queda original segundo os padres da Igreja In: *O demônio, aspectos teológicos*. Petrópolis: Vozes, 1957.

BLÁZQUEZ, J. M. *Intelectuales, ascetas y demonios al final de la Antigüedad*. Madrid: Cátedra, 1998.

BRAVO GARCÍA, A. El diablo en el cuerpo. Procesos psicológicos y demongía en la literatura ascética bizantina (siglos IV-VII). In: *Codex Aquilarenses*. Octavo Seminario sobre la Historia del Monacato. El Diablo en el Monasterio. Aguilar de Campoo, Palencia. Centro de Estudios del Romanico. Julio de 1994, p.35-68.

BREMOND, J. *Los padres del Yermo*. Prólogo de Henri Bremond. Madrid: Aguilar, 1928.

BROWN, P. *O fim do mundo clássico*. Lisboa: Verbo, 1972.

_____. *Corpo e sociedade*. O homem, a mulher e a renúncia sexual no início do cristianismo. Rio de Janeiro: Jorge Zahar Editor, 1990.

_____. *A ascenção do cristianismo no Ocidente*. Lisboa: Presença, 1999.

_____. *Il culti dei santi*. Torino: Einaudi, 2002.

CAMANIEL, F. F. *El monacato gallego en la Alta Edad Media*. La Coruña: CSIC, 1998. 2v.

CANELLAS, A. Noticias sobre o eremitismo Aragones In: *España Eremitica*, Actas de la VI Semana de Estudios Monásticos. Abadia de San Salvador de Leyre, 15-29 de septiembre, 1963. Pamplona: s. n., 1970.

CASTELLANOS, S. *Poder social, aristocracias y hombre santo en la Hispania visigoda*. Logroño: Universidad de la Rioja. Servicios de Publicaciones, 1998.

CASTORIADES, C. *A instituição imáginaria da sociedade*. São Paulo: Paz e Terra, 2007.

CASTRILLO, M. D. La Imagen del Monje entre los campesinos. In: *Codex Aquilarenses*. Sexto Seminario sobre el Monacato. La Imagen del Monje en la Idad Media. Aguilar de Campoo, Palencia. Centro de Estudios del Romanico, Universidad de Cantabria. Julio de 1993. p.89-102.

CODOÑER, C. El mundo cultural de Isidoro de Sevilha In: *Isidoro Doctor Hispaniae*. Sevilla; León; Cartagena: Ministerio de Educación e Deporte, Universidad de Sevilla, 2002.

COLLINS, R. *España en la Alta Edad Media*. Barcelona: Crítica, 1986.

_____. *La España Visigoda*. Barcelona: Crítica, 2005.

COLOMBÁS, G. *San Benito su vida y su regla*. Madrid: BAC, 1954.

_____. *El monacato primitivo*.Madrid: BAC, 1974. 2v.

302  RONALDO AMARAL

_____. *La regra de San Benito*. Trad. Iñaki Arangurem. Madrid: BAC, 1979.

_____. Apuntes para la historia de la espiritualidad monástica en el noroeste español. In: *Semana de Historia del monacato Cantabro-Astur-Leones*. XV Centenario del nascimiento de San Benito. Oviedo: Monasterio de San Pelayo,1982. p.619-34.

_____. *La tradición benedictina*. Las raíces. Zamora: Ediciones Monte Casino, 1989. t.1.

_____. *La tradición benedictina*. Las raíces. Zamora: Ediciones Monte Casino, 2001. t.1, p.185-94.

_____. *La Regla de San Benito*. Introd. y comentários. traducción (latim-espanhol), y notas por Iñaki Arangurem Madrid: BAC, 2006. p.225-8.

CORTAZAR, J. A. G. *La época medieval*. Madrid: Ediciones Alfagarra S. A., 1973.

_____. *La época medieval*. Historia de España Alfaguara II. Madrid: Alianza Universidad, 1985.

COSTA, A. de J. La vida de são Frutuoso de Braga. *Revista Portuguesa de História*, Lisboa, v.15, p.547-58, 1975.

_____. São Frutuoso. In: *Verbo. Enciclopédia Luso-brasileira de Cultura*. Lisboa; São Paulo: Século XXI, 2000. p.1072-5.

DELEHAYE, H. *Les légendes hagiographiques*. Bruxelas: Sociedade dos Bolandistas, 1973.

DELL'ELICINE. As funções da liturgia no reino visigodo de Toledo (589-711). *Signum*, São Paulo, v.7, p.99-128, 2005.

DI BERARDINO, A. I monaci visti da se stessi: L'autopresentazione del monacato. In: *Codex Aquilarenses*. Sexto Seminário sobre el monacato. La imagen del monge en la Idade Media. Aguilar de Campoo; Palencia: Centro de Estudios del Românico, Universidad de Cantabria, julio de 1993. p.25-41.

DÍAZ MARTÍNEZ, P. C. *Formas económicas y sociales en el monacato visigodo*. Salamanca: Ediciones Universidad de Salamanca, 1987.

_____. Monacato y sociedad en la Hispania Visigoda. In: *Codex Aquilarenses*. Segundo Seminario sobre el monacato. Monacato y Sociedad. Aguilar de Campoo, Palencia, Agosto de 1988, p.47-62.

DÍAZ Y DÍAZ. M. C. *En torno a los orígenes del cristianismo hispánico*. Las Raícez de España 16. Madrid: Instituto Español de Antropología Aplicada, s. d.

_____. A propósito de la *Vita Fructuosi*. *Cuadernos de Estudios Gallegos*, Santiago de Compostela, v.8, p.155-78, 1953.

_____. El eremitismo en la España Visigoda. *Revista Portuguesa de História*, Lisboa, v.6, p.216-37, 1955.

_____. La cultura de la España visigótica del siglo VII. In: *Carateri del secolo VII in Occidente*. Settimane di Studio 5, 23-29 aprile 1957. 2v. Spoleto: CISAM, 1958a. v.2, p.814-44.

_____. *Anedóctica Wisigótica y Estudios y Ediciones de Textos Literarios Menores da Época Visigoda*. Salamanca: Anaya, 1958b.

_____. Isidoro en la Edad Media Hispana. In: *Isidoriana*. Estudios sobre San Isidoro de Sevilla en el XIV centenário de su nascimiento. León: Centro de Estudios San Isidoro, 1961.

_____. Notas para una cronologia de Frutuoso de Braga. *Bracara Augusta*, Braga, v.21, p.215-24, 1967.

_____. La vida eremítica en el reino visigodo. In: *España Eremitica*, Actas de la VI Semana de Estudios Monásticos. Abadia de San Salvador de Leyre, 15-29 de septiembre, 1963. Pamplona: s. n., 1970a.

_____. La obra literaria de los obispos visigóticos toledanos: supuestos e circunstancias In: *La Patrologia Toledano Visigoda*. XXVIII Semana Española de Teologia. Toledo 25-29 de septiembre, 1967. Madrid: CSIC, 1970b.

_____. El primer testimonio sobre la Vita Fructuosi. *Revista Portuguesa de História*, Lisboa, v.13, p.145-53, 1971.

_____. Los origenes cristianos de la Península vistos por algunos textos del siglo VII. *Cuadernos de Estudios Gallegos*, Santiago de Compostela, v.28, p.277-84, 1973.

_____. *Visiones del mas allá en la Galicia durante la alta Edade Media*. Santiago de Compostela: s. n., 1985. p.58, nota 74.

_____. Problemas culturales en la Hispania tardorromana y visigoda. In: *De la antiguidad al medievo. Siglos IV-VIII*. III Congreso de estudios Medievales. s. l.: Fundación Sanches-Albonoz, 1993. p.9-32.

_____. Fructuoso de Braga. In: DI BERARDINO, A. (Dir.) *Patrologia IV: Del Concílio del Calcedonia (451) a Beda. Los padres latinos*. Madrid: BAC, 2000. p.126-30.

_____. Isidoro el hombre. In: *Isidoro Doctor Hispaniae*. Sevilla; León; Cartagena: Ministerio de Educación e Deporte, Universidad de Sevilla, 2002.

304  RONALDO AMARAL

_____. *Valério del Bierzo. Su persona, su obra.* León: Centro de Estudios e investigación "San Isidoro"; Caja de España de Inversiones; Archivo Histórico Diocesano, 2006.

DÍEZ GONZÁLEZ, F. A. Noticias de la vida politica-social de la España de S. Fructuoso In: *San Fructuoso y su tiempo:* Leon: Imprenta Provincial, 1966.

DOMINGUEZ DEL VAL, U. Características de la Patrística Hispna en el siglo VII. In: *La Patrologia Toledano Visigoda.* XXVIII Semana Española de Teologia. Toledo 25-29 de septiembre, 1967. Madrid: CSIC, 1970.

DUBY, G.; ARIÈS, P. *A história da vida privada.* Do Império Romano ao Ano Mil. São Paulo: Companhia das Letras, 1990.

ELIADE, M. *O sagrado e o profano.* Lisboa: Livros do Brasil, s. d.

_____. *Imagens e símbolos.* São Paulo: Martins Fontes, 1996.

FERNANDEZ, J. Sobre a autobiografia de Valerio do Bierzo e seu ascetismo. *Hispania Sacra,* Madrid, v.4, 1949.

FERNANDEZ ALONSO, J. *La Cura Pastoral en la España romano-visigoda.* Publicaciones del Instituto Español de Estudios Eclesiásticos; sección monografias 2. Roma: Iglesia Nacional Española, 1955.

FERNÁNDEZ CONDE, F. J. *La religiosidad medieval en España, I La Alta Edad Media (s. VII – X).* Oviedo: Universidad de Oviedo, s. d.

FONTAINE, J. *Culture et spiritualité en Espagne du IV^e au VII^e siècle.* London: Variorum Reprints, 1986a.

_____. Isidoro di Siviglia e la cultura del suo tempo. In: *Culture et spiritualité Espagne du IV^e au VII^e siècle.* London: Variorum Reprints, 1986b. p.2-52.

_____. La estela europea de Isidoro de Sevilla. In: *Isidoro Doctor Hispaniae.* Sevilla; León; Cartagena: Ministerio de Educación e Deporte, Universidad de Sevilla, 2002a.

_____. *Isidoro de Sevilla. Génesis y originalidad de la cultura hispánica en tiempos de los visigodos.* Madrid: Encuentro, 2002b.

FRANCO JÚNIOR, H. *A Eva barbada.* São Paulo: Edusp, 1995a.

_____. Meu, teu, nosso: reflexões sobre o conceito de cultura intermediária. In: _____. *A Eva barbada.* São Paulo: Edusp, 1995. p.31-44.

_____. *Cocanha.* São Paulo: Companhia das Letras, 1998.

_____. O fogo de Prometeu e o escudo de Perseu. Reflexões sobre mentalidade e imaginário. *Signum,* São Paulo, v.5, p.73-116, 2003.

_____. *A Idade Média. O nascimento do Ocidente.* São Paulo: Brasiliense, 2005.

A SANTIDADE HABITA O DESERTO 305

GAJANO, S. B. (Org.) *Agiografia altomedievale*. Bologna: Il Molino, 1976.

_____. Santidade. In: LE GOFF, J.; SCHMITT, J.-C. *Dicionário temático do Ocidente medieval*. São Paulo: Imprensa Nacional; Bauru: Edusc, 2002. v.2, p.449-63.

GARCIA GONZÁLEZ, T. La Iglesia desde la conversión de Recaredo hasta la invasion árabe. In: GARCIA-VILLOSLADA, R. *Historia de la Iglesia en España I*. Madrid: BAC, 1979.

GARCIA RODRIGUES, C. *El culto de los santos en la Espãna romana y visigoda*. Madrid: CSIC, 1966.

GARCIA-VILOSLLADA, R. (Dir.) *Historia de la Iglesia en España I*. La Iglesia en la España Romana y Visigoda. Madrid: BAC, 1979.

GERALDES FREIRE, J. Os *"Apophthegmata Patrum"* no mosteiro de Dume. *Bracara Augusta*. Braga, v.21, p.298-308, 1967.

GIL, J. La normalizacion de los movimientos monásticos en Hispania: reglas monasticas de época visigoda In: *Codex Aqvilarensis*. Setimo Seminario sobre la Historia del Monacato. Entre el carisma y la norma. La Regulácion del Monacato en la Historia. Aguilar de Campoo, Palencia, dezembro de 1994. p.7-20.

GIL FERNÁNDES, J. Isidoro como obispo In: *Isidoro Doctor Hispaniae*. Sevilla; León; Cartagena: Ministerio de Educación e Deporte, Universidad de Sevilla, 2002.

GILBERT, G. M. El eremitismo en la Hispania Romana. In: *España Eremítica*. Actas da VI semana de Estudios Monásticos Abadia de San Salvador de Leyre, 15-20 septiembre, 1963. Analecta Legerensia 1. Pamplona: s. n., 1970.

GIORDANO, O. *La religiosidad en la Alta Idade Media*. Madrid: Editorial Gredos, 1983.

GONÇALEZ BLANCO, A. (Dir.). *Los visigodos. Historia y civilización*. Antiguidad e cristianismo. Monografias Históricas sob a Antigüidad Tardia III. Murcia: Universidad de Murcia, 1986.

GONZALES, T. G. La Iglesia desde la conversión de Recaredo hasta la invasión árabe. In: VILLOSLADA, R. G. (Dir.) *Historia de la Iglesia en España*. Madrid: BAC, 1979. p.625.

GONZÁLEZ, C. de la S. El monasterio medieval como centro de espiritualidad y cultura teologica. In: *Codex Aquilarenses*. Tercer Seminario sobre el Monacato. El Monasterio como centro de Produccion Cultural. Aguilar de Campoo, Palencia: Centro de Estudios del Romanico, agosto de 1989, p.61-84.

306  RONALDO AMARAL

GONZALEZ BLANCO, A. et al. (Ed.) *Arte, sociedad, economia y religión durante el Baixo Imperio y la Anntiguidad Tardia*. Homenaje al professor Dr. D. José Maria Blázquez Martínez. Antigüidad y cristianismo. Monografias históricas sobre la Antigüidad Tardia VIII. Murcia: Universidad de Murcia, 1991.

GONZÁLEZ ECHEGARAY, J. El monacato de la España nórdica en su confrontación con el paganismo (Siglos VI-VII) In: *Semana de Historia del Monacato Cantabrto-Astur-Leones*. XV Centanario del Nascimiento de San Benito. Oviedo: Monasterio de San Pelayo, 1982. p.15-33.

GRÉGOIRE, R. Valeurs ascétiques et espirituelles de la *Regula monachorum* et de la *Regula comunnis*. *Bracara Augusta*, Braga, v.21, p.328-34, 1967.

GRIBOMONT, J. L'influenci du monachisme oriental sur le monachisme latin à ses dèbuts. In: *L'Oriente cristiano nella storia della civiltà*. Roma: Accademia Nacionale dei Licei 361, 1964. p.119-128.

GUERREAU, A. *O feudalismo. Um horizonte teórico*. Lisboa: Edições 70, s. d. p.223-32.

JAEGER, W. *Cristianismo primitivo e Paidéia grega*. Lisboa: Edições 70, 2002.

KNOWLES, D. *El Monacato Cristiano*. Madrid: Guadarrama, 1969.

LACARRIÈRE, J. *Padres do deserto*. Trad. Marcos Bagno. São Paulo: Loyola, 1996.

LE GOFF, J. *O maravilhoso e o cotidiano no Ocidente Medieval*. Lisboa: Edições 70, s. d.

_____. As mentalidades. Uma história ambígua. In: LE GOFF, J.; NORA, P. *História: novos objetos*. Rio de Janeiro: Francisco Alves, 1976. p.68-81.

_____. *Para um novo conceito de Idade Media*: tempo, espaço e cultura no Ocidente Medieval. Lisboa: Estampa, 1980a.

_____. Cultura clerical e tradições folclóricas na civilização merovíngia. In: ___. *Para um novo conceito de Idade Média*: tempo, espaço e cultura no Ocidente Medieval. Lisboa: Estampa, 1980b. p.207-19.

_____. *A civilização do Ocidente Medieval*. Lisboa: Estampa, 1994a. 2v.

_____. *O imaginário medieval*. Lisboa: Estampa, 1994b.

_____. *El Dios de la Edad Media*. Madrid: Trotta, 2005.

LE GOFF, J.; NORA, P. (Dir.) *História: novos objetos*. Rio de Janeiro: Francisco Alves, 1976.

LE GOFF, J.; TRUONG, N. *Una historia del cuerpo en la Edad Media*. Barcelona: Paidós, 2005.

LINAGE CONDE, A. La autoridad en el monacato visigótico. *Lizargas*, Valencia, v.7, p.5-24, s. d.

_____. En torno a la *Regula monachorum* y a sus relaciones com otras reglas monásticas. *Bracara Augusta*, Braga, v.21, p.123-63, 1967.

_____. El ideal monástico de los padres visigóticos. *Lizargas*, Valencia, v.1, p.79-97, 1968.

_____. Isidoro de Sevilla: "De Monachis" (Etymologiarum VII. 13), *Hispania Antiqua*, Madrid, v.4, p.369-77, 1974.

_____. Fructueux de Braga. *DHGE*, v.19, p.208-30, 1979.

_____. San Martín de Braga y el monacato pré-benedictino hispano. Evocación Martiniana en el Centenario de San Benito. *Nova et Vetera*, Zamora, v.12, p.307-21, 1981.

_____. El monacato visigotico, hacia la benectinizacion. In: GONÇALES BLANCO, A. (Dir.) *Los visigodos. Historia y civilización. Antigüidad e cristianismo*. Monografias Históricas sob a Antigüidad Tardia III. Murcia: Universidad de Murcia, 1986

_____. San Benito y las fuentes literarias de la obra monástica de Fructuoso de Braga. *Cuadernos de Estudios Gallegos*, Santiago de Compostela, v.36, p.57-68, 1988.

_____. El monacato en Galicia hasta la benectiniziacion. In: VALLE PEREZ, J. C. *El monacato en Galicia durante la Idad Media*: La Orden de Císter. Santiago de Compostela: Fundación A. Brañas, 1991.

LLABRES MARTORELL, P. Espiritualidad monástica y espiritualidad litúrgica segun los textos de la liturgia hispana. *Yermo*, Santa María de Paular, v.3, p.227-43, 1965.

LONRING, G. M. I. La difusión del cristianismo en los medios rurales de la Peninsula Ibérica a fines del Imperio Romano. *Studia Historica*, Salamanca. v.4-5, p.195-204, 1986-1987.

MACIEL, M. J. P. O "De Correctione Rusticorum" de S. Martinho de Dume. *Bracara Augusta*, Braga, v.34, p.483-561, 1980.

MANJARIN, F. F. Compludo: Primer Monasterio de San Fructuoso. *Bracara Augusta*, Braga, v.22, p.3-11, 1968.

MARTINS, M. A vida económica dos monges de S. Frutuoso. *Brotéria*, Lisboa, v.44, p.391-400, 1947a.

_____. A vida cultural de S. Frutuoso e seus monges. *Brotéria*, Lisboa, v.45, p.58-69, 1947b.

_____. O monacato de S. Fructuoso de Braga. *Biblos*, Coimbra, v.26, p.315-412, 1950a.

308  RONALDO AMARAL

_____. *Corrente da Filosofia Religiosa em Braga*. Braga: Faculdade de Filosofia de Braga, 1950b.

MARTINS HERNÁNDEZ, F. Escuelas de formación del clero en la España visigoda. In: *La Patrologia Toledano Visigoda*. XXVIII Semana Española de Teologia. Toledo 25-29 de septiembre, 1967. Madrid: CSIC, 1970.

MASOLIVER, A. *Historia del monacato cristiano*. I. Desde los orígenes hasta san Benito. Madrid: Encontro Ediciones, 1994.

MATTOSO, J. Sobrevivência do monaquismo Frutuosiano em Portugal durante a reconquista. *Bracara Augusta*, Braga, v.22, p.42-55, 1968.

_____. São Martinho de Dume e as correntes monásticas de sua época. *Anais. Academia Portuguesa de Historia*. Lisboa, v.28, p.351-2, 1982.

MORAL, T. Manifestaciones eremiticas en la historia de castilla. In: *España Eremitica*, Actas de la VI Semana de Estudios Monásticos. Abadia de San Salvador de Leyre, 15-29 de septiembre, 1963. Pamplona: s. n., 1970.

MORENO, L. A. G. *Historia de España Visigoda*. Madrid: Cátedra, s. d.

_____. El campesinato hispanovisigodo entre bajos rendimientos y catástrofes naturales. Su incidencia demografica. In: GONÇALEZ BLANCO, A. (Dir.) *Los visigodos. Historia y civilización. Antiguidad y cristianismo*. Monografias historicas sor la Antiguidad Tardia III. Murcia: Universidad de Murcia, 1986.

NASCIMENTO, A. A. *Vita Sancti Fructuosi. Índices, concordância, análise lingüística – dados estatísticos*. Lisboa: s. n., 1977.

ORLANDIS, J. El cristianismo en la España visigoda. In: *I Goti in Occidente*. Settimane di Studio 3, 29 de marzo- 5 de aprile 1955. Spoleto: CISAM, 1956. p.153-71, 227-62.

_____. Las congregaciones monásticas en la tradición suevo-gótica. *Anuario de Estudos Medievales*, v.1, p.97-119, 1964.

_____. Los monasterios familiares en España durante la Alta Edad Media. *Anuario de Historia do Direcho Español*, Madrid, v.26, p.5-25, 1965.

_____. El movimiento ascético de S. Fructuoso y la Congregación Monástica Dumiense. *Bracara Augusta*, Braga, v.22, p.81-92, 1968.

_____. La disciplina eclesiastica española sobre la vida eremítica. In: *España Eremitica*. Actas de VI Semana de Estudios Monásticos. Abadia de San Salvador de Leyre, 15-20 de septiembre, 1963. Analecta Legerensia 1. Pamplona: s. n, 1970.

_____. *Estudios sobre instituciones monasticas medievales*. Pamplona: Universidad de Navarra, 1971.

# A SANTIDADE HABITA O DESERTO 309

_____. *La Iglesia en la España visigótica y medieval*. Pamplona: Ediciones Universidad de Navarra, 1976.

_____. *Historia de España*. La España visigótica. Madrid: Gredos, 1977.

_____. *Estudios de historia eclesiástica visigoda*. Historia de la Iglesia 28. Pamplona: Eunsa, 1988.

PEÑÃ, I. *La desconcertante vida de los monges sírios*. Siglos IV-VI. Salamanca: Sígueme, 1985.

QUILES, I. *San Isidoro de Sevilla. Biografía, escritos, doctrina*. Col. Austral, 527. Madrid: Espasa-Calpe, 1965.

QUINTANA PRIETO, A. El eremitismo en la diocese de Astorga. In: *España Eremítica* Actas de la VI Semana de Estúdios Monásticos Abadia de San Salvador de Leyre, 15-20 de septiembre de 1963 Analecta Legerensia I. Pamplona: s. n., 1974.

QUIROGA, J. L. "Celtas" y "Suevos" en la historia de la antigua Gallaecia: un problema histórico o historiográfico. *Iberoamericana*, Jahrgang, v.4, n.80, p.20-42, 2000.

_____. Atividad monástica y acción política en Fructuoso de Braga. *Hispania Sacra*, Madrid, v.54, p.7-22, 2002.

RIU, M. El papel de los monasterios en la sociedad y la economia de la Alta Idad Media hispana. In: *Semana de Historia del Monacato Cantabrto-Astur-Leones*. XV Centanario del Nascimiento de San Benito. Oviedo: Monasterio de San Pelayo, 1982.

ROA RICO, F. Esquema de arte visigodo en España In: *San Fructuoso y su tiempo*. Leon: Imprenta Provincial, 1966.

ROBLES, L. La cultura religiosa de la España visigótica. *Escritos del Vedat*, Valencia, v.5, p.9-54, 1975.

RODRÍGUES FERNÁNDEZ, J. La corte visigoda de Toledo en tiempos de San Fructuoso In: *San Fructuoso y su tiempo*. Leon: Imprenta Provincial, 1966.

RUIZ, J. C.; MELIA, I. R. *San Leandro, San Isidoro, San Fructuoso. Reglas monasticas de la España visigoda Los tres libros de las "Sentencias". Santos Padres Españoles II*. Madrid: BAC, 1971. p.166.

RUSSEL, J. B. *El diablo. Percepciones del mal, de la Antiguidad al cristianismo primitivo*. Barcelona: Laertes, s. d.

_____. *Lucifer. El diablo en la Edad Media*. Barcelona: Laertes, 1984.

_____. *Satanás. La primitiva tradición cristiana*. México: Fondo de Cultura Económica, 1986.

# 310 RONALDO AMARAL

SÁNCHEZ SALOR, E. La cultura en los monasterios visigóticos. In: *Codex Aquilarenses*. Tercer Seminário sob el Monacato. El Monasterio como Centro de Produccion Cultural. Aguilar de Campoo, Palencia: Centro del Estudio del Romanico, agosto de 1989. p.23-40.

SANTOS, D. M. G. Problemas e hipóteses na vida de S. Frutuoso. *Bracara Augusta*, Braga, v.22, p.163-93, 1965.

SEBASTIAN, F.-J. L. *San Isidoro y la filosofia clasica*. Leon: Isidoriana, 1982.

SCHMITT, J.-C. Corpo e alma. In: LE GOFF, J.; SCHMITT, J.-C. *Dicionário temático do Ocidente Medieval*. São Paulo: Imprensa Oficial do Estado de São Paulo; Bauru: Edusc, 2002. v.1, p.253-67.

SILVA, L. R. da. O sofrimento e a salvação do corpo: trabalho e punição nas regras monásticas de Isidoro de Sevilha e Frutuoso de Braga. In: LESSA, F. de S. et al. (Org.) *Olhares do Corpo*. Rio de Janeiro: Faperj; Mauad, 2003. p.99-106.

SIMÓN PALMER, J. *El monacato oriental en el Pratum Spirituale de Juan Mosco*. Madrid: Fundación Universitaria Española, 1993.

SOARES, L. R. *A linhagem cultural de são Martinho de Dume*. Lisboa: s. n., 1963.

_____. S. Bento visto de Dume. *Anais da Academia Portuguesa da História*, Lisboa, v.28, p.371-88, 1982.

SOTOMAYOR, M. La penetración de la Iglesia en los medios rurales de la España Tardorromana y visigoda. In: *Cristianizzazione ed organizzazione ecclesiastica delle Campagne nell'Alto Medievo*. Settimane de Studio 28, 2v. 10-16 aprile 1981. Spoleto: CISAM, 1982. v2, p.639-70, 671-83.

SOUZA, P. A. *Patrologia galaico-lusitana*. Lisboa: Universidade Católica Editora, 2001.

SPIDLÍK, T. (Org.) *El monacato en el Oriente cristiano*. Burgos: Monte Carmelo, 2004.

TEJA, R. Los orígenes del monacato y su consideracion social. In: *Codex Aquilarensis*. Segundo Seminario el Monacato. Monacato y Sociedad. Aguilar de Campoo, Palencia: Centros de Estudio del Romanico, Universidad Internacional Menéndez Pelayo, agosto de 1988. p.11-31

_____. Los monjes vistos por los paganos. In: *Codex Aquilarensis*. Sexto Seminario sob el Monacato. La imagen del monje durante la Edad Media. Aguilar de Campoo, Palencia: Centro de Estudios del Romanico, Universidad de Cantabria, julio de 1993. p.9-24.

_____. El demonio de la homosexualidad en el monacato egipcio. In: *Codex Aquilarenses*. Octavo Seminario sobre la Historia del Monacato.

A SANTIDADE HABITA O DESERTO 311

El Diablo en el Monasterio. Aguilar de Campoo, Palencia: Centro de Estudios del Romanico, julio de 1994. p.19-31.

URBEL, J. P. Vidas y caminos del Pacto de San Fructuoso. *Revista Portuguesa de História*, Lisboa, v.7, p.377-97, 1957a.

_____. San Martín y el monaquismo. *Bracara Augusta*, Braga, v.8, p.65-6, 1957b.

_____. El eremitismo en la Castilla Primitiva. In: *España Eremitica*. Actas de VI Semana de Estudios Monásticos. Abadia de San Salvador de Leyre, 15-20 de septiembre, 1963. Analecta Legerensia 1. Pamplona: s. n, 1970.

_____. *Los monjes españoles en la Edad Média*. Madrid: s. n., 1984. 2v.

_____. *San Isidoro de Sevilla, su obra y su tiempo*. León: Cátedra de San Isidoro de la Real Colegiata de León, Universidad de León Secretariado de Publicaciones, 1995.

VAUCHEZ, A. Santidade. In: *Enciclopédia Einaudi*. Lisboa: Imprensa Nacional; Casa da Moeda, 1987. v.12, p.287-300.

_____. O santo. In: LE GOFF, J. (Dir.) *O homem medieval*. Lisboa: Presença, 1990. p.211-30.

_____. Milagre. In: LE GOFF, J.; SCHMITT, J.-C. (Dir.) *Dicionário temático do Ocidente Medieval*. São Paulo: Imprensa Oficial do Estado de São Paulo; Bauru: Edusc, 2002. v.2, p.197-211.

VEGA. P. A. C. Una carta autentica de San Fructuoso. *La Ciudad de Dios*, v.153, p.335-345, 1941.

VOGUÉ, A. de. La "Regula Cassiani" sa destination et ses repports avec le monachisme fructuosien. *Revue Bénédictine*, v.95, 1985.

VOUCHEZ, A. *Santidade*. In: *Enciclopédia Enaudi*, v.12. Lisboa: Imprensa – Casa da Moeda, 1987. p.287-300.

_____. O santo. In: LE GOFF, J. (Dir.) *O homem medieval*. Lisboa: Presença, 1990.

_____. Milagre. In: LE GOFF, J.; SCHMITT, J.-C. (Dir.) *Dicionário do Ocidente Medieval*. São Paulo: Imprensa Oficial do Estado de São Paulo; Bauru: Edusc, 2002. p.197-211.

VOVELLE, M. *Ideologias e mentalidades*. São Paulo: Brasiliense, 1987.

WERNER, J. *Cristianismo primitivo e paidéia grega*. Lisboa: Edições 70, 2002.

YEPES, A. Cronica general de la Orden de San Benito. Ed. de Justo Perez de Urbel. In: *Biblioteca de autores españoles*. Madrid: Atlas, 1959.

SOBRE O LIVRO
*Formato*: 14 x 21 cm
*Mancha*: 23,7 x 42,5 paicas
*Tipologia*: Horley Old Style 10,5/14
*Papel*: Offset 75 g/m² (miolo)
Cartão Supremo 250 g/m² (capa)
*1ª edição*: 2009

EQUIPE DE REALIZAÇÃO

*Coordenação Geral*
Marcos Keith Takahashi